U1011533

上学那些事儿

学生安全那些事儿

安全意识不可忽视，生命教育迫在眉睫。

《意林》编辑部 编

吉林摄影出版社
·长春·

图书在版编目（C I P）数据

学生安全那些事儿 / 《意林》编辑部编. -- 长春：
吉林摄影出版社, 2015.2
（上学那些事儿书系）
ISBN 978-7-5498-1057-4

Ⅰ. ①学… Ⅱ. ①意… Ⅲ. ①安全教育 - 中学 - 课外
读物 Ⅳ. ①G634.203

中国版本图书馆CIP数据核字(2015)第024260号

学生安全那些事儿　XUESHENG ANQUAN NAXIE SHER

出 版 人	孙洪军	印　数	1~20000册
总 策 划	杜　务	版　次	2015年2月第1版
主　编	孙洪军　顾　平	印　次	2015年2月第1次印刷
责任编辑	朱蕙楠	出　版	吉林摄影出版社
丛书策划	姚新平	发　行	吉林摄影出版社
丛书统筹	徐　晶	地　址	长春市泰来街1825号
执行编辑	吕　娜　吴可嘉		邮　编：130062
封面设计	李　倩	电　话	总编办：0431-86012616
视觉设计	资　源		发行科：0431-86012602
美术编辑	郭　宁	网　址	www.jlsycbs.net
开　本	889mm×1194mm 1/16	经　销	全国各地新华书店
字　数	360千字	印　刷	香河华林印务有限公司
印　张	15		

书　号	ISBN 978-7-5498-1057-4	定　价	29.90元

启　事

本书编选时参阅了部分报刊和著作，我们未能与部分作品的文字作者、漫画作者以及插画作者取得联系，在此深表歉意。请各位作者见到本书后及时与我们联系，以便按国家相关规定支付稿酬及赠送样书。

地址：北京市朝阳区南磨房路37号华腾北搪商务大厦1501室《意林》编辑部（10C022）

电话：010-51900482

版权所有翻印必究

（如发现印装质量问题，请与承印厂联系退换）

安全教育——生命中最大的缺失如何补

2015 年 1 月 2 日上海外滩踩踏事件首批 32 位遇难者名单公布，一个个“1”“2”开头的年龄，让人揪心。原本是对人生充满无限希望和憧憬的年轻人，却在 2014 年最后一夜骤然逝去。关注学生群体的人们不禁反思安全教育的缺失。

如何遵守和维护公共秩序、如何在危机中展开自救……尽管事故发生后，人们迅速梳理应对踩踏的措施，但是对于纷繁复杂的安全知识，不少人头脑中还是一片空白。

此次事件遇难者大多是年轻人。针对年轻人尤其是学生的安全教育，是家长、学校和社会的共同责任。专家指出，“家长应从小培养孩子的安全意识，养成遵守公共秩序的良好习惯；节假日通常是学生人身安全事故高发期，学校应未雨绸缪地进行安全教育，让学生树立自我保护意识，少去或不去人流量过大场所；社会进行安全教育时，也不应只喊口号，而必须结合案例，入脑入心。”

社会科学人士认为，在危机时如何自救的宣传教育方面，日本经验值得借鉴。在发生重大事故或险情时，公众能够保持镇静，掌握一定的自救和互救方法是十分必要的，而这样的心理素质和能力必须通过平时的宣传教育和应急演练来形成。

某留学生认为，地震、火灾毕竟是小概率事件，很多人缺乏相应的自救知识，不懂得如何保护自己，这并不奇怪。但在日常生活中，很多人知道应该怎么做才是安全的，却总是因为这样或那样的原因做出一些危险的举动，这才是最可怕的。

“有时候路上没车，我就会闯红灯。即使有车，但有人带头闯，我也会跟着。”很多时候自己并不是没有这个安全知识储备，但在大环境等多种因素综合作用下，也会做出一些危害公共安全的举动。

“没关系”“不会出事的”“又不是只有我这么做”等麻痹大意的行为，往往会将一些看似细小的疏忽酿成重祸。

《学生安全那些事儿》这本书，虽无法改变任何现有的规则与制度，但我们从学生行为、心理上给孩子正确、科学、切实可行的安全指导，让孩子在潜移默化中学会保护自己、遵守社会制度、维护社会秩序。以求通过改变年轻生命的轨迹，塑造安全的未来。

教育界人士联袂推荐

北京清华大学附属中学校长
王殿军

北京一六一中校长　丁大伟

北京第五中学校长　张斌平

江苏省重点中学天一中学校长
沈茂德

中国教育学会副会长、苏州大学
教授　朱永新

山东省淄博市淄博区教育
局党委书记、局长　宋爱国

河北省唐山市古冶区教育局
局长　刘建山

河北省衡水中学副校长
王建勇

首都师范大学附属中学校长
沈　杰

北京潞河中学校长　徐　华

福建省南安市教育局局长
吴亚明

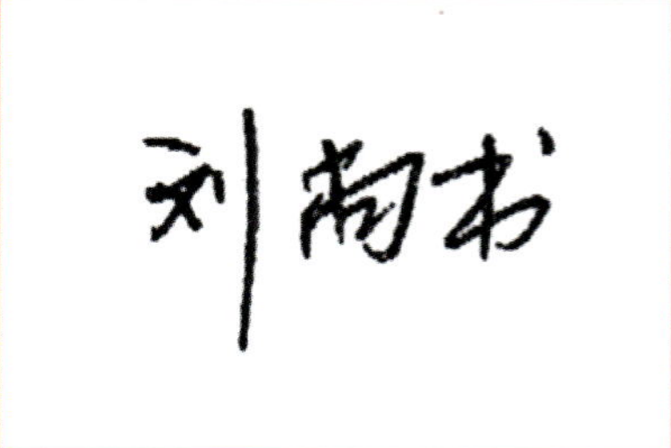

辽宁省葫芦岛市教育局局长
刘尚书

山西省临汾一中校长　许江敏

海南省海南中学校长　马向阳

浙江省绍兴一中校长　马德尧

教育界人士联袂推荐

吉林省永吉实验高级中学
副校长　张晓平

河南省商丘市第一高级中学校长
陈云昌

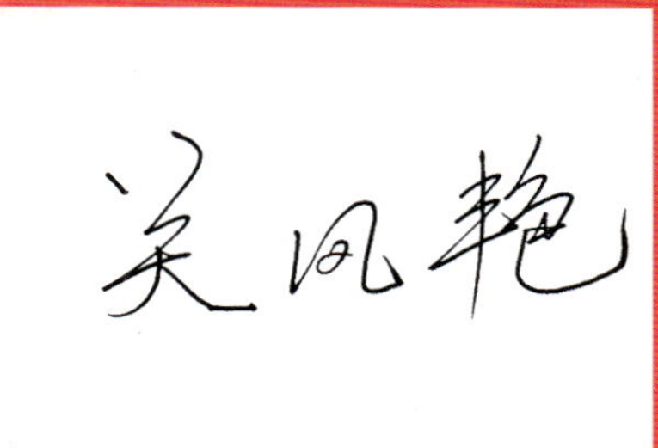

辽宁省沈阳市第五十六中学校长
关凤艳

中国人民大学附属中学常务
副校长、特级教师　翟小宁

安徽省合肥市合肥八中校长
王建明

重庆市重庆外国语学校副校长
沈　嘉

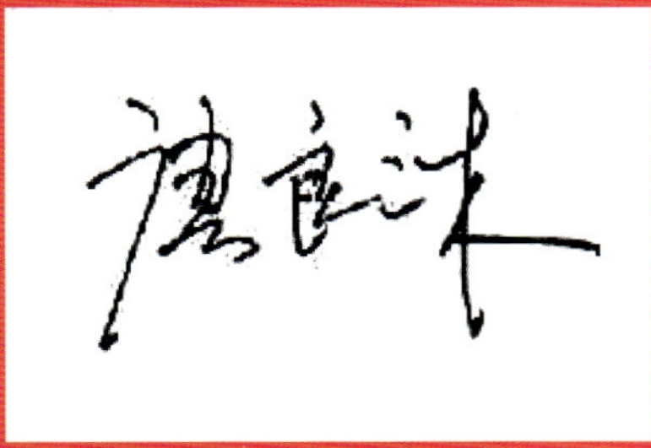

重庆市巴蜀中学副校长　唐良沭

广东省揭东一中副校长　黄炎真

福建省莆田一中校长　蔡辉森

河北省衡水二中党委书记、校长
秦海地

加拿大传承教育基金会终身成
就奖唯一华裔得主　董儒良

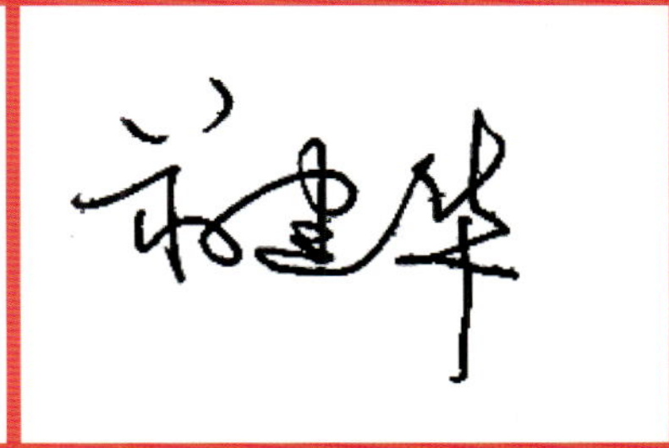

江苏省泰州中学校长、特级教师
蒋建华

广西重点中学南宁二中校长、
中学一级教师　农光学

甘肃省兰州一中校长　化得福

安徽省无为第二中学校长
伍　辉

教育界人士联袂推荐

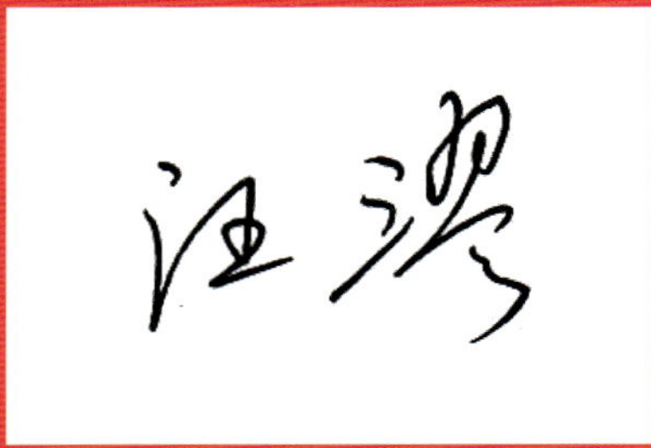

贵州省铜仁第一中学校长
汪 漻

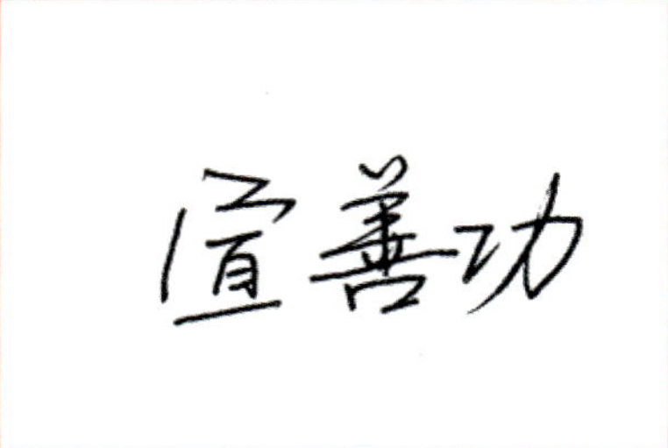

贵州省大方县第一中学副校长
宣善功

山西省运城市康杰中学校长
高跃利

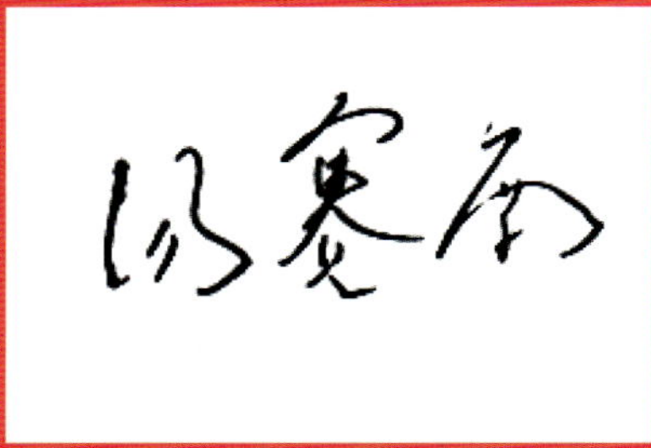

江西师范大学附属中学校长
汤赛南

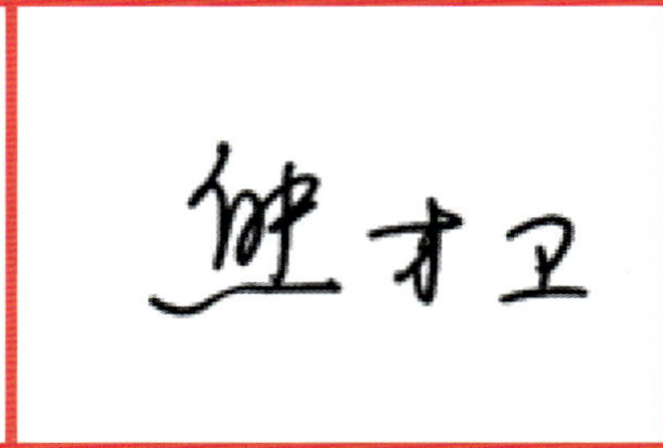

江西省丰城中学校长 熊才卫

河南省郑州一中校长 朱 丹

浙江省乐清市白象中学校长
黄圣东

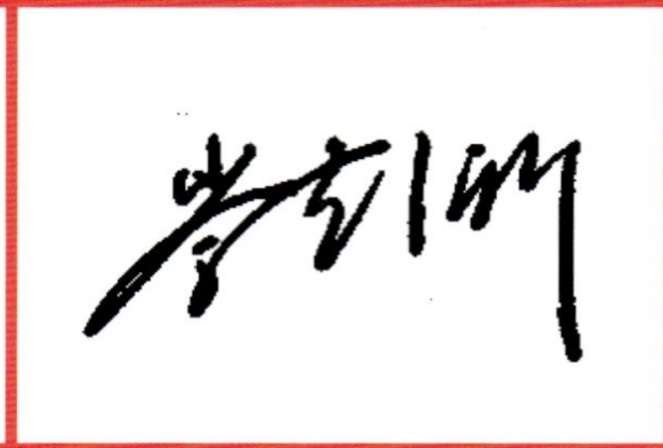

江苏省海门中学副校长
岑彭新

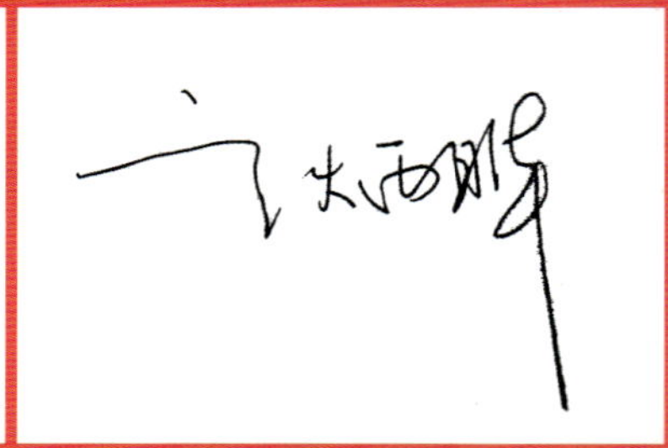

湖南省岳阳市第一中学校长
廖炳晔

山东省日照一中校长、党委书记
许崇文

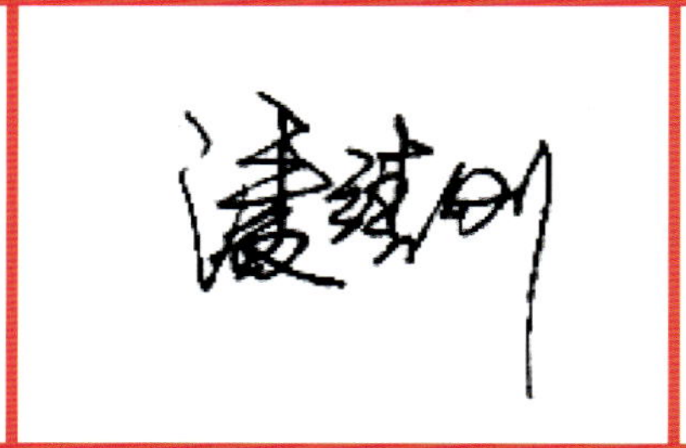

新疆哈密市教育局副局长
潘靖刚

江西省新余市第四中学校长
陈晓红

湖南省湘西土家族苗族自治州
民族中学校长 王 斌

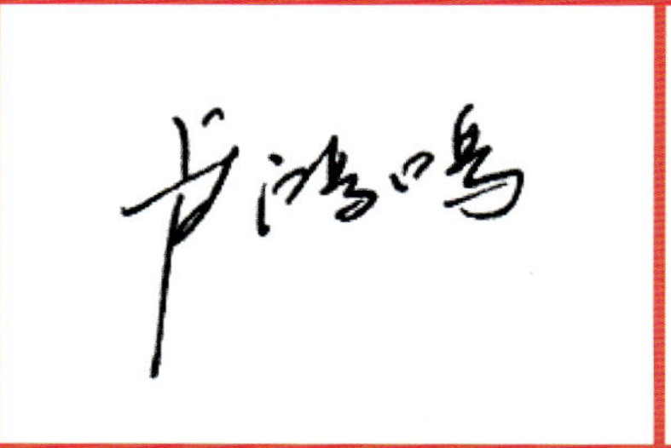

湖南省长沙市长郡中学校长
卢鸿鸣

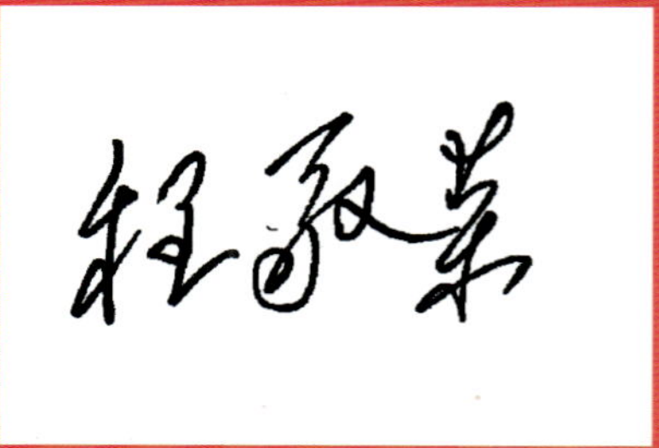

湖北省襄阳四中校长 程敬荣

教育界人士联袂推荐

辽宁省辽阳县教育文化体育局副局长　韩丙彪

辽宁省沈阳市第三十一中学副校长　楚志云

天津市南开中学校长
马跃美

辽宁省盘锦市实验小学校长　任晓明

辽宁省朝阳市第一高级中学校长　张晓彤

江苏省海安高级中学校长　吕　建

辽宁省大连市金州高级中学副校长　梁禄祥

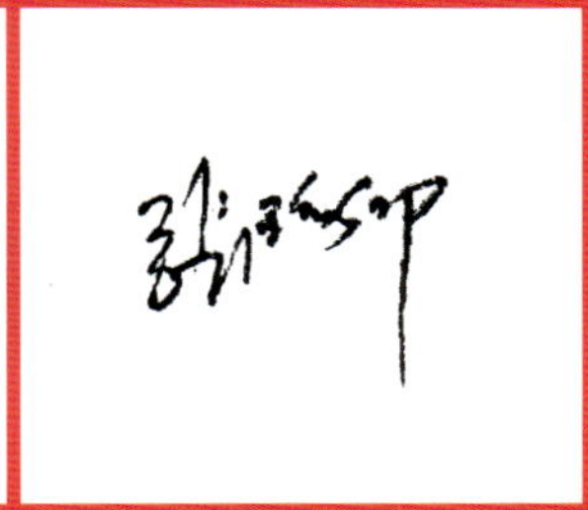
江苏省盐城中学校长
张瑞卿

江苏省茶高级中学校长
王东宁

陕西省西北工业大学附属中学校长　王永智

山东省青岛市第二中学校长　孙先亮

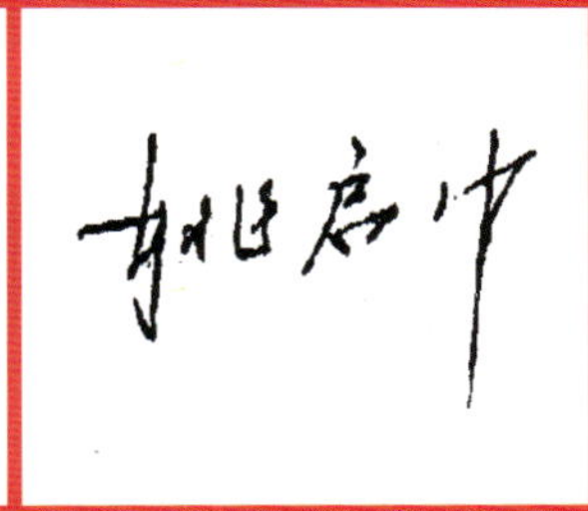
河南濮阳中原油田第一中学校长　姚启中

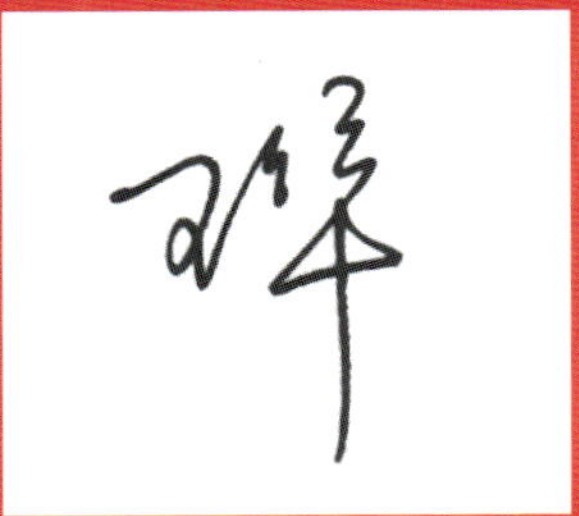
北京市重点高中北师大二副中副校长　王　华

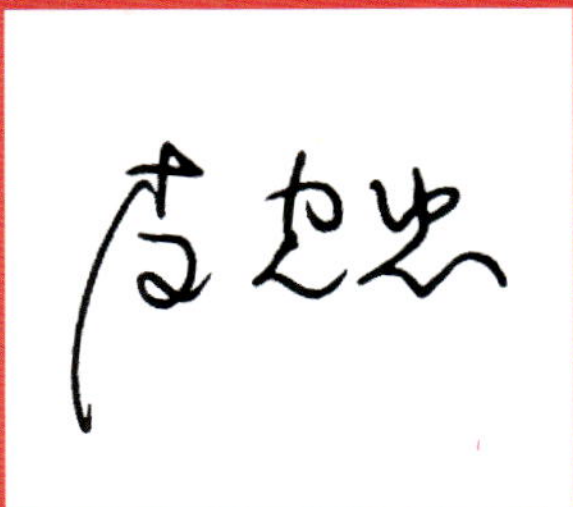
安徽省亳州市教育局党组书记、局长　李建忠

江苏省淮阴中学校长
张元贵

北京工业大学附属中学校长　李　军

江苏省连云港市新海高级中学校长　李宏伟

北京 101 中学副校长
程　翔

福建省厦门一中校长、语文高级教师　周君力

辽宁省实验中学副校长
刘朝忠

知名作家学者联袂推荐

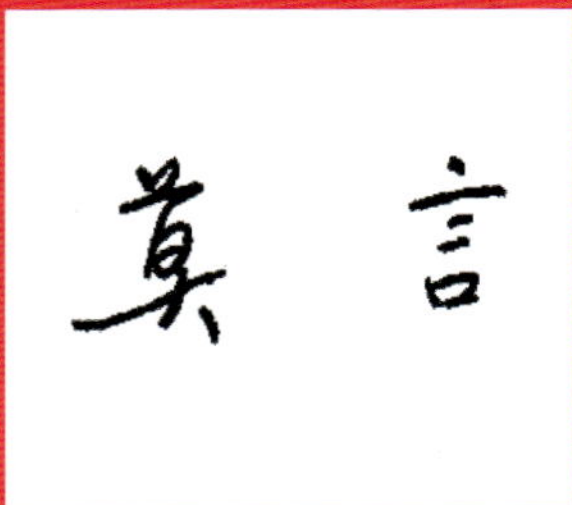
诺贝尔文学奖获得者
莫　言

卡夫卡文学奖获得者、
著名作家　阎连科

中国著名作家、企业
家、编剧　海　岩

当代著名作家、北京
大学教授　曹文轩

语文出版社社长
王旭明

首届鲁迅文学奖获得者
刘成章

凤凰卫视著名记者、
作家　闾丘露薇

北师大研究生院院长、
著名学者　顾明远

北大教育研究所所长
温儒敏

中国作家协会副主席
高洪波

《步步惊心》《最美
的时光》作者　桐　华

国家级骨干教师、中国
作协会员　张丽钧

《新恋爱时代》编剧
王海鸰

《盗墓笔记》作者
南派三叔

《泡沫之夏》作者
明晓溪

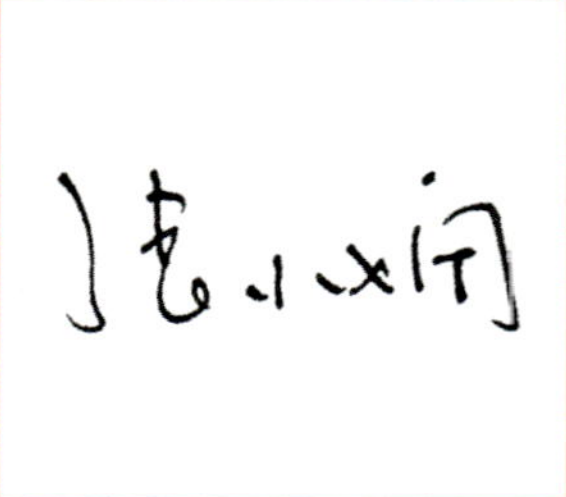
著名作家　张小娴

80后严肃文学派知名
作家　七堇年

《甄嬛传》作者
流潋紫

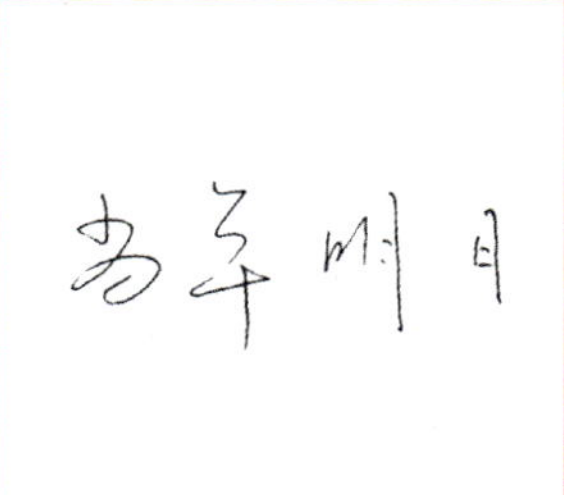
《明朝那些事儿》作者
当年明月

“卖菜叔”　姚启中

目 录 Contents

Contents

目　录

Contents

校园安全

不做施暴者，不做受害者

意林剧场

那些无处发泄的青春——《热血高校》

铃兰男子高中是一所恶名远播的学校，这里聚集着一批不良少年，他们自以为是地把打架当作成人仪式，把称霸校园当成崇高的理想，殊不知，这种幼稚的行为根本无法实现自我价值，只能使自己远离健康、远离正确的人生轨道……

经典台词

突然明白，人，是不可能停下来的，只能沿着自己认为正确的道路前进。

人生并不是只有胜利或败北，我们也能做到一些别人做不到的事情。

人生是没有回头路的，只有一条路走到头。

没有尝过失败滋味的人是不会取胜的。

不要拿自己和别人去比。当你这么做的时候，就是在否定自身特有的价值。

你这浑蛋！不知道生命到底有多沉重吗？

我们确实不是很强大的人，但是，我们也有存在的价值！

人生哪，并不是只有输和赢两种的啊，你也有着，只有你才能做的事情啊。

但是，痛苦地挣扎着，咬紧牙关，哪怕是舔着脚下的泥水，也要活下去！从这些里面，去获取活着的意义和价值！

永不卑贱，永不虚伪，永不残忍

□张丽钧

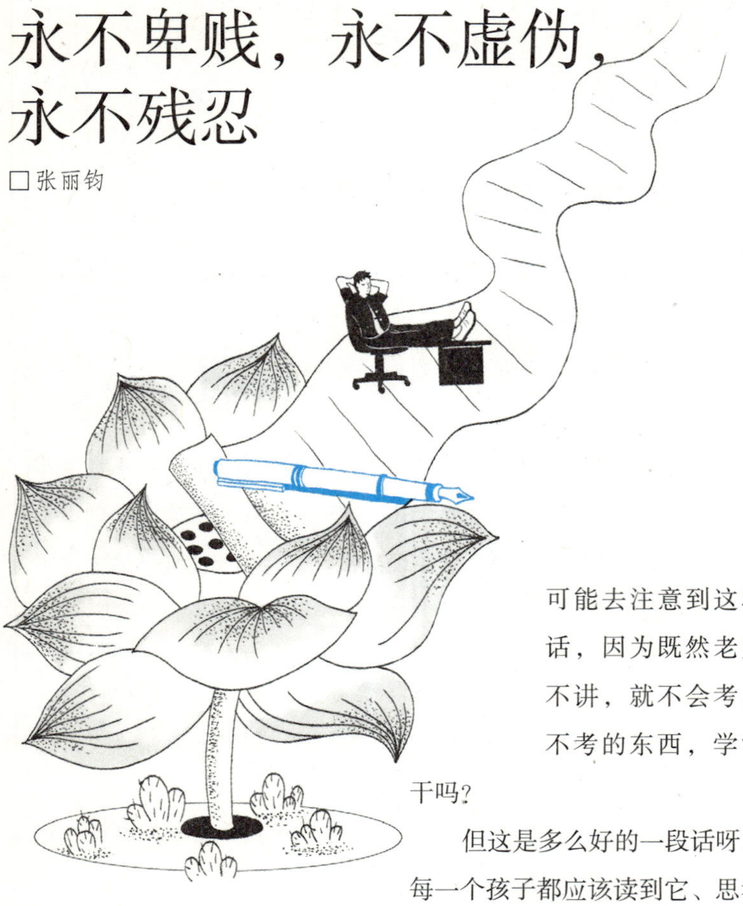

最近，我突然想起了他——大卫·科波菲尔，想起了他的姨婆谆谆告诫他的一段话：“永不卑贱，永不虚伪，永不残忍。”不知这段话能否算作大卫·科波菲尔的“家训”。

这段话被安排在“人教版”高中教材一个不起眼的角落里。有一次跟一个女生交流写作体会，我提到了这段话。她瞪大眼睛肯定地说：“老师，我们的书上没有这段话！”我说有的。她坚持说没有。后来，还是教材站出来说话，证明我是对的。我不是那个女生的语文老师，但我可以想到，她的语文老师没有注意到这段话；而那个女生也不大可能去注意到这段话，因为既然老师不讲，就不会考，不考的东西，学它干吗？

但这是多么好的一段话呀！每一个孩子都应该读到它、思考它、践行它。

永不卑贱

奴性十足的人，一律打着鲜明的“卑贱”戳记。以自我的卑贱，培植他人的下贱，这几乎是所有卑贱者的拿手好戏。鲁迅在他的《孤独者》中塑造了一个名叫魏连殳的形象，他的人生际遇颇像坐“过山车”，忽而低到尘埃里，忽而高到云头上。在他低到尘埃里时，那些世故的小孩子都嫌弃他，连他的花生米都不肯吃；当他高到云头上时，他给小孩子送礼物，前提竟然是要小孩子“装一声狗叫，或者磕一个响头”。这样的故事居然还有“现实版”，在饥饿的年代里，莫言就曾被粮食管理员用一块豆饼诱着，被迫学狗叫。你可能觉得学狗叫的人卑贱，其实，迫使他人学狗叫者的卑贱程度比学狗叫者更甚一万倍。越是卑贱，越是嚣张，一个人的嚣张指数与其卑贱指数成正比。

永不虚伪

有谁能清醒地意识到，其实，“虚伪”天天都跟我们腻在一起，“皇帝的新装”在我们身边长演不衰。我们见惯了虚伪，渐渐丧失了说出真相的勇气与热忱。我想，这样的道理不会有人不明白——我们可以叫醒一个沉睡的人，但是，我们休想叫醒一个装睡的人。装睡的人，以刻意营造睡的假象为使命，呼唤、撼动、鞭打都不足以让他醒过来。网友说：“虚伪的最高境界乃是把虚伪读作真诚。”骗天、骗地、骗人、骗鬼，这虚伪的“道行”还不够深，那称得上“虚伪九段”的，是连自己都可以骗过。侯宝林有个著名的相声段子《买佛龛》，有人问老太太：“您这个佛龛是新买的？”老太太一听不乐意了：“去，哪有这么说话的？！”那人赶紧改口：“那您这个佛龛是花多少钱‘请’来的？”老太太愤然答道：“哼，就这么个玩意儿，八毛！”——老太太充其量是个“虚伪三段”。

永不残忍

看到狮子追捕、撕食羚羊，有人大叫“残忍”。嘻嘻，这哪叫残忍！上帝没有把狮子设定成食草动物，为了活命，它必须这么干。真正的残忍，是来自人类的“精致的残忍”——在熊身上打开一个永远脓血交流的伤口，令其源源不断地为人类提供珍贵的胆汁；当街“活杀驴”“活杀猴”，边杀边亢奋地叫卖鲜嫩的红肉或雪白的脑浆；麻利地割下鲨鱼的背鳍、胸鳍、尾鳍，再将鲨鱼抛入大海，让它慢慢地痛苦地死去……你以为这些残忍就登峰造极了吗？没有。我最近又见识了一种“极品残忍”，那是一个叫林森浩的研究生提供给我的。他那么淡定地向董倩讲述毒死室友的过程，就像讲述怎么毒死一只小白鼠一样；在二审的庭审现场，他自始至终没有看过父亲一眼，甚至当法庭宣布判处他“死刑”后，失态的老父亲飞身扑向法官时，他都冷眼相对……选择用化学物质杀人的林森浩，生命中确乎少了一张不该少的“人性元素表”。

卑贱，虚伪，残忍，我们来向这个世界报到时都不曾携带这些东西，但是走着走着，这些东西就像尘埃一样扑向我们。怎样拂去这些恼人的尘埃？怎样守住人性的底线？怎样让“永不卑贱，永不虚伪，永不残忍”成为我们鲜明的戳记？让我们想想，让我们好好想想。

那些事儿，你知道吗？

8种校园暴力伤害指数大盘点

□晴天

肉体伤害

典型的恃强凌弱行为。身体强壮者对弱小者拳打脚踢、叫骂推搡、拉扯头发等。

伤害指数：☆☆☆☆☆

言语侮辱

用难听的言语羞辱、挖苦他人，或者给他人取充满恶意的绰号。

伤害指数：☆☆☆☆☆

破坏物品

破坏他人的衣服、书本等。

伤害指数：☆☆☆

散播谣言

传播关于他人的谣言，让其在学校中抬不起头。

伤害指数：☆☆☆☆

校园凶杀

使用武器使他人受到严重的伤害，甚至丧失性命。

伤害指数：☆☆☆☆☆

校园抢劫

敲诈他人钱财，强行索要财物。

伤害指数：☆☆☆☆

恐吓胁迫

强迫别人听从自己的命令，威胁他人做自己不想做的事。

伤害指数：☆☆☆☆

校园帮派

拉帮结派，孤立、排挤他人，或者收取保护费，或者与其他帮派斗殴。

伤害指数：☆☆☆☆☆

你被坏孩子敲过竹杠吗？

□胡翩翩

据调查，在全国各地，中小学生遭遇本、外校或社会上行为不良的青少年敲诈勒索的案件时有发生，某些市、县的小学、中学至少有15%的学生受到过侵害，有的学校高达25%！

很多时候，伤害并不来自于大风大浪、无情水火，身边的无赖和高年级的个别坏同学也会对你伸出勒索之手，给你造成伤害。给吧，心里真不服气；不给吧，又会招来拳打脚踢！这个时候应该如何自保并且教训教训他们呢？让专家来给你支招！

第一招：人多力量大

当你上学或放学的时候，最好多叫上几个朋友，人一多小坏蛋们就不敢下手！女孩子可以找几个家住得较近的男生做伴。这样，万一在路上有什么事彼此也有个照应。当然，有家长接送那就更好了。要是自己单独行走，宁可走较远的大路，也不要因贪图方便而走偏僻的小巷。

第二招：财不外露

我们中国人有句话叫财不可外露。意思是说即使身上有很多钱也不能故意炫耀。不良分子特别注意那些“打扮光鲜”的学生。因此，我们不要把自己表现得太富有，在衣着上不要过于讲究名牌，尽量不要带贵重物品来学校，如果真的带了也不要故意引人注目，尽量不要被人发现，否则很容易招来勒索者的贪婪目光。

第三招：慎重交友

很多时候，小无赖们勒索的都是自己认识的人，这叫作“宰熟”。由于他们摸清楚了你的底细，了解了你的弱点，这些平时看上去和你是朋友的同学一下子就会成为张牙舞爪的恶棍。所以，在结交朋友之前，一定要了解他们的底细，知道他们的为人，要和诚实善良的人交友，而不要和那些劣迹斑斑的人做朋友。他们虽然口口声声说着“义气”“哥们”，但是向你伸出勒索之手的很可能就是他们。

第四招：共同防御

这也是最重要的一招。不管怎么说社会是复杂的，勒索现象暂时可能无法杜绝。有些人为了避免被勒索干脆也加入了勒索者的行列，去求一个“大哥”保护，或着干脆去跟一个“大哥”，自以为这样就没事了，其实跟“大哥”不是办法，只能使自己越陷越深。

第五招：金蝉脱壳

如果无法脱身，可以借口身上没钱，约定时间地点再“交”，然后立即报告老师、家长和公安机关。警方会及时采取行动抓捕坏人，他就再也不能伤害你了。

第六招：切勿纵容

很多遭遇敲诈勒索的中小学生出于害怕被打击报复或被同学知道了会感觉“没面子”及被家长、老师责骂等一些主客观的原因，不敢告诉家长或学校，导致敲诈勒索者常常得逞并进而得寸进尺地进行敲诈勒索。不仅使你在财物上蒙受重大损失，而且使你在心理上受到严重伤害。

那些事儿，你知道吗？

勒索钱财的做法为什么叫作“敲竹杠”？

在现实生活中，人们常把那些寻找借口或者利用某种机会向别人敲诈勒索的行为称作“敲竹杠”。这一俗语的来源，主要有以下几种说法。

四川山道崎岖，路很不好走，所以李白说：“蜀道难，难于上青天。”当地的有钱人上山烧香拜佛，往往乘坐一种用竹竿做成的滑杆轿子。走到半山腰的时候，抬轿子的人经常会敲击滑杆，暗示坐轿子的加工钱，否则就不往前抬了。这时坐轿者一般只好乖乖地给轿夫加些钱，任其勒索了事。

还有一说：鸦片战争前，帝国主义的商船纷纷向中国输入鸦片，牟取暴利，毒害中国人。爱国官吏林则徐向清政府提出禁烟，并在广州海面派出官船巡逻，查禁鸦片。一次，有一艘走私船被官船截住。负责的官员抽着旱烟上了商船，监督手下人搜查。他无意之中在船篙上磕了两下烟袋锅，这个动作把走私商人吓得脸色发白。原来他们正是打通船篙，把鸦片隐藏在内的。走私商人以为官员发现了秘密，就强作笑脸，趁别人不注意的时候把钱塞进官员的手中。这位贪官心领神会，就放走了走私船。以后，这位官员每次上船检查，都有意大敲竹杠。于是“敲竹杠”的说法就传开了。

第三种说法是：清朝末年，市场上小额的买卖常以铜钱交易，店家接钱后便丢在用竹杠做的钱筒里，晚上结账时再倒出来，谓之“盘钱”，又称之为“盘点”。当时上海有家店铺，老板很不老实，遇上陌生顾客进门，总是随意提价宰人。每当伙计接待这样的客户时，店主就从旁将竹杠敲一下，示意他提价勒索。

三种说法各有一定的道理，但第二种似乎更可信一些。

（选自《问吧5：有关中国传统文化的101个趣味问题》/苏庆丰 刘垣 苏建新 吕长卿 廖年胜等著/中华书局/2008年10月版）

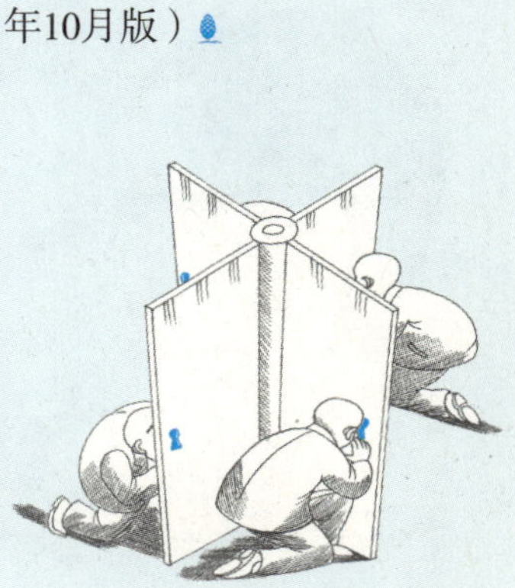

学生安全那些事儿

安全意识不可忽视，生命教育迫在眉睫。

再见，校园软暴力

□艾乐薇

比暴力还“暴力”

一切区别于肢体暴力造成伤害他人的行为，都可以算作“软暴力”。校园“软暴力”看不见、摸不着，它是隐性的，却能深深地“烙”在学生心中，所以，把软暴力称为“一把伤人不见血的刀”绝不为过。以下是几种常见的校园软暴力现象：

有许多老师会有意无意地给同学授予各种“称号”，操作不好的叫“理花线”，作业写得不认真的叫“鬼画符”，不守纪律的叫“调皮大王”……

有时老师会不经意间挑起学生间的相互指责与责任的推诿。《生活时报》曾报道过一则消息，有一位9岁的孩子有一天带回一张16开的纸给家长看，上面密密麻麻写满了铅笔字，都是同班同学写的，不少字是用拼音代替的，主题是“我们大家评×××”，共列出了这个孩子的18条“罪状”，还有18名同学的签名。

被同学排挤歧视也是校园软暴力的常见现象。

在被问及对待受歧视同学的态度时，90%左右的学生均积极地回答不歧视别人，愿意热心帮助受歧视的同学。假定自己因来自农村而受到歧视，66.76%的学生会选择向老师或家长讲明情况；假定自己因身材或者长相而受到歧视，76.23%的学生选择了积极锻炼，努力提升内在气质来争口气的做法。由此可见，大多数学生能够较积极地面对歧视。

但与此同时，竟有4.87%的学生在受到歧视时会“不加反抗、随他们欺负”；有5.86%的学生说不清该怎么做；有8.60%的学生会选择暴力反抗；有1.54%和2.78%的学生只能选择“痛苦、毫无办法”或“向父母哭诉”。更令人担忧的是，有近1%的学生甚至会产生“不再上学”“负气出走”，甚至是“自杀”的念头。以上做法都是对待歧视很消极的倾向，有些甚至是危险的。

名师观点

其实，很多学生都遭遇过“软暴力”，从而在成长的过程中有过一些挫折，这是一种很正常的现象。因为未成年人大多还不成熟，不能很好地顾及他人的感受，所以对别人施加软暴力的时候常常是无心的。从学生自身来说，当你认识到软暴力的存在后，首先要注意不能对别人施

加，其次也要学会保护自己，在遭受软暴力的时候正确面对，调整心态，或者予以反抗。

许多老师因为平常的工作太辛苦，而且老师本身也面对着激烈的竞争，所以有时候为了释放压力，会有一些不当的言语。这并不能说明老师不爱学生，不关心学生，从某些角度来说，恰恰反映了老师“恨铁不成钢”的心理。我希望每位老师都对自己的学生负责，不要轻易说出伤害学生的话。多关爱学生，千万不可充当“冷面杀手”，不可对学生言语尖刻、态度粗暴，不可使用“软暴力”。

专家有话说

当我们遭受软暴力的时候，应该怎样保护自己呢?

不少学生遭受软暴力后会产生“害怕、仇恨”的情绪，进而“情绪一直很低沉”乃至“无法正常休息”，甚至开始“厌倦学习”，产生“逆反心理和过激行为”，不喜欢学校，不喜欢与同学交流，严重的还会产生“自残、自杀”的念头。其实，孩子们可以学会“自救”，自救的方法很多，最有效、最理性的方法就是沟通。让伤害者知道他们对你造成了什么样的伤害，让他们注意自己的言行。

第一招：主动交流。寻找一些恰当的时间，比如课间休息、外出郊游时，和老师主动谈谈自己高兴或不高兴的事，与他们分享你的喜怒哀乐。

第二招：创造机会。跟老师一起做一件事，比如劳动、打球，边做事情边交流。如果老师有更多的机会了解你，会对你更有亲近感。

第三招：认真倾听。当被老师批评时，不要急着反驳，试着平心静气地先听完他们的想法，说不定你会了解老师大发雷霆背后的理由。

第四招：主动道歉。如果你不对，不要逃避，不要沉默，主动道歉往往会得到老师的理解。

“过来人”支招

不争馒头争口气

我也曾遭遇“软暴力”，因为物理不好，所以老师经常看都不看我。我没有自暴自弃，反而试着努力去学物理，渐渐地发现，老师对我这个物理不太好的学生也开始注意起来。遭遇“软暴力”时，要相信自己是最棒的，同时也请老师们相信自己的学生是最优秀的，这样许多所谓的问题学生就不会出现了。

鼓励，是腾飞的翅膀

一个班级里总会出现一些基础较差、学习跟不上但又尽了力的同学，我就是一个典型。两年前，我在所谓的“精英班”读书，但成绩和好的同学相比只能算中等偏下，特别是英语和数学，根本找不到切入点，我虽已尽全力学习，但成绩仍不理想。这时候，我想放弃，但英语老师的热忱和数学老师的鼓励使我重新鼓起了勇气。终于，我在那次期末考试中取得了惊人的好成绩。

试想一下，如果当时老师给予我的是否定和辛辣的嘲讽，那我现在可能已经是一名堕落的学生了，对学习已经失望了。

对付“软暴力”主要靠自己

每个人都渴望得到别人的认可，尤其是我们青少年。但关键在于什么样的人给予你认可。如果来自一位惯于随意讽刺挖苦学生的老师，那么我觉得这种认可不要也罢。当然，我们也应该反思自己是不是在某些方面做得确实不够，然后化难过为动力，奋发向上。试想，如果我们连这样的心理问题都无法解决，那么以后怎么面对就业等更大的问题呢？所以，我认为：对付“软暴力”，主要靠自己！

『哥们儿义气』不是真正的友谊

□尤红玲

一些性格外向的青少年在交友上往往很“潇洒”，认识不到几天，便称兄道弟，还像成人一样信誓旦旦：“大哥的事就是小弟的事。小弟愿为大哥赴汤蹈火，在所不辞。”如此等等。在他们看来，友谊就是江湖上的哥们儿义气，有钱时大吃大喝就是“有福同享”，不讲原则为朋友两肋插刀就是“有难同当”。这种江湖式的友谊是最危险的，它有可能就是埋在社会的一颗“定时炸弹”，一旦爆炸，后果不堪设想。

青少年讲“哥们儿义气”主要有以下三种类型。

包庇型

朋友逃课，帮其撒谎，考试时相互配合共同作弊；朋友犯错，为其掩护、开脱，甚至甘当替罪羊等。这样的做法实际上是纵容朋友在犯错的路上越走越远。眼看朋友在错误的泥潭里越陷越深而不拉他一把，也不算是真正的友谊。

帮派型

受社会不良风气和某些影视作品的影响，一些青少年在校园内甚至社会上网罗人员，以扩大自己的势力。他们有的结拜成几兄弟几姐妹，有的则结成帮派，喝血酒、定帮规、立誓言，也取名号，如“四大天王”“八大金刚”“十三太保”等等。

还礼型

朋友有难，应该帮助，但是也应该看情况。若是帮忙打人的话，首先要冷静，千万不要加入混战，还要劝说双方息事宁人，化干戈为玉帛。实在无能为力，要报告学校，报告老师和报告司法部门，这样才算真正帮助朋友。

以上靠哥们儿一起支撑的友谊，极其危险。青少年更要充分利用各种有利条件，努力学习，提高自己各方面的素质，需要了解以下知识：

不要把“哥们儿义气”当作友谊

“哥们儿义气”与友谊是不同的，二者有着根本的区别。

友谊是人与人之间的一种真挚的情感，是一种高尚的情操，而源于江湖义气的“哥们儿义气”是以私利为目的的，不分是非，不讲原则，更不顾及社会的准则、国家的法律。他们以“铁哥们儿”相称，以“江湖义气”

为榜样，为了自己和“哥们儿义气”的私利，常常干出一些伤害他人、损害集体的事情来，有的甚至会坠入犯罪的深渊。

“哥们儿义气”是一种使人丧失理智的冲动

校园中“哥们儿义气”实际上是一种基于无知和盲从、无情感基础的冲动，是一种非理智的行为，特别是它还往往带有旧社会的行帮气息，这是与现代文明社会格格不入的，是根本不相容的。

“哥们儿义气”不是真正的义气

友谊是建立在互相理解和互相帮助的基础之上的，也需要义气。但是，这种义气是讲原则的，是建立在维护集体利益基础之上的。如果不辨是非地“为朋友两肋插刀”，甚至不顾后果，不负责任地去迎合朋友的不正当要求，这不是真正的朋友，更谈不上真正的义气，到头来，只能害人害己。

体罚之微言微语

□佚名

@中国有两句古话：“棒下出孝子”和“严师出高徒”。可见，无论对于自己的孩子，还是自己的学生，父母和老师都是一样严苛，甚至有的时候会采取体罚来作为惩戒。

@我曾经连续3天被老师叫进办公室，都说老师有素质，但骂起人来什么形象都没有了，骂我就算了，还连着骂我全家。

@我没有被体罚过，但时至今日我还记得小学时一位男生被老师惩罚的情景——大家都在上课，唯独他站在教学楼前，顶着烈日扎马步，我想全校的师生都看到了吧。真心觉得，惩罚可以换一种方式。

@就算我们犯了错误，也请老师们用和平的方法来解决问题，我们不要体罚，那只会让我们记得身体上的疼痛；我们也不喜欢冷暴力，请耐心地指正我们的错误吧。

@首先声明，我不是小学、中学教师，我的孩子现在上小学一年级，经常看到老师对待调皮捣蛋的学生没有什么好办法的报道，说实话，我赞成适当体罚。我小学的时候没少挨老师打，手心和屁股都没少挨，但是我现在对原来这样体罚我的老师只有感激之情，没有丝毫的抱怨，如果他们当初不体罚我，让我放任自流，可能我现在就一个混混儿。

@长期受到体罚的学生要么性格懦弱，凡事只会服从，从不质疑；长大后变成了只会解题的毫无创造力的人；要么变成有暴力倾向的、报复倾向的、性情暴躁的和性格有缺陷的人；或者是心里留下极大的阴影，通过长时间的调节才会回归正常。

@体罚是一种野蛮、残忍的行为，一些教师采取这种方式仅为发泄私愤。更糟糕的是，它让青少年认为日常生活中存在暴力行为理所当然。

@体罚很容易对孩子心灵的成长产生不良的影响，轻者使孩子产生自卑心理，不善于表达、沟通，甚至会产生抵触家长、学校的情绪。重者则有可能产生严重的逆反心理，在日后的生活中遇到困难或挫折同样采用暴力手段来解决问题。观念上的误导比心灵上的挫折更为严重。一旦在孩子的心中形成，就很难得到纠正。

（来源于新浪微博）

自我实现的8条途径

□马斯诺

1. 摆脱自我中心主义，尽可能从“小我”走向“大我”。尽量在生活中忘记自己的伪装、拘谨和畏缩，超越自我，全身心地投入到学业中。

2. 做出成长的选择，而不是畏缩的选择。

3. 承认自我存在。每个人都应时刻倾听内在冲动的召唤，让自我得以显现。

4. 要诚实，不要隐瞒。承担责任本身就是迈向自我实现的一大步。

5. 能从小处做起，要倾听自己的志趣和爱好，有勇气做出选择。如果认为自己对，要敢于与众不同，不要顾虑重重，即便暂时失去人缘。

6. 要经历勤奋的、付出精力的准备阶段。如果你是大夫，那就要求自己成为一流的大夫。

7. 高峰体验是自我实现的短暂时刻。如果我们能用高峰体验中的那种人性最高境界，去努力度过人生中的每个时刻，人生就将是美好的，那个本来应该属于我们自己的真我就能实现。

8. 发现自己的先天本性，使之不断成长。弄清自己是哪种人，喜欢什么，不喜欢什么，什么对于自己是好的，什么是不好的，正走向何处和自己的使命是什么，这意味着对防御心理的识别，并在识别后有勇气放弃这种防御。虽然这样做是痛苦的，但放弃防御是值得的。

那些事儿，你知道吗？

左撇子更容易走极端

德国《焦点在线》近日报道了英国伦敦大学的一项研究成果。该研究通过对1.1万名英国儿童的用手习惯和智商的调查显示，左撇子和右撇子的平均智商几乎没有区别。不过左撇子似乎容易走极端，在天赋极高和学习成绩糟糕的孩子中，左撇子的比例明显较高。美国每年数学分班考试的结果也证明了这一点，左撇子多集中在成绩最好与最差的两端。

另外一项研究成果显示，在美国职场上，接受过高等教育的左撇子，其工资要比右撇子高出10%~15%。有人猜测，这可能是因为左撇子需要更早地学习开发新想法和解决问题，以适应以右撇子为主的社会的缘故，这在一定程度上，激发了他们的创造力和聪明才智。

女生，别让暴力蒙蔽了你的美

□寒冰

近年来，女生校园暴力案件呈现上升趋势。长久以来，一直被人们认为柔弱、含蓄、乖巧的女生，有的竟然成为校园暴力事件的主角，一旦遇到“摆不平”的事，这些女生便能召来一群人，为她“出头”。

因为某些不起眼的小矛盾，甚至只是单纯地看对方不顺眼，就带领“手下”殴打、辱骂对方，还拍下整个打斗过程；暴力事件中大多一人施暴后，众人群起，几乎都参与了施暴；除了身体的暴力，还对受伤女孩施以言语暴力，甚至冷暴力；施暴后的结果，都给受伤的女孩带来很大的身体及心灵的创伤，有的甚至选择自杀了断；对于施暴者来说，等待她们的，将是更加严厉的惩罚。所以，这些暴力事件给受害者带来极大的伤害，而施暴者，也不是所谓的“赢家”。青春少女应该引以为戒，坚决远离校园暴力，不做受害者，更不做施暴人。

那么，该如何加强自我保护、远离校园暴力呢？

一是正确处理好自己的人际关系，交友要谨慎，少与行为不端的人打交道，不过早与社会上的人交朋友，少去情况复杂的公共场所，出外办事不要单独行动；规范自己的言行，做事不能太冲动或意气用事，说话不能盛气凌人或目空一切。

二是培养良好的心态，加强自己的道德修养，多看多学些健康的读物；文明、宽容待人，得饶人处且饶人，凡事都要考虑后果，不能以暴制暴；洁身自好，不与人结仇、不干坏事、少管闲事；心理不适时，找心理医生解决；锻炼好身体，提高自卫能力。

三是遇到校园暴力，不要一个人忍着不吭声。首先要做的就是告诉家长或者老师；尽量不要一个人待着，如果不得不一个人的话，尽量待在人多的地方；在易出现校园暴力的地方要当心，留心谁在你的前面或后面，远离危险人物。

四是要增强自己的法律观念和道德意识。仗势欺凌他人，这本身就是一种不光彩的行径。这种行为不会让你受到他人的尊敬，相反，还会遭到大家的鄙视和唾弃，严重者，会受到法律的制裁；对于受害人来说，在遭遇暴力之后，要勇敢地站出来，让施暴者受到相应的惩罚，必要时，要学会用法律武器来保护自己。

体罚也温馨

□佚名

我在年初跟着爸爸妈妈来到荷兰的鹿特丹生活，并进入当地的一所公立中学读书。

一次，我做数学家庭作业时遇到困难，几番尝试下来没完成就来了脾气，把本子塞进书包，不做了。结果，第二天上课后，凯蒂老师非常生气，对我做出特别严厉的体罚——下课后在操场上跑10圈！

我的脑子顿时“嗡”地一下：当众在操场上跑10圈，这多丢人呀！没办法，下课后，我也只能到操场上跑起来。我的同学们也都从教室里走出来，站在操场边看着我，久久不肯散去。

我心里非常难过，觉得自己肯定成为同学们眼中的笑料了。

跑到第四圈的时候，我已经很累，脸上也渗满汗珠。我看见凯蒂老师领着校医走来，校医的手上提着一只医护箱来到操场边。校医放下手中的箱子，一边和我并肩跑步一边问我身体有没有不适，我告诉他没有问题之后，他就退回去，和凯蒂老师站在一起看着我。

我的体力很快就消耗得差不多了，脚步也越来越慢。这时，同学们在旁边根据我的步伐鼓掌、打起节拍，还有人开始大声喊“继续，你能做到”，或者喊“再坚持一下，你可以完成”。我这才明白，原来同学们并不是在这里看我的笑话，而是在支持我、鼓励我。凯蒂老师也一直站在一边，虽然她始终没有说话，但当我从她身边跑过的时候，从她的神情里感受到她也在关心着我。

我在同学们打的节拍中，咬牙跑完10圈，很多同学来到我的身边，他们扶着我走进教室，有的夸我真棒，有的问我身体感觉怎么样，还有的居然开始帮我按摩腿部……

这时，凯蒂老师拿着一支药膏走进来。她帮我擦去额头上的汗水，把我扶起来走向洗手间，后面还有同学搬着一张凳子跟过来。在洗手间，凯蒂老师为我的腿部涂抹药膏，还有几名同学围在一边关切地看着我。我突然间好感动，忍不住问：“凯蒂老师，我受到处罚，可为什么大家还这么关心我？”

凯蒂老师还没来得及说话，同学们就先惊讶地看着我说：“你虽然有错，你虽然受到处罚，但你依旧是我们的同学，依旧是我们的朋友。你受到处罚其实就是受到了伤害，对于已经受到伤害的同学，我们又怎么能够远离他、孤立他呢？我们应该给他更多的爱。”

凯蒂老师也抬起头来说：“是的。我虽然处罚你，但这并不是我在泄愤，而是我想帮助你，所以我不仅不会远离你、忽略你，我还会给你更多的关爱，让你拿出信心来面对一切困难和阻碍……”

听了老师和同学们的话，我顿时觉得我那些所谓的困难其实根本不算什么，如果我再冷静一点儿再耐心一点儿，是完全可以克服的。那一瞬间，我感慨最多的并不是作业，而是这种充满关爱的氛围。

嫉妒别人，不会给自己增加任何好处。嫉妒别人，也不可能减少别人的成就。——谚语

文身之憾

□［英］伊莫金·爱德华·琼斯　冯国川

确切地说，我有3个遗憾，它们就是文在我身上的一只燕子、一只蝴蝶以及一朵好似从脚趾缝里生长出来的雏菊。对于有两个孩子的母亲来说，这样的文身很不妥。我真不知道自己当时是怎么想的。25年前，我进入了人生的“文身”阶段。

我全部的青春记忆就是迷恋大口畅饮苹果酒、挂了很多考试科目，文身也可能是一种叛逆行为。妈妈被我的行为震惊了：“你的踝关节很粗大，为什么还要用文身去凸显呢？”我根本没去理会。当时觉得自己很时尚，标新立异，在我的同龄人中，很多人身上都有文身。英国半数的中层管理人员不是在大腿上文一朵花，就是在手腕上文一些音符。

20世纪80年代，那时的我认为，只有真正“有个性”的人才有勇气在脚后跟上文海豚、在臀部文蝴蝶。有的文身还会在阳光照射下变色。不过，再别致的文身不管起初如何绚丽，它们都会随着时间的流逝而消退、变形。因此，20岁时你文在身上的粉红色花朵，或者泰国猛虎，都会在10年间逐渐模糊成一片污迹。当你为人父母，到了孩子上学的年纪，这些文身简直就成了一种羞辱。英国一项调查发现，约1/3的人在以后的生活中为文身而悔恨。

我过去认为，文身是艺术的表达方式。现在，每当我想装文艺范儿时，它们却总不给力。我记得自己费力地把脚挤进那双价值不菲的鞋子、又卖力地拔出来时，店员盯着我脚上变形的“雏菊”露出同情和怜悯的神情。节假日，文身也让我很受刺激。那个不再美丽的蝴蝶经常“跑”出比基尼的遮掩，令我的大腿看上去好像多了一块形状古怪的墨迹。由于脚上的文身变成了一抹发霉似的绿色，加之皮肤随着年龄逐渐干燥，每次我在机场或者其他休息厅小憩片刻时，总有个洪亮的声音响起：“天哪，你的脚踝咋了？你以前发生过车祸吗？”这时候，两个女儿会同时回答：“这是我妈妈的垃圾文身。”没错，它们就是垃圾。我也曾考虑去除这些颜色，但据说痛苦的手术后，留下的也是同样面积的丑伤疤。

我可以向青年人保证，你或许暂时不会为文身后悔，但是再过10年、20年，皱纹和赘肉导致的变形，会让你这些年轻时的愚蠢做法变成一种挖苦和讽刺。那时候，你多希望时光能够倒流。要是我带着叛逆情绪坐在文身店里时，能够预测现在的状况，要是我知道自己“革命性”的时尚表达方式不过是很多人尝试过的陈词滥调，该有多好。

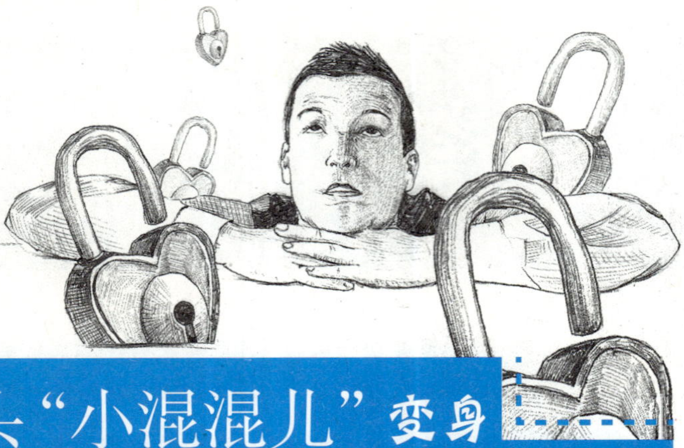

街头“小混混儿”变身物联网“学霸”

□王烨杰　周凯

26岁的古成龙可能很快就要成为一家上市物联网公司的老总了。

公司投资人张波怎么也想象不到，自己会与一个出生于1988年的毛头小伙儿合作开公司，为了与这个爱吃蚂蚁的小伙子合作，张波甚至放弃了与一名物联网界知名专家的合作机会，他说：“教授擅长理论、善于完成一个既定项目和目标。这小子不同，他有很强的规划能力、动手能力，适合创业。”

但中学老师眼里的古成龙，就没那么优秀了。这个初三以前“没上过学”的“小混混儿”，曾在半年时间里自学成为全校第一名——这多少令辛勤教书的老师们有一种挫败感。

吃了3年蚂蚁的“小混混儿”

这是一个在新疆某军区家属大院里出了名的“坏榜样”——不学无术，四处瞎混。从小学到初二下半学期，古成龙就没怎么上过课。他的精力都用在学校之外。家属大院前后3条街的大小事端，这孩子全都能摆平。

“我小时候就想练绝世武功，喜欢毒物、毒掌什么的。”古成龙说。他曾在军区大院里拿树枝蘸着糖水钓蚂蚁吃，这个习惯，他坚持了整整3年。

尤其值得一提的是，对于儿子的特殊癖好，他的父母没有任何阻拦或者反对。“他们就觉得这是我自己的事儿，也不管我。”古成龙说。

包括“不好好念书”这件事儿，毕业于西安交通大学的父亲也很少管他。到了快上高中时，父亲找他谈了一次话，问他：“将来要不要上高中？不想上高中的话，就选择一个职业，上个中职，以后再上高职。”

古成龙为此专门查了新疆一些职校的专业，但并未从中找到自己喜欢的。他决定先上高中再说。

听说古成龙要上高中，班主任老师傻了眼。这个从不认真听课的差生竟然在老师面前“狮子大开口”起来：“怎么报名参加中考？中考要考些什么？乌鲁木齐最好的高中是哪一所？大概需要多少分能考上？”

彼时，古成龙的学习成绩是——数理化考试得分从未超过20分。

从数理化不到20分到全校第一

2003年，15岁的古成龙自行决定不上初三了。他要在常人认为最关键的一年里，完全不上课、不补课，自学备考。这样“奇葩”的决定，他的父母竟然也同意了。

根据中考大纲的要求，古成龙一个人跑到新华书店买了几本辅导书。为了节省开支，他还从爸爸、叔叔以前用过的教材里，淘了很多二手书来用。

不到一年时间，中考来临。古成龙的中考成绩着实令全校师生震惊，不仅是全校第一，还比全校第二名的总分高出30多分。

超强的自学能力，成就了今天的古成龙。

高中时，他“故技重演”，在基础学科之外，又自学了计算机。那时的一条捷径是，如果某个科目拿到全国、省级校外竞赛的好名次，就可以不用参加高考，直接保送上大学。

古成龙选择了计算机专业，因为这个专业与一般的数理化基础学科相比，校内课程较少，大多数学生不会选择这种冷门且没人教的专业，竞争也并不算太激烈。同时被他选中的还有生物专业，理由类似。

还是通过自学，古成龙在省级计算机、生物竞赛中，拿到了一等奖的好成绩。高中毕业那年，他拿到了华中科技大学、国防科技大学、南京航空航天大学3所大学破格录取的通知书。

直到今天，他还在根据自己的创业需要不断自学。

“鸡瘟和普通的感冒可不同，它也分好多种。现在的养鸡户，7天给鸡打一针抗生素增强抵抗力，这种做法不安全也不可持续。”最近，这个计算机科学专业的本科毕业生在研究怎么养鸡。他开发的智能物联网终端，或将被一部分养鸡户先行使用，“他们可以通过手机，实时监测鸡棚的环境、温度、含氨率等，再用手机直接远程调节鸡棚环境”。

合伙人张波正是看中了他的自学能力。“一个需要公司软件部、硬件部、系统部一起来开发的产品，他一个人就能全部搞定。”张波说。古成龙是学计算机软件技术的，同时还快速自学了电化学、芯片技术等，过目不忘，学科交叉能力特别强。

年轻人要自己决定自己的人生

古成龙从小就是一个喜欢自己做决定，且善于自己做决定的人。

“他不听话，要管也管不住，索性让他自由发挥。”张波对古成龙的家庭比较了解，他最常听古成龙的父母说的话是：“你自己决定吧。”

初三休学一年，是古成龙做出的第一个人生重大决定。此后，从走竞赛保送路线，到选大学、选专业，再到创业，到“移民”上海，都是他为自己的人生、为自己想要的生活所做的长远规划。

挑选大学那会儿，军人出身的爷爷坚持让他选择军事院校，但他坚持要上南京航空航天大学。

拒绝国防科技大学的理由听起来有些幼稚，却饱含了这个年轻人对未来生活的期许：“国防科技大学的门卫都不让我进去参观，纪律森严，我不喜欢被管制；华中科技大学在武汉，太热，我不想以后在那里生活；南京航空航天大学地理位置不错，虽然也有军事背景，但纪律宽松一些。”在决定去哪儿上学之前，古成龙一个人从乌鲁木齐跑到这三所学校去考察了一番。决定去南京航空航天大学时，爷爷气坏了。

爷爷当即决定，孙子上大学这4年，全家不准给他一分钱的生活费。古成龙心里暗暗发笑：幸好有奖学金，还不用交学费。

大二那年，古成龙还拿过南京航空航天大学的全校嘉奖令。他在一天半时间内，编写了2.5万个计算机代码，测试一次通过，没有一处错误，及时完成了某型号飞机的火控系统研究任务。然而，临近毕业时，他又做出了一个与大多数同学截然相反的决定——不去部队工作、不留校从事军事研究，而是到上海创业去。

在上海市嘉定区菊园社区，古成龙设计的“城市体征监测系统”，每个小时都在向环保部门传输实时数据。

一根铁杆，头顶一块太阳能板，一个监测传感器，外加一块小小的防护板——这个造价仅两三万元的监测系统，如今正取代以往耗资30万元一间的“仪表监测屋”，为智慧城市提供第一手的环境数据。

古成龙说：“学了理论，要有所运用才行。我不想走科研路线，想把技术付诸实践、创造价值。”尽管科研机构工作稳定，但古成龙还是喜欢做些有挑战性的事。“年轻人的人生应该要好玩一些。”如今外形斯文的古成龙，脸庞上依旧挂着儿时的那股子顽皮劲儿。

周杰伦：妈妈给我一个梦

□周杰伦

我出生于1979年1月18日，出生后我非常可爱，家里充满了欢笑。妈妈叶惠美是淡江中学的美术老师，爸爸是淡江中学的物理老师。本来妈妈想培养我的绘画才能，哪知我却对音乐非常敏感，我3岁就自己“录”专辑了，我有模有样地对着家里的一台录音机自唱自录，赢得了爸爸妈妈和外公外婆的夸奖。

4岁那年，妈妈带我去学钢琴，我听了一遍就能复弹出来，老师夸我有天赋。小小的我坐在大大的钢琴前时，总是非常高兴。我的妈妈是一个喜欢追求完美的女性。我上小学后，妈妈为了培养我弹钢琴，拿出家里的全部积蓄给我买了一架名牌钢琴，并请最好的钢琴老师给我辅导。我的钢琴老师是台北最有名的钢琴师，他对我要求极其严格，我练的是古典钢琴，每当我弹错一个音符，“啪”的一声，一把折叠扇就会打到我手背上。那时，我的手背总是青的。回到家中，妈妈依然不放过我，为了逼着我练钢琴，她拿着一根木棍站在我身后，一直到我练完琴为止。我的童年少了许多童趣，流下了许多委屈的眼泪，但是，我现在明白了，没有小时候打下的坚实的音乐基础，就没有我今天的音乐成就。小学三年级的时候，我又被大提琴忧伤凄美的琴声迷住了，妈妈同样鼓励我学大提琴，于是，小小年纪的我又背着比我高大的大提琴，在每个周末挤上262路公共汽车，去音乐馆学大提琴。

就在我如痴如醉学习音乐的时候，我发现爸爸越来越少回家，越来越爱和妈妈争吵，妈妈常常独自哭泣，我不知道这是为什么。后来我才知道，爸爸有了外遇。妈妈为了挽救家庭，暂时把我送到外婆家里。虽然外公外婆对我非常好，但我依然沉默，不再有说有笑。我崇拜肖邦，却无法达到肖邦的境界；我也崇拜李小龙，曾自己练习双截棍。整天迷迷糊糊，我的学习成绩一落千丈，我常常对着外婆家的斑点狗自言自语，实在郁闷时我就打篮球、打乒乓球，把自己弄得十分疲倦后倒头大睡。

上初中二年级时，我最不愿看到的一幕还是出现了，爸妈离婚了，那一年我14岁。妈妈把我从外婆家接回去时，我已经变得冷漠而叛逆。高中联考时，我的总分只有100多分，连普通高中也没考上，我的人生跌入了低谷。妈妈去找了淡江中学的校长，希望他能收下我，校长摇摇头说：“成绩太差，我爱莫能助！”妈妈介绍了我的音乐才能，校长告诉我妈妈，淡江中学第一届的音乐班正在招生。回来后，妈妈让我去考试，我弹完钢琴后，就被告知我被录取了。这一次，我绝处逢生。

上中学时我留中分头，穿宽版裤，沉默又面无表情，再加上我的学习成绩不好，我的英语老师告诉我妈妈说我有智障。但妈妈并没有指责我，也没逼我学习功课，她说她相信我。妈妈的言行渐渐地温暖了我，一天，她在我的书包里发现了我的歌曲处女作《天长地久》，那是我为自己暗恋的一个女孩写的。妈妈看见我抄写工整的曲谱和平时潦草的作业有天壤之别，她鼓励我，说我的音乐肯定会有前途，我笑了。妈妈是学美术的，她对音乐并不怎么懂。

高中毕业我没考上大学，两次考台北大学音乐系，最终都失败了。郁闷的我颈椎隐隐作痛，时常痛得晚上不能入睡，医生确诊是强直性脊柱炎，更令人沮丧的是这种病无法根治，只能靠药物缓解。我的人生又跌落到了低谷。

病痛缓解后，我去一家餐厅打工，老板让我弹钢琴招揽顾客，生意日渐红火。这个时候，妈妈替我在台北星光电视台《超猛新人王》报了名，这是一个鼓励和推荐音乐人的平台。在妈妈的鼓励下，我精心创作了一首歌曲《梦有翅膀》，我对自己的演唱实在没信心，于是请了一位歌手演唱，我弹钢琴伴奏。表演那天，我和演唱者配合得十分别扭，台下的观众“嘘”声一片，我初出茅庐的一场表演被彻底搞砸了。主持人吴宗宪是阿尔发音乐公司的老板，没想到他看了我的曲谱后，对我说：“明天你到我的公司来上班吧！”这一次，我又绝处逢生！

进入音乐公司后，妈妈总担心我冷漠、不善言辞、不会处事，常常在公司下班的时间站在公司门口，准备一些可口的比萨饼、炸鸡送给我的同事们，请他们对我多多关照。我很珍惜这次工作机会，拼命写了很多歌，老板吴宗宪把我的歌推荐给了许多歌星，但都没人要。最后，吴宗宪决定给我最后一次机会，让我演唱自己创作的歌曲，并且要我10天之内写出50首歌！我背水一战，把自己关在办公室里写歌，妈妈每天过来给我送饭。吴宗宪选了我自写自唱的10首歌，做成了我的第一张专辑《杰伦》，没想到我的第一张专辑一上市便被抢购一空。接着我的第二张专辑《范特西》更受欢迎。第三张专辑是我献给妈妈和爸爸的，这张专辑我以妈妈的名字命名为《叶惠美》，第一首歌是写给爸爸的《以父之名》，中间还有一首歌叫《外婆》，是写给外婆的。这样，在这张专辑中，爸爸、妈妈、外婆都有了，虽然爸爸妈妈已经离婚多年，但是在我的梦里，我仍然希望我们一家人能够团聚。

2006年，我在准备新专辑《依然范特西》时，先后3次拜访了台湾的前辈歌星费玉清，因为他是我妈妈最崇拜的明星。最后费玉清被我的孝心感动了，欣然和我一起演绎了新专辑的主打歌《千里之外》，同时，我饱蘸浓墨所写的一首歌《听妈妈的话》也在其中，那是我对妈妈发自内心的感激。在台北我的新专辑的签名会上，我看见一个小孩背着一个书包，上面写着：“妈妈，我会用功读书的！”当时我的眼泪就掉下来了，我找到那个小孩，亲笔为他签了名，并告诉他：“听妈妈的话！”

曾遭遇校园欺凌的5位名人

□朵朵

在校园里被嘲笑、被排挤并不代表你就真的一无是处、招人讨厌，也不代表你无法在以后的生活中走向成功。有一些名人也曾在学生时代遭受过欺凌，但他们最终取得了不凡成就。

麦莉·赛勒斯

虽然麦莉·赛勒斯在少年时代似乎就已小有名气，但在成名之前，她在田纳西州经历的却是一种截然不同的人生。她上

学时学校里有一个“反对麦莉俱乐部”，其成员都是“身材又高又壮的女生”，她们在享受欺凌他人的过程中，“绝对有能力（给麦莉）造成身体上的伤害”，甚至做出更过分的事情。有一次，赛勒斯在上课期间被反锁在了厕所里：“她们硬把我推进去，我被困在了里面。我使劲地砸门，拳头都砸疼了，可没有一个人过来。”赛勒斯还遇到过其他欺凌事件，比如，有人向她发出挑战，想要跟她打一架，最终因为校长的介入，这事才算结束。可就算没挨揍，她也会被人取笑。她的同学总会对她说：“你爸就只有一首歌红了，你也不会有什么出息，就像他一样。”[注：麦莉·赛勒斯的父亲威廉·比利·雷·赛勒斯是美国著名乡村歌手，以一曲《Achy Breaky Heart》（《疼痛破碎的心》）走红。]幸运的是，赛勒斯并没有把那些否定她的声音放在心上，后来，她成功饰演了汉娜·蒙塔纳一角，并由此获得了通往名利殿堂的门票。

比尔·克林顿

美国前总统比尔·克林顿曾是“自由世界”的领袖，然而，这位偶像式的政治家却出身卑微。他读初中时，同学们不停地嘲笑他是穿衣品位很差的“乐队胖小子”。在初中的一次舞会上，他们对克林顿的嘲弄以一场小冲突告终：一个比他年长的学生嘲笑他穿的松垮的木匠裤，甚至一拳打到了他的下巴上。不过，克林顿并没有让那个坏学生得逞，他既没有还击也没有打退堂鼓，而是选择坚持自己的立场。在其回忆录《我的生活》中，克林顿分享道：“我从中学到，我可以忍受别人一拳，而且对付他人的挑衅并不只有一种方式。”那次冲突并没有将克林顿打败，而他那“乐队迷”的身份也给他带来了好处——除了在政府部门任职，他还成了一名才华出众的萨克斯演奏家。

迈克尔·菲尔普斯

尽管现在人们用“惊人的”“难以置信的”甚至“奥运会历史上收获奖牌数最多的运动员”来形容菲尔普斯，但他小时候被贴上的却是一些与此大不相

同的标签。别人笑话他的招风耳、口齿不清和他过长的手臂，但正是这双手臂最终成就了他的伟大。菲尔普斯受到的那些讥笑似乎也激励着他一步步地成为一个伟大的人，他的教练鲍勃·鲍曼说：“迈克尔就像一台动力机——无论好心情还是坏心情，他都会将所有的情绪转化为取得进步的动力。”我们猜想，那些因素也包括他童年时期被人嘲笑的经历。很显然，菲尔普斯有能力应对任何逆境，并使它们成为让自己更加刻苦训练的动因，他甚至在圣诞期间还坚持训练。菲尔普斯的故事尤其能给世界各地遭遇过欺凌的孩子们以鼓励，让他们明白：你不但能够应对别人的嘲笑，还能把它们转化为让自己变得了不起的动力。

艾玛·沃特森

斯凌这种事情不只会发生在小学校园里，即使那些富人和名人，也会时不时受到攻击。《哈利·波特》的主演之一艾玛·沃特森就不幸成了例证。2011年，沃特森从布朗大学退学，声称她想要专注于自己的演艺事业。不过，人们普遍认为她是因为在学校遭遇欺凌才退学的。据她的同学们说，沃特森经常在课堂上被人取笑。她在课堂上回答问题时，同学们就会怪腔怪调地说：“格兰芬多，3分！”或是用其他方式嘲弄她。不过，沃特森已经决定在2013年冬季学期重返布朗大学。

汤姆·克鲁斯

曾在电影《壮志凌云》和《碟中谍》中担任主角的汤姆·克鲁斯，因其出众的才华和外表而受到世界各地观众的喜爱。然而，小时候的他却没这么受人赏识。克鲁斯的童年是在不停的搬家中度过的，因为他的父亲总是为了寻求新的谋生方式而带着全家人不断地搬迁。结果，克鲁斯总是需要一次又一次地让新学校的同学认可自己：“我总是那个穿着老土的鞋、说话带异地口音的新生，没有可以分享喜怒哀乐、说心里话的朋友。”此外，在每所学校，他都要一遍遍地面对相同的遭遇。相对于他这个年龄段的其他孩子，他显得比较瘦小，因而很容易被其他同学呼来喝去。最终，他学会了保护自己。但每到一所新的学校，他都要开始新一轮的斗争。克鲁斯从母亲身上得到了力量和鼓舞，他说母亲“善于应对困难，一个人用3份工作撑起了整个家”。看到母亲的成功后，克鲁斯的思想发生了转变，他下定决心：“我要塑造一个真正的自己，而不是别人认为我应该是哪种人，我就成为哪种人。”

嵌入集体记忆的校园冷暴力

□陆可

20世纪90年代初，我在上海郊区的某个小镇上读五年级。或许由于当时营养并不过剩，所以几乎班上所有的女生都还没有发育，消瘦的体形，平板的胸脯，夏天的时候偶尔打赤膊都还没有羞涩感。

只有一个女生例外。她身形高大、丰满，发育的迹象在她身上逐渐展现。

因此，她变成了一个怪人。没有人愿意和她玩，没有人愿意和她说话。在体育课上，看到她因为跳远，身子前倾而露出一大片后背的时候，我们在后面哄笑。她的所作所为，在我们看来，都是那么不体面。所以，我们会在背后议论她，说起她的时候，是鄙夷的语气。看得出来，她想交朋友，她想和我们一起玩，但没有哪个圈子愿意接纳她，似乎接纳她之后，我们也会随之成为被同学鄙视的对象。

于是，她被同学孤立了。

我没有想到，这样的故事似乎是集体记忆。

接着是20世纪90年代中期，我在读高中时，有一个女生因为不善言辞和做事爱讲原则而被孤立。

然后是21世纪初……每个时期都有一个被孤立者，而我们莫名其妙地成了孤立他们的人。事后想想，根本就不知道当时为什么会那么做。

我一般是不会去回忆的，现实生活中有太多要忙的事，过去的事、过去的人，都只在有空“风花雪月”的时候才会想起。可是，我重新想起了这些，因为我看了《小牲口》。

《小牲口》是一部小说，主人公耿穗穗是个普通的12岁女孩，她被朋友出卖，被同学孤立，并经历了残酷的校园冷暴力事件。在校园冷暴力中，她是受害者，但也在无意中伤害了别人。

由于工作的关系，我认识了小说的作者丁丁。她说自己当年也曾遭遇非常严重的校园冷暴力，小说就是根据那时的故事写的。“那时的事情在我心里埋了恐惧的根，虽然没有长大成树，但它确实种植在我心里，不会自动消失。”她这样说。

很多孩子都在问，我们该怎么办？

说实话，我也不太知道该怎么办，这是一件从源头上就有问题的事情——我们没有接受过如何进行人际交往的教育。人际交往其实是公民教育的一部分，而我们缺这个，所以我们不太知道如何评价他人，如何评价自己，如何与人相处……

所以，当你遭遇校园冷暴力的时候，首先不要自怨自艾，觉得肯定是自己哪里出了问题。要知道，这并不一定是你的问题，也并不是只在你身上才发生这样的事。你应该学会沟通，与老师、家长沟通。

当然，你会说，告诉父母，父母也不知道该如何做，他们有的时候会越帮越忙；告诉老师，老师没空关心这些，因为他们更关心的是成绩。

所以，这是需要我们全体进行学习的事情，父母、老师、孩子都要学习。

生命安全

知生命可贵，感人生美好

意林剧场

那些被侮辱与被珍爱的——《素媛》

素媛是一个美丽平凡的小女孩，和爸爸妈妈生活在位于街角的家中。家里经营着以她的名字命名的杂货店，母亲作为老板娘日夜忙碌不得闲暇，父亲则在工厂做着繁重的工作。在那个飘雨的早上，素媛打着雨伞独自上学。在离学校近在咫尺的地方，她遇到一位相貌猥琐、酒气冲天的大叔，由此开启了她的悲剧之旅……亲人悲痛欲绝，几近崩溃。追查凶手之路伴随着天使的治愈旅程，美丽的女孩可会再露灿烂笑容？

经典台词

最孤独的人最亲切，受过伤的人总是笑得最灿烂，因为他们不愿让身边的人承受一样的痛苦。

我总想睡一觉就能回到过去，可早上起来发现，还是没有任何变化。

没什么比生命更重要

□安如

全世界每40秒就有一个人自杀身亡。在中国，据《中学生自杀现象调查分析报告》显示，每5名中学生中就有一个人曾经考虑过自杀……

我们要增强我们个人的心理承受能力。当学业的压力、人际关系遇到困惑的时候，或者当生活出现巨大的落差时，例如亲人逝世，家道中落等，要调整好自己的心态，不要让自己的情绪沉浸在无边无际的悲痛和失落中。如果有以下的状况，就需要引起注意：

厌世感：怀才不遇，忍辱负重，屈服于外界压力，受到不公正的待遇，又无力抗争，自感“低人一等”，失去学习和生活乐趣，感觉度日如年而想自杀。

罪孽感：平时作恶多端，罪行累累，深知法网恢恢，罪责难逃。可能会为了逃脱惩罚而想畏罪自杀。

冲动感：由于争吵怒气难消，尤其自感“吃亏”“气不过”，一时感情冲动丧失理智而想自杀。

失落感：一些自尊心极强的人，一旦屡遭挫折，极端的自尊心驱使产生自杀的念头。

从众感：一些平日称兄道弟，讲“江湖义气”的青少年团伙，一旦为首者产生邪念，其他成员极易言听计从，盲目从众而想自杀。

如果有上述表现，就应该及早跟家人或者朋友倾诉。严重者应该向心理医生求助。

除此之外，我们要学会关心周围的人，发现家人或周围亲朋好友有一些自杀迹象时，要持冷静态度，鼓励并引导他们主动把自己的想法说出来，千万不能对他们的这些想法给予批评指责。告诉他们，每个人在处于逆境时都有可能产生自杀的念头或想法，鼓励他们向心理医生寻求帮助，或把自己心里的不痛快向亲友倾诉，让他们知道主动寻求别人的帮助也是一种能力，更是强者的行为。

那些事儿，你知道吗？

你有多脆弱，验血即可知

□六月

要预测谁会自杀是不容易的，目前只能通过观察当事人的言行来判断。然而，一项最新的研究表明，验血也许能检验出一个人是否有自杀的可能。

美国约翰霍普金斯大学的研究者对150名近期死亡的案例做了研究，他们分析了死者的大脑，专门追踪了一群甲基化的化学物质。这种物质会影响一种名为SKA2的基因，后者负责帮助大脑对付压力。

“如果一个人的SKA2基因甲基化，在受到压力时，他就没法对抗压力荷尔蒙的分泌。就像大脑里面的刹车失灵了一样，每天遇到的负面情绪就会不断叠加，最终把人压垮。”在自杀身亡者身上，甲基化物质的水平确实非常高，已经到了损害SKA2基因的程度。研究者随后采集了325名志愿者的血样，根据特定物质的甲基化程度，推断其是否受自杀念头困扰的准确度高达85%。

研究团队在接受采访时强调，就算这些物质的数值高，也不等于说当事人就一定会自杀，只是表明他在负面情绪面前更为脆弱。这种抽血检验如果研究成熟的话，可以帮助预防中心筛选需要帮助的患者，及早采取行动。

地球只有一个我

□沈嘉柯

有一种宇宙观是许多人常常使用到的心灵药水。

人生失意，诸般失落，因此去攀登高峰，比如珠穆朗玛。因此仰观天文，看看星空。

就说看星空吧！在宇宙中大约有10亿个星系。银河系大约由4500多亿颗恒星、星云、星际物质和各种射线组成。太阳在银河系中只是一颗中等恒星，而地球，只是太阳管辖的一颗小小的行星。

看着看着，宇宙多么浩瀚，星空多么辽阔，世界太过广大，因此，个人的一点点烦恼又算什么呢！因此，感觉到内心平静了。

但是，很快，真的是没有多久，回到喧嚣的城市里，回到复杂的人际关系中，回到欲望膨胀的追求里，就继续重复痛苦。

因为离开了那个“对比”的环境。

原先觉得大的宇宙，顿时消失不见，被忽略、被遗忘在脑后。

比较之下非常微小的个人烦恼顿时扩大，被放大镜照了又照，烦恼痛苦卷土重来。嗯，看来最好在此计划一次对比旅行或对比观看。

这种宇宙观，不是不奏效，只是，好像总透露着治标不治本的味道。

而另一种宇宙观便是：地球只有一个我。

朱德庸漫画《绝对小孩》其中一章是：上课的时候，老师说，我们只有一个地球，所以我们要好好爱护它。披头想了想，举手就说：“老师，地球上只有一个我，所以你要好好爱护我。”

只有一个我，也只有一个你，在这颗蔚蓝色的星球上。

所以，你、我，都是最重要的。需要彼此好好爱护，需要自己好好爱护自己。限定含义是：爱护身体，保持健康，被爱护心灵，被好好爱。

而爱护自己的宽广含义，还包括，我们必须良好完成一整段人生。在完成的这个过程中，体验是最重要的。首先我们要好好活着，其次我们要尽量不去伤害别人。在这两个人类基本的伦理道德之外，我们应该去体验所有的快乐，去体验所有的悲伤，去体验考试失败，去体验工作落后，去体验夜半观星，去体验雨中接恋人，去体验等待放学，去体验用功投入，去体验失恋憔悴，去体验斗志高昂。去尽可能多地体验那些人世间的事情。与此同时，不要被这些体验所局限，沉湎其中，像活水那样，流淌不歇，直到永别。

在种种体验里，我们的人生将获得最大意义的完满。

每一种经历，都被赋予意义。

这样的宇宙观，是不是更加贴近我们的灵魂？

这种宇宙观压根就丢开了治标和治本。

不必治标，因为痛苦是生命的必要构成部分，与快乐相互映照。

不必治本，因为我之为我，独一无二，生命只此一次。即便地球在宇宙里连恒河一沙都不算，但地球只有一个我，宇宙也只有一个我。必须爱护这唯一的有时限的存在。本着推己及人和人类社会互惠互利原则，因此应该彼此爱护。

我爱我自己，所以，我必须好好完成我自己的人生。

妈妈的忠告：对错没那么重要

□水木丁

从小老妈总是跟我强调要和人好好说话，谈恋爱的时候，也总是会特别叮嘱我如果和男朋友有争议，不要激化矛盾，一定要冷静，一旦出了问题要冷处理，以后再解决。当年我总觉得她这样的嘱咐好奇怪，好像和别人家的妈妈不一样。

现在想来，也许是因为她在学校工作了一辈子，自己又是一个男孩的母亲，所以对血气方刚的年轻人看得太多。因此一定要叮嘱我，在紧急状态下保持冷静，懂得权衡利弊，因为她不可能时时刻刻陪着我，需要我自己懂得保护自己。

当年在杭州时，有一则新闻：一位浙大的女学生在晚上回家时搭乘了一辆出租车，由于出租车司机绕了路（不知道是不是故意所为），多跳了三块钱的表，两个人在女孩家楼下发生了争执，司机在不冷静的状态下推了女孩，女孩开始喊非礼，那个司机就去捂女孩的嘴，结果把女孩勒死了。我还记得当年在报社里，大家知道事情的真相之后，办公室的年轻同事觉得怎么可能因为吵几句就会杀人，一定是那个司机想强奸、想抢劫，我说这个时候少说两句就没事了。同事小姑娘非常气愤："那不行……我凭什么要少说两句，让他占我便宜啊……"

那么多事后的讨论和报道，所有人都是在争论谁对谁错，讨论伦理，但没有人提出，在这样的情况下，女孩应该如何保护自己的人身安全，而在我看来，这是比对错还重要的问题。所以我想把我妈妈的忠告写出来，给所有的女孩们：一旦和男人争执起来，除非是你练过散打会武术，否则女孩子多半还是吃亏的，因此在突发状况下，如果眼看矛盾升级，首先一定尽量不去激化矛盾，要冷处理，安抚过于激动的对方，然后想办法迅速将自己撤离到安全区域，不要执拗于谁对谁错，那不重要，你的人身安全比对错更重要。

那些事儿，你知道吗？

青春期叛逆是因为变笨

□英俊

最新研究发现，青春期叛逆，是因为大脑变笨。纽约州立大学医疗中心研究人员发现，人脑内海马状突起处控制记忆和学习能力。到青春期时，此处分泌大量蛋白质，降低大脑兴奋度，从而使判断力下降。当父母和老师在教育他们时，由于他们不能很好地进行理解和判断，所以他们会叛逆。但是，过了青春期大脑的认知功能就会恢复。

心跳竟是『催命鼓』

□奥云

生命就像燃烧的蜡烛，寿命不断地缩短，直到“蜡炬成灰”，生命走到尽头。

科学家很早就注意到一个现象，那就是大型动物的寿命往往比小型动物的寿命要长。植物的情况也类似，身形高大的植物一般来说会比矮小的植物寿命更长。然而很长时间以来，科学家无法解释为什么会有这样的现象。

一生心跳15亿次

最近，科学家对各种生物的体型、寿命等特征进行了研究，他们终于找到了决定生命长短的一种决定性指标——心跳次数。

具体来说，每种动物不论种类和大小，在其有限的寿命中，心跳的次数基本上都在15亿次左右。不同动物的心跳快慢不一样，比如大象一分钟心跳只有二三十次，老鼠一分钟心跳竟然达到500次，而被誉为最小的鸟的蜂鸟，每分钟心跳竟然超过了3000次！而大象的寿命远远长于老鼠，老鼠的寿命又长于蜂鸟。如果统计这几种动物一生中的心跳总数，就会发现心跳总数基本都在15亿次。

需要注意的是，这个寿命——心跳规律只适用于推算整个物种的平均寿命，比如大象这个物种大概能活多少年，而对于该物种某个个体的寿命，比如具体的某只大象，是无法得出很精确的死亡时间的，因为不同大象的寿命会有差别。

大象的细胞更高效

这个规律带来了一个问题：如果体型越大的动物心跳越慢，那么它们如何正常地维持身体运转呢？毕竟心跳越慢，新陈代谢应该也越慢，这些大型动物就难以完成一些比较剧烈的运动。科学家进一步研究揭开了秘密，原来大自然给了大型动物一个“礼物”：细胞高效率。

在相同的时间内，一只大象体内的细胞要比一只老鼠体内的细胞干更多的活儿，完成更多的新陈代谢任务，这就让大象虽然心跳很慢，依然能够正常活动，直到它们的心脏也同老鼠、蜂鸟的心脏一般，跳动了约15亿次后，生命走到了尽头。

植物虽然没有心跳，但是科学家发现，植物通过体内的维管束输送营养物质，也有类似于心跳的节奏。有趣的是，植物的这种节奏也和植物的体型大小及寿命长短直接相关，节奏越慢的植物，一般来说体型越大，寿命越长。

人类本来只能活40岁？

把这个寿命——心跳规律应用到各种动物上，几乎屡试不爽，但是有一种动物却似乎例外，那就是人类。根据人类心跳快慢推测，如果人类也在心跳15亿次后生命完结，那么人类的寿命只有40岁。可是现在世界上许多国家的人均寿命都超过了70岁，而且还在增加。

不过如果我们上溯人类历史到5000年之前，人类的平均寿命恰好在40岁左右。因此科学家猜测，现代人类寿命延长，可能与人类的医疗卫生水平提高有关。感谢这几千年来的医学进步，让我们在一定程度上摆脱了心跳的催命鼓声。

青春期女生安全教育不可缺

□佚名

2014年8月9日晚，重庆20岁女大学生高渝错上陌生人轿车后失去联系，8月19日车主蒲正福被抓获并交代将高渝杀害的事实；8月21日，一名女大学生在济南火车站误上一辆黑车，被黑车司机绑架、囚禁4天……

最近，多起接连发生的悲剧令人惋惜和痛心。但这样的事件，已并不是第一次发生，这也使“女学生如何增强防范意识，避免悲剧发生”的话题，再次进入公共视线。

女生被害原因

一直以来，人们惯用“白色象牙塔”来形容高校，象牙塔中的女大学生单纯、天真、不谙世事，正是这种黑与白的反差，引发更多思考：作为天之骄女的女大学生，为何一出家门与校园，就成了任人侵害的对象？

首先，高校安全培训和教育薄弱，当今国内高校几乎没有开展过相关课程，认为安全教育仅适用于中小学生。加之女大学生本身认为自己足够成熟，能够独立处世，忽略对安全知识的掌握。

其次，三起搭乘“黑车”遇险事件引发的教训也暴露出公共交通体系的不完善。“黑车”抢客、兜客久禁不绝，尽管各地警方均发出安全提示：女孩出门在外，不要搭乘“黑车”，但在现实中，因涉世不深、贪图方便便宜、赶时间等种种原因，女孩们搭“黑车”的现象仍客观存在。

最后，女大学生对当前一些社会思潮的盲目跟从与效仿，也是一个重要原因。一些大学生崇尚自由旅行和“背包族”生活，习惯一个人外出，一个人在“路上”。这种思潮无疑不同程度地影响每一个年轻人，而女大学生在没有树立防范意识、培养自救能力的基础上，就独自外出，盲目相信陌生人，那么意外也会随之而来。

学校安全教育亮红灯

安全是个人成长最重要的前提，而女大学生频频遭受侵害，说明在她们的人生课程中，缺少了最重要的一项科目——安全教育。当前的社会往往存在一个误区，认为安全教育只是一种辅助教育，考上大学所需的学科知识才是最重要的。因此，学生从入学开始就一直努力学习科学文化知识，而对于安全知识和防范技能一直未得到专业的培训。同时，家庭在这方面的教育多年来也被忽视掉，尤其是单亲家庭的孩子、留守儿童，父母关爱不够，生命教育引导不够，安全教育太过片面，诸多原因造成了孩子安全常识的缺乏。

教育部规定：中小学校每个学期要有12个课时进行校园安全教育，每学期最后一周为安全教育周。但实际上能拿出这么多时间来做安全教育的学校极少，很多学校的安全教育都是见缝插针式进行，而教育内容也没有系统性可言，经常是等到发生灾难才想到要预防。

但是在国外的校园教育中，有关学生人身安全的教育从小学就开始，包括在家庭、学校以及出门在外如何与陌生人相处等内容，让青少年早早学会自我保护、远离危险。

例如俄罗斯校园安全教育相当注重教育学生在遇到不法分子时如何进行自我保护。在课程中，还向青春期女学生提出多项建议以预防暴力犯罪，如：提前告知家长你去哪里，并请他们晚上来接你；将见面地点定在人多而且光线明亮的地方；避免前往空地和光线不好的街道；和不太熟悉的人相处时保持谨慎；避免和陌生人长时间谈话；穿宽松的衣服和鞋子，不要穿过于暴露的衣服；拥有一些自我防卫工具（哨子、喷雾）；如果决定逃跑，就迅速地逃跑；如果打算去别人家做客，提前告诉家长；做客时保持举止得体，因为喝醉时最容易受到侵犯。此外，俄罗斯并不局限于在课堂上传授安全知识，还强制规定了实践课程的比重。根据年级不同，实践课时占总课时的10%~30%不等，各地学校也开展多种多样的体验、训练、演示、模拟、演习等活动，让学生在参与式的有趣活动中获得自我保护的本领。

女生安全防范知识

专家指出，要从源头上减少此类事件的发生，一方面需要有关部门进一步加大对违法犯罪活动的震慑和打击力度，另一方面在学校和家庭加强安全防范教育的同时，更需要女生自身提高防范的意识和应对能力。

行路安全防范

1. 不跟陌生人走，有事找警察：遇到有人问路，如儿童、老人迷路了，不要亲自送他们去某个地方，你应该做的是拨打110，找警察过来帮忙。

2. 不要搭乘陌生人的机动车、人力车或自行车，防止落入坏人圈套。

3. 不要穿过分暴露的衣衫和裙子，防止对坏人产生不良诱惑，危害自身。

4. 夜间行路要高度警惕，尽量走灯火明亮、往来人员较多的大道；行至路边黑暗处要有戒备；最好结伴而行，避免单独行走。

夜间预防盯梢

女生单独夜行时，要注意身后是否有人盯梢，特别是在偏僻的路段，如身后始终有人跟在不远处，要提高警惕。当发现有人跟踪时，以下方法可以试一试：

1. 快速横穿马路；

2. 若还被紧跟，则要快速向灯光较亮、行人集中的地方行走；

3. 确定被跟踪时，应避免停下来与对方发生正面冲突，而

应就近进入热闹的商店或有治安人员的地方，或找最近的居民家向主人求援，并打电话与家人朋友联系。

单独坐车要注意安全

1. 到主路上打行驶中的空车。打车的时候，不要贪近怕远，如果出发的地方不临街，最好走到主路上打车，有作祟心理的人一般不敢在如此“光天化日”之下行动；此外，尽量打行驶中的空车，不要打停在路边的空车，避免遇到借出租车蹲点的犯罪分子。

2. 观察司机的相貌特征、性情特点。女生夜间打车时，可以尽量选择女司机。

3. 上车记下车牌号。自己独自打车特别是在晚上打车时，要注意记下车牌号，不必遮遮掩掩，大大方方地在上车后给家里人打个电话，告诉他们车牌号，方便的话出来接一下。这样，司机即使有些想法，听到你这么说，就不敢铤而走险了。

4. 上车后坐在后排左边位置。首先，万一发生交通事故，后排左边位置（司机后面的位置）相比副驾驶和后排右边，要安全许多；其次，在这个位置，司机如果产生歹念，发动袭击最不方便。

5. 不露财不高调。电子产品更新换代快，已经成为年轻人竞相追逐的对象。女生千万不要拿新买的电子产品在车上玩，有歹意的司机会根据你手上的东西来推测你的家庭经济状况。

6. 随时注意行车路线。上车要打起精神，注意观察司机走的路线，发现不对的地方随时提出来。

7. 少坐“黑车”、不与陌生人拼车。许多“黑车”为报废、改装、拼装的残破车辆，安全系数较低。一旦发生交通事故等纠纷，有的车主为了逃避赔偿责任，弃车藏匿，伤者无法获得赔偿金。此外，“黑车”司机敲诈勒索乘客也时有发生，乘客人身权益无法得到保障。另外与陌生人拼车，你对他（她）的信息也不是很了解，他（她）很有可能是坏人。

好不过蒋方舟，差不过吴秀波

□佚名

有数据显示，国内年轻人自杀人数的增长速度不亚于美国。自杀成为中国全国人口15~34岁青少年人口中第一位的死因。

别人说，年轻人遇上一个最好的时代，旧有游戏规则在瓦解，看上去每个人都有机会，草根都能逆袭。但成功的定义、模式和路径又变得不那么确定和清晰，但可肯定的，成功不是随随便便的事，在挫折或者是外界的质疑下，我们焦虑、躁动、迷惘，甚至迷失，我们该如何是好？

我们是在社交网络下成长起来的一代人，无时无刻不在晒自己，同时窥视着他人。于是变得非常矛盾：一方面标榜自我的独特个性；另一方面又极度需要获得他人的认可。

我们变得敏感：对外部世界的评价杯弓蛇影；变得迷茫：陷入对他人展现出来的生活的羡慕嫉妒之中；变得脆弱：经受不住孤独与痛苦的考验；变得焦虑：认不清到底何谓更好的未来。我们该如何是好？

这本身就是一种病。

这是一个最好的时代，也是一个最坏的时代。最好能好过蒋方舟，最差能差过吴秀波吗？

从小被誉为“天才少女”，7岁写作，9岁出书，12岁开专栏，被清华大学破格录取，刚毕业就被《新周刊》聘为杂志社最年轻副主编，但即便年少成名，成长路上就真的没挫折、不敏感吗？

不是，年少成名并未给她带来无坚不摧的外壳，相反，这让她更早地开始在意外界的议论和评价。她也跟普通少女一样，稍微一发胖就惶恐，就恨不得三天减肥四天节食云云。“我们对他人的意见过于敏感，无法忍受不被‘点赞’的人生。”但是，人生苦短，人总不能活在外界的声音和眼光里面。太敏感是种病，它会毁了你整个的幸福。

无痛不人生，关键是你是否痛得起，输得起，真正的强者不是没有痛不能输，而是输了痛了更加坚强。这是抗敏感青年的范儿。

最坏能够坏过吴秀波的处境吗？你也许不赞同，因为你看到的是功成名就的吴秀波。

而之前40多年，那个笑称“三百六十行干过两百行”的吴秀波你没有看到。

得过绝症，丢过铁饭碗，酒吧驻唱，下海经商，开过7家餐厅，开过酒吧、美容院、服装店，给人做经纪人……一路折腾，周遭的冷言酸讽自然少不了，甚至有人断言他再也回不到那个舞台了。

但不管坐多久的冷板凳，他却从未放弃自己的梦想。他一直相信：无路可退，便只能一往无前——“其实最重要的是走路，不管它是直路也好，弯路也好，最重要的是要走。我并不觉得直路走起来就幸福，弯路走起来就难过，每段路都有它特定的风景。”吴秀波如是说道。

逆境中的一小步就是最重要的一步。一切非议和挫折只是说明未到收获期而已。

一个万千少女少妇眼中沉静睿智、张弛有度、泰然自若的男神吴秀波。人们总是乐于赞扬每一个大器晚成之人，却不知道，大器晚成需要等得起，更需要守得住，尤其当你面对社会上某些病态的事情时。有人问药方，就是保持年轻，做一个抗敏感青年。

走过很多路，听过很多道理，却依然做不成抗敏感青年。为什么？要么就是太自我，要么就是太不自我。

去它的敏感时代，去它的抗敏感青年，哪来那么多风雨，那么多敏感？坚守初心，便是晴天。

最好的成长就是直面负能量

□归零

我读小学的时候，我们县城还没有辅导班，每到寒暑假，除了学校布置的作业，我爸还会给我布置作业，通常是一天写一篇作文。我写过头三篇之后，就什么也写不出来了，于是冥思苦想、东拼西凑。拿给老爸看时，他会说："前面两篇还能看，后面就越来越差劲了。"他有时候去朋友家做客，回来后就对我说："我今天看了××的作业，人家比你小两岁，能力却够你学两年的。"我自然很不服气，心里憋了一股劲儿，想扭转这种评价。三年级的时候，在全校作文竞赛中我拿了一等奖，这个消息我并没有和家人说，而是把得奖的那篇作文重新抄在作业本上，故意忘在我爸看得见的地方，然后背着书包上学去了。放学回来后，我发现作文后面被我爸批了四个字：一塌糊涂。

今天，我和朋友圈的人聊起各自小时候的故事时，他们会觉得我老爸很过分，因为他们从小到大在家听到的都是表扬和鼓励，很少被家长严厉地批评。在他们看来，我爸带给我的都是负能量。而他们不理解的是，我爸一直对我有太高的期许，爱深责切，才提出近乎苛刻的要求。我对他们说："如果没有那些负能量，恐怕今天我就没有机会和你们坐在一起聊天。假如你们不是从小在北京长大，不是在人大附中、北京八中这些学校读书，而是像我一样，在小县城长大，在连一所实验室都没有的中学读书的话，没有负能量激发你，你就不可能走得出来。"

那些和我在同样的环境中成长起来的人，时至今日仍有不甘心过一种庸碌的生活者，屡遭挫败仍对未来抱有极大信心者，颠沛流离仍对理想抱有热情与期望者，他们没有一个是在正能量的庇护下长大的；相反，他们都是在负能量的激发下长大的。

正能量的关怀适合坦途的赏花者，而负能量的刺激适合绝壁的攀登者。假如我想要正能量关怀下的成长模式，也许出生在大城市会好一点儿。不过，如果投胎时有模式可选择，我很可能仍然会选择出生在家乡，而且是普通家庭，和现在一样。这大概就像玩《实况足球》时总有人会选中国队一样——他偏偏喜欢努力模式。

我所在的高中学制平均四年，因为有很多人复读，有些人还复读了不止一年。复读班我们叫作高四。每当高四开学的第一天，班主任就会对大家说："没有读过高四的高中，是不完整的高中；没有读过高四的人生，是有缺憾的人生。"我有一个同学，心气太高，非清华、北大不读，当年也黯然折戟，读了高四，其间不得不忍受周围各种负能量的声音："一直都说他成绩好，结果别人都考上大学了也没见他考上。""清华不是那么好考的，以为自己有点儿小聪明就敢报清华了？"他高四之后去了中国科学技术大学，之后在美国攻读博士学位，想来早已不再把清华、北大太当一回事了，而老家的那些人，到今天仍然将清华、北大奉为一种传说。

每一个从负能量包围圈中成功脱逃的人，其间忍受的辛苦都是无法对外人言明的。而一个人每次对自我的极大突破，莫不是源自孤身从负能量的十面埋伏中杀出。这个过程对你胆气、心力的锻造，足以让你脱胎换骨。当然，你也可能就此沉沦、被征服。而万一绝处逢生，它给你带来的巨大快感能让你瞬间领悟成长的真谛。当你一个人干掉要吞噬你的整个负能量集团军时，那种成就感绝非正能量的鲜花、掌声、赞扬所能比拟。一场惊心动魄的逆袭要比毫无悬念的成功精彩太多，也诱人太多。

许多人说："不要和那些带给你负能量的人在一起。"但每当我回想起自己的成长经历时，我更多的是想到那些曾给我带来负能量的人。每一次负能量的冲击波袭来，在令我痛苦的同时也令我迅速成长。

正是那些负能量，让我从充满温情和爱意的童话笔触描绘下的世界里走出，从充满书生迂腐气的书斋里走出，独自面对这个庞大、冰冷而陌生的世界。但当我不得不忍痛从跌倒处爬起时，不得不运用自己的力量和意志去揭开真实世界的面纱时，我才慢慢发现，原来真实的世界并非初看时那样，在它庞大、冰冷和陌生的外表下，也潜藏着幽默、温馨和感动。

我因此知道，真实的世界和童话里的世界，未尝不是同一个世界；真实的世界和书斋里的世界，未尝不是同一个世界；而正能量与负能量，也未尝不是同一种能量。藏在幕后的智者，就像双子座的孩子，有着双重性格。智者摆出一副严肃的面孔，却未尝不是一个狡黠的胆小鬼，而那些负能量，正是用来检验勇者和凡夫的试金石。

每个人都希望永远和正能量为伍，但这个世界不能只有白天而没有黑夜。没有人能够永远活在正能量的庇护下，最好的成长就是直面负能量，并干掉它们。

和劫匪搞好关系

□［美］卡尔·梅尼格

几年前的一个夏天，我和妻子朱迪斯带着我们4岁的女儿雷拉，开着一辆小型野营车，在墨西哥的下加利福尼亚州的巴扎半岛旅行。在返回圣地亚哥的前一晚，我们在海滨附近停车过夜。

半夜时分，朱迪斯猛地推醒我，大声叫我起床。迷迷糊糊中，我听到一阵喧哗声和撞击声。我光着身子跳了起来。

马上，眼前的情形使我完全清醒过来。我们的野营车被几个蒙面人围住了，他们正在猛烈地敲打车窗。

我扑向驾驶座，发动引擎。野营车在整个旅途中已经顺利启动至少50次了，这一次它却在响了几声后，熄火了。这时，我听到了玻璃破碎的声音，然后一只手从车窗外伸了进来。我握紧拳头猛击那只手。

我的手划过碎玻璃，血顿时流了出来。我曾经在幻想中无数次成功扮演了英雄的角色，这一次却是真正的考验。我一只手猛打劫匪的手，另一只手转动钥匙。引擎轰鸣着启动了，但响了几声后又熄灭了。我再次转动钥匙，但这时一把枪顶住了我的脖子。我在心中悲鸣：难道我不能救我的家人吗？

一个劫匪会说一点儿英语，他叫嚷道：“钱！钱！”枪仍然顶着我的脖子，我只好从司机座下面取出我的钱包，递给其中一个劫匪。我希望他们拿到钱就离开，但他们没有。

拿枪的那个劫匪从破窗口伸手进来打开了门，然后将我拖出车外，再将我推倒在地。接着，他们进了野营车。

他们看起来非常像电影中的墨西哥劫匪，脸上都蒙着大花头巾。他们共有4个人：一个拿着枪，一个拿着一把生锈的杀猪刀，一个拿着一把大砍刀，一个空着双手。

拿枪的劫匪继续用枪顶着我的脖子，我被迫躺在地上。另外3个劫匪开始在车上乱翻，同时用西班牙语大声叫喊着。

我的脑海里开始出现强奸和谋杀的景象，但不知怎的，一会儿后，一个新想法猛地把那些可怕的景象赶走了，他们也是平凡的人。我曾在公众面前多次宣称我以服务他人为乐，现在，这些人就在我面前！我看着那些劫匪，心中响起了一个声音：别害怕，他们不是强盗！他们是平凡人！

我对那个会说英语的劫匪说：“嗨！你错过了最好的东西！在驾驶座下面有一部很好的照相机。”

他奇怪地看了我一眼，朱迪斯和雷拉也惊奇地看着我。

那劫匪用西班牙语跟另一个劫匪叽里咕噜了几句，很快，他们在驾驶座下找到了我的索尼相机。

我爬起来，走过去从副驾驶位上拿起我的吉他，一边向他们展示一边说：“很棒的吉他！”我拨了几下琴弦：“谁来弹一曲？嘿嘿……还有，索尼随身听、耳机、磁带！你们想要吗？”我想真正的美国人在紧要关头会放弃那些该放弃的东西。我开始喜欢这种送礼物给他们的感觉了。我努力在想，我的所有物品中他们最喜欢什么呢？

很快，我有了主意。我问道：“你们想吃点儿什么吗？”

那个会说英语的劫匪向他的同伴翻译了我的话。然后，4双眼睛愕然地看着我打开了食物袋。我看见了一个漂亮的红苹果。“哇，多可口的苹果！”我拿起苹果，递给那个拿着大砍刀的劫匪。

这是一个重要的时刻。虽然我们无法沟通，但我知道在不同的文化中，分享食物是一种交流的方式——友谊的信号或者和平的传递。那个劫匪看着我手中的苹果，犹豫了一会儿，然后微笑了一下，接过了苹果。这一刻，我知道他已经放弃了我们刚才见面时所扮演的角色。

我们已经送出礼物，并且与他们一起分享了食物。然而，吃饱之后，说英语的那个劫匪说：“我们要驾车离开这儿。”顿时，害怕的感觉又回来了。我不知道他们要把我们带到哪儿去，如果他们要杀死我们，这儿同样是个好地方。他们看起来并没有足够的能力绑架我们并索取赎金。我建议他们自己开车走，留下我们。他们犹豫了一会儿，然后又用枪顶着我。我们一家又回到了恐惧状态中。我无奈地说：“好吧，我们跟你们走！但请你们不要伤害我们。”

我穿好衣服，爬上车后座，与朱迪斯和雷拉坐在一起。拿杀猪刀的那个劫匪扭转钥匙，启动引擎。见鬼，这次竟没有熄火。

我们出发了。大约半个小时后，车子驶进了墨西哥沙漠地带。一路上我都在心中盘算，当车子接近人群时，我就踢开车门，把朱迪斯和雷拉推出车外。

车子不知行驶了多久，我突然问自己：“如果我与朋友一起开车旅行，我会怎么做？”当然是唱歌啦！

我和朱迪斯、雷拉放声唱了起来：“听，听，听我心中的歌。我永远不会忘记你，我永远不会抛弃你……”

雷拉的脸上一直挂着可爱的笑容，她吸引了两个劫匪的目光。好几次我看见他们努力地保持严肃的神色，仿佛在说：“省省吧，孩子，别跟我们来这一套，我们可是劫匪。”但是，他们最终情不自禁地笑了起来。

他们似乎也喜欢唱歌，我松了一口气。但我很快意识到，他们并不懂我们所唱的歌的意思。我想了一会儿，灵感就冒出来了。

“卡塔那美拉，卡塔那美拉的姑娘啊……”

成功了，他们开始跟着高声唱了起来。这时，再也没有什么劫匪和受害人了。我们用脚踏着节拍，在夜晚的沙漠中一路高歌。

不知过了多久，我们进入了一个偏僻多山的村庄。车子在开进一条黑暗的土路后，突然停了下来。我和朱迪斯互相对视着，都猜想他们可能就要杀死我们。我们紧紧抱住了我们的女儿。

他们打开车门，下了车。我没想到他们的住处离抢劫的现场这么远。我等着他们来拖我们下车，没想到他们竟跟我们说“再见”。然后，那个会说英语的劫匪说道：“请原谅我们。我和我的同伴都是穷人。我们的父亲们没办法帮助我们。你知道，我们得挣钱，这是我们的法子。很抱歉，你是一个大好人，你的妻子和孩子也都很好。”

他一遍又一遍地道歉：“你们是好人。请不要把我们当作坏人。”

他从口袋里掏出了我的钱包：“给你。”他又把我的信用卡也还给了我：“这个我们用不着，你最好拿着。”然后，他又把我的驾照还给了我。最后，在他的同伴惊讶的注视下，他抽出了几张墨西哥纸币：“给你，你的车可能需要加点儿油。”

我像他的同伴一样诧异，好一会儿，我都没有接那几张钞票。

他微微一笑，把钞票塞到我手中，然后说：“再见。”

很快，他们消失在夜色中。我们一家三口紧紧拥抱在一起，哭了。

向死亡竖起大拇指

□张莹

19岁的英国男孩斯蒂芬·萨顿的葬礼，更像一场欢乐的集会。

人们穿着五颜六色的衣服，在教堂前的草坪上放飞了数千个金黄色的气球；伴着节奏欢快的乐曲，道路两旁的人们微笑着，向载着这位少年的白色棺木竖起大拇指，那是他生前最喜爱的手势。

“我们希望前来为斯蒂芬送行的朋友们不要穿着沉重的黑色正装。”斯蒂芬的母亲在脸谱网上说，“那不是他所希望的送别方式。”

“他是我见过的，最热爱生命、做事情最执着的人。他认真地度过生命的每一分钟。”英国首相卡梅伦评价道。卡梅伦最初为了帮助这个坚强的年轻人圆梦而与他见了一面，两个人还肩并肩地以举起双手、竖起大拇指的造型合了张影。但事后，卡梅伦却由衷地说：“能够与他见面是我的荣幸。”

2012年12月，当这位少年得知自己的癌症已经严重到了无法治愈的地步，他只是耸了耸肩，仿佛只是听到了一个不太满意的考试成绩。

这并不是一个突如其来的灾难，之前3年多的时间里，他的病情不断地复发、再复发。在最糟糕的结果揭晓之前，斯蒂芬这样介绍自己的病情：我在跟那些藏在肠道、膝盖、骨盆和腹股沟里的癌细胞做斗争。

当得知死亡可能很快会降临时，斯蒂芬反倒释然了。2013年1月14日，他在脸谱网上创建了自己的主页——斯蒂芬·萨顿的故事。随即，他开始疯狂地“享受”生活。

他重新拾起了敲架子鼓的爱好，戴着硕大的耳机，跟着音乐打出动感的鼓点，还不时耍酷，将鼓槌抛起，再接住。他还换上了一身亮眼的花色西装，以“潮男”的姿态重返校园参加校园舞会，一改平日里考试成绩全A的“学霸”形象。

斯蒂芬还给自己列了包含46个“有意义且有趣”的目标愿望清单：大到驾驶一次飞机，小到给自己文身。

“我最初的梦想是努力学习，当一名厉害的肿瘤专家，用我的医术让世界发生改变。但我必须现实一点儿。我只能在尽可能短的时间内，丰富自己的人生体验，并且靠募集善款来帮助那些罹患癌症的人，改善他们的生活。”斯蒂芬说。

这个喜欢穿T恤和牛仔裤的男孩很快行动了起来。他就像开展了一场与癌细胞争夺时间的较量，每实现一个愿望，他都会上传一张挑着眉毛，竖起大拇指的照片，宣告自己在这一回合的胜利。

生活在他的努力下被极大地浓缩了，仅仅一个月，他如愿见到了英国喜剧演员吉米·温尔；成功地在母校组织了一次1000人参加的包裹传递游戏；参加了在伦敦举办的2013年欧洲足球冠军联赛决赛的开幕式表演。

在接下来的几个月里，他成功地驾驶小型飞机进行了一次短暂的飞行；跑到城市最繁华的地带当了一把街头艺人；驾驶一辆越野摩托车在沙地里风驰电掣了一番；还在BBC（英国广播公司）的电视剧中客串了一个医生的角色，虽然只是作为人肉背景出现在屏幕上。

他真的拥有了自己的文身，还掌握了文身的技术。这个脑子里总是充满新奇点子的男孩，给自己腹部那一长条因为结肠切除手术而留下的刀疤起始端文了一把剪刀，意思是“请沿此虚线剪开”。他还在腋下文了一个拿着宝剑的巨魔娃娃，借用了自己的腋毛，这个被誉为“能给主人带来好运的娃娃”，头发显得格外浓密。“我希望它真的能给我带来好运。”斯蒂芬在照片旁写道。

因为癌细胞扩散而无法正常行走的他，还体验了高空跳伞的刺激。朝着高空摄影机镜头自信地一笑，斯蒂芬用他的招牌动作竖了下大拇指，紧接着，在教练的控制下，从4500千米的高空纵身跃下，“跳下去的瞬间时速190多千米，我想说：天啊，这感觉太赞了！”

或许是在意自己说话略微有些卷舌，在生病之前，斯蒂芬很害怕在人群面前公开演讲。病情恶化的紧迫感改变了他，斯蒂芬先后多次为帮助青少年癌症信托基金募集善款而发表公开演讲。

他曾身着笔挺的深色西装，拄着双拐站在能够容纳10万人、被誉为“伦敦明珠”的O2体育场中央，讲述自己对抗癌症的经历。

他还曾把演讲的地点选在“高大上”的唐宁街10号，演讲结束后，他没忘记甩开西装外套，一手朝自己竖起了大拇指，一手夸张地指向首相府的大门，嘴角用力朝左右两个方向牵扯着，做出夸张的笑脸。

这个当时只有18岁的少年为同样患癌症的青少年募集捐款，由他所发起的善款数额一直都呈指数级增长，截至2014年5月28日他的葬礼举行当日，斯蒂芬已经为这项基金筹集到400万英镑。

他“把每一分钟都当作最后一分钟利用”，他清楚地感受到：病情正在快速恶化。他开始咳嗽和呼吸困难。

4月22日，斯蒂芬一度衰弱到自认为马上要同这个世界说再见了。在当天发布的这张名叫“最后的大拇指”的照片里，斯蒂芬躺在病床上，没有戴眼镜的双眼显得有些无神，但仍然对着镜头竖起大拇指，脸上带着浅浅的笑容。

“这个时候突然对大家说再见，是一件丢脸的事情。”他遗憾地说，“还有好多人，我没来得及向他们正式道一声感谢或者告别。”

命运再一次捉弄了他，他有惊无险地渡过了这个难关，并在几天后，身体出现令人惊讶的好转。甚至有人质疑：斯蒂芬在欺骗粉丝，因为在他病危消息发布后的几天里，青少年癌症信托基金的捐款数疯长。

但虚弱的斯蒂芬只在推特网上淡淡地回了一句：“抱歉让你失望，可我依旧是一名无法治愈的癌症患者。”之后，他再也没有加入到网络的骂战当中去。

5月14日，这个疲惫的少年在睡梦中平静地离开了人世。这一次，他没来得及竖起大拇指。

“正能量”姑娘

□朱茱

我在英国读研的时候，认识了一个女孩，叫拉克什米。虽然从认识到分别也就一年的时间，但她给我留下的印象如此难忘——灿烂的笑容，活泼的身影，每时每刻都活力四射。

班上的同学来自世界各地，大家初次见面时，总会介绍自己的国籍。而这个金发碧眼的姑娘一开口就把所有人都弄蒙了：“我是印度人，叫拉克什米，来自美国。”大家瞪大了眼睛看着这个一点儿也不像印度人的西方姑娘，心中充满了问号。后来，她在一次聊天中解释道：“我的妈妈是美国人，我在美国上了小学、中学。但我觉得自己更像印度人，更认同印度的文化。”望着身边好几个人高马大的美国同学，这姑娘毫不客气地说：“美国人有点儿自大，印度人就谦虚得多。”

话虽如此，拉克什米还是浑身都散发着美国人的气质，热情、开朗、爱运动、有梦想。因为对英伦文化有着莫大兴趣，大学毕业后，她独自一人来英国攻读硕士。

当拉克什米打定主意做什么时，她的热情与坚持能打败所有人。她喜欢橄榄球，一开学便加入了学校的橄榄球社团。一天，她来上课时，右眼紫了一大块，看上去颇为吓人。一问，原来是打球时被别人撞伤的。我们都说这运动太危险，最好别去了，她哈哈一笑，说了一声“死不了”，照去不误。没两天，脸上的瘀青还未消下去，她又受伤了，而且伤势严重。我们都以为她这下总会放弃了吧，结果，等她右胳膊打着石膏、缠着绷带走进教室时，一张口，还是那3个字——“死不了”。伤好之后，她果然又重回球场。虽然我们嘴上开玩笑说，“你一定会死在橄榄球上”，但又心生敬意，能像她这样无论遇到什么困难和危险，都不放弃自己喜欢的事，真好。

拉克什米的成绩不错，上课发言清晰有理，怎么看都是个讨人喜欢的好学生。所以，当一次和她聊起高中生活，得知她中学时被学校退学时，我吃了一惊。原来，当年的她，是学校里大名鼎鼎的“愤怒少女”，上课从来不听讲，总是戴着耳机听音乐，三天两头和老师顶嘴，根本不学习。一次打架事件过后，老师把她踢出了学校。

原本拉克什米打算继续“愤怒”下去的，没想到妈妈为她安排了一次印度之行。她在孟买待了好几个月，当看到那里的同龄人在困苦中那么努力地学习，每天还开开心心载歌载舞时，她一下子被打动了。她让妈妈为她找了印度老师，还跟着几个印度女孩一起学起了歌舞。从孟买回来后，拉克什米考上了大学，并和几个大学同学一起，建立了一个帮助“问题少年”的公益组织。

拉克什米的公益组织会用瑜伽、冥想、唱歌和跳舞吸引叛逆的孩子。大学4年，除了学业，她就和那些“问题少年”载歌载舞，一起玩耍。黎巴嫩、意大利、土耳其、英国和约旦等国都留下了她的足迹。读了硕士后，拉克什米依然没有放弃她的公益事业，经常忙得团团转。

对未来，她有很多设想，一会儿说要去马达加斯加工作，一会儿又说要去南美。最终，她在写毕业论文的时候，找到了新的兴趣点——通过心理干预帮助青少年。很快，她就做了决定，准备前往澳大利亚继续学业。

离别前夕，拉克什米说她会看手相，有模有样地给我占卜了一番。我问她：“你给自己看过吗？”“看过。我的人生会很充实，但我会在很年轻的时候死去。”这个说法吓了我一跳：“你不害怕吗？”她说：“不，我对自己的生活很满意，我不在乎自己活得有多长，我只想活得精彩。”

这就是我认识的拉克什米，身上有说不完的故事，眼睛里总是散发着光彩，身上永远充满向前的正能量。

那些事儿，你知道吗？

亦舒：先救自身

□亦舒

乘过飞机的人，都读过一份安全守则，守则上说，有孩子的大人，应先穿好救生衣，再给孩子穿上。

表面看违反救人原则，想深一层，便知此乃“先救自身”的智慧，大人穿救生衣快，转头即可救孩子，反过来，挣扎着替孩子穿好，已无暇自救。

不过，有人认为牺牲得越是彻底越是伟大，抱着一起死是最低要求。而有些弱者往往不自救，亦不救人，天天等人来救，日日抱怨人家不救，反而可以博得众多同情；自己坚强，保护自己，则永远被有些人指为自私、冷血、不够孝悌忠信。

总不想想，自己不管三七二十一，先没了顶，于人又有什么益处。

努力站起来，才有能力照顾别人，无暇自救，如何救人。

用尽浑身力气，游上岸，才能看看有无余力帮人，人人如此，苦海中便再也没有遇溺者。

3个男孩的眼睛

□杨立平

6月的香格里拉，藏族男孩定珠，闻到了轻风送来的青草气息，和花朵绽放时的美妙香气，却无法看到这一切。

定珠的家，就在香格里拉大山深处一个古老的村落里。两岁那年的冬天，村子里施工，小定珠用小手扑打工地上的石灰玩儿，扬起的石灰粉扑进他的双眼，痛得孩子在地上号叫着打滚儿。父母抱住孩子流泪，却一筹莫展，大雪封住了下山的所有通道。当漫长的冬天过去、冰雪融化时，小定珠已经无法看到这个世界了。

直到2012年春天。

定珠14岁了。几个公益人士走进他的家，将他接到几十里以外的一所慈善学校。老师领着定珠去了昆明的眼科医院，医生告诉老师，定珠的右眼没有医治价值了，左眼若是接受角膜移植手术，还有复明的希望。

此时，浙江省海盐县14岁男孩夏梦伟，生命已经进入倒计时。

2011年10月3日，13岁的夏梦伟出现视力模糊等症状，经医院检查，他患了脑干胶质瘤。因病灶在脑干不能动手术，只能做化疗。然而，他却无法抵御病魔逼近的脚步。

之前，父亲给儿子读电脑中的新闻。那时，儿子还听得到声音，也能说出简单的单词。

中东的战火；美国校园的枪击案；世界某个角落的飓风；一个中国女孩即将死去，她捐出了自己的角膜——

“我也捐！”

父亲扭头看他，怀疑自己是不是听错了。

“我也捐。”饱受病痛摧残的男孩，面容一片平静。

2012年6月9日晚上，一条微博发布在浙江公益网上：

“海盐13岁男孩夏梦伟今天早上6点心跳停止，于上午9点捐出了透亮完好的眼角膜。小梦伟是个懂事的孩子，父母真的舍不得啊，愿意将儿子的角膜捐给一位盲孩子。有这样合适的盲童吗？”

6月14日晚9时许，千里之外的香格里拉，女校长看到了这条微博，她兴奋得跳起来，让学校老师吴帆马上联系发贴的浙江省器官协调员朱强荣。

吴帆跟夏爸爸沟通了定珠的情况，定珠的身世打动了夏爸爸，他说，把梦伟的角膜给他一只吧，他会复明的。

还有一只角膜，谁将得到它？

浙江省龙泉市20岁的小叶成为幸运儿。

这就样，小梦伟走后，哀伤的父亲多出了两个孩子：香格里拉的定珠、龙泉的小叶。父亲的情感奇妙地转移到素不相识的两个孩子身上，他们的命运深深地牵系着一颗父亲的心。

天冷了，夏爸爸惦记着高原的孩子冷不冷，会不会冻着，他跟妻子奔去商场，千挑万选，买了一件厚厚的羽绒服，寄往高原。逢年过节，另一个孩子小叶会给他打来问候的电话，当电话里送来小叶的声音时，夏爸爸双目湿润……

2013年农历新年的第一天，夏爸爸出发去看望那个叫小叶的孩子。

下午两点多，他们终于到了。白皙、帅气的小叶迎了上来。此刻，小叶的眼睛里洒满了新春细碎的阳光。夏爸爸在那双眼睛里，恍惚看到儿子的影子，儿子迎着他，张开了双臂——投进夏爸爸怀里的，却是小叶高大结实的身体，夏爸爸抱紧小叶，两个人相拥痛哭。

此时的香格里拉，小定珠正跟一个男孩对峙。那个平时呆坐在大石上，一动不动的忧郁男孩不见了，他像一只牦牛犊儿，被高原太阳晒得浑身黝黑，一只独眼目光“凶狠”，盯视着“敌人”。突然，他向前猛冲过去，脚下腾起一阵烟尘。两个男孩很快扭打在一起。

雪山沉静、天空湛蓝。湖泊如高原的眼睛，注视着周围的一草一木。

那是藏族孩子的眼睛，那是汉族孩子的眼睛。

全球十大致命疾病

□佚名

1．呼吸道感染

截至2012年全球因此病死亡人数：306.0166万人

2．艾滋病

截至2012年全球因此病死亡人数：153.376万人

3．腹泻

截至2012年全球因此病死亡人数：149.7674万人

4．结核病

截至2012年全球因此病死亡人数：93.4838万人

5．疟疾

截至2012年全球因此病死亡人数：61.8248万人

6．其他传染病

截至2012年全球因此病死亡人数：66.3408万人

7．脑膜炎

截至2012年全球因此病死亡人数：39.5225万人

8．急性乙型肝炎

截至2012年全球因此病死亡人数：14.9162万人

9．麻疹

截至2012年全球因此病死亡人数：13.0461万人

10．梅毒

截至2012年全球因此病死亡人数：7.891万人

给生命以安抚

□佚名

我有一个失聪的二叔。他小时候生病，因使用抗生素不当失去了听力，也就失去了说话能力，只能发出咿咿呀呀的无意义音节。为此他无法上学，找工作困难，好不容易学会做菜，才当了一家小饭馆的厨子。

年轻的时候，我常常躲着他，偏偏他很喜欢找我聊天，因为我是家族里第一个大学生，在他看来是有学问的人。

每每聊不下去，他便焦躁，我赶紧在纸上写有事，之后便逃之夭夭。这种情况让我很苦恼，不是我不愿意和他聊天，实在是沟通无力。

母亲告诉我，二叔本来就经历坎坷，又有口难言，自然比常人容易激动、焦急。我问："那怎么办才好？"

母亲笑道："你就让你二叔说啊，他说什么你就听着呗，听不懂有什么关系？多冲他笑，多点头，就行了。"

我试了试，果然奏效。二叔冷静下来，拿铅笔在本子上慢慢地写，结合比画，我连蒙带猜，竟然搞懂了七成。原来是清明节到了，他打算去扫墓时栽一棵树苗，让我帮忙打听打听去哪里买。我在网上查清楚了，转告给他。

今年，我的龋齿终于到了让我痛不欲生、昼夜不安的地步，跑去看医生，要补。补之前医生先进行清理，把烂掉的部分钻空。钢钻头磨着牙齿，牵扯到痛感神经的时候，我痛得那叫一个腾云驾雾。然后，牙医往牙洞里面塞东西，10天后再正式补牙。我看着摆在一旁的药品包装盒，好奇地发问："咦，这个是氧化锌，现在要用吗？"

牙医笑了："你怎么知道？"我说我搜索过，这是氧化锌，有收敛、镇痛、保护的功效。

医生一边调整灯光照着我的牙齿，一边说："对啊，现在要用它安抚你的神经，以后再铺一层固化材料，你的牙才能继续好好用着。"

几天后，我的牙齿在氧化锌的安抚之下，渐渐恢复了平静。这也令我又想起了二叔。

柴静在采访电影《桃姐》的主角时写过一句手记：我们经历磨难，是为了更好地安慰他人。其实她说得并不完整，漏了另一半。

我会接下去说，我们学会安慰，是为了更好地度过烦难，在慰藉中心平气和，解决问题好好相处。

懂得安抚是生命中重要的必修课。

身体安全

身体有秘密，学会爱自己

意林剧场　超级英雄的青春启示录——《超凡蜘蛛侠》

如果你变成蜘蛛侠，你是想凭借自己的力量拯救世界，还是想变回正常人？

童年的一起突发事件，令彼得·帕克和父母生离死别。转眼彼得成为一名高中生，他偶然发现父亲的公文包，并从叔父本处得到线索，于是启程前往奥斯库公司拜访父亲当年的合作伙伴——科特·康纳斯博士。在公司内四处寻找线索的彼得意外被蜘蛛咬了一口，回程途中他的身体发生奇异的变化。直到某日，他成了影响深远的超级战士蜘蛛侠。而城市内也出现了凶恶的蜥蜴人，彼得不平凡的人生就此展开……

经典台词

当一个人有能力帮助别人时，那他就一定要去做。

如果有人命中注定要成就伟大，那孩子，这个人是你。

能力越大，责任越大。

命运无可掌控，充满了无奈、未知，然而，我依然要走下去。

如果你的过去是个谜，那你怎么可能去停止寻找——真相？

我们每一个人都面临选择，我们要做怎样的人，在于我们选择做怎样的人。

我们生命中的遭遇，决定我们将成为怎样的人。

如果有人注定超凡出众，那一定是你。

做不到的事别轻易承诺——但那是最美的承诺。

哪些废物构成了你的身体

□［美］卡特·斯丹哲

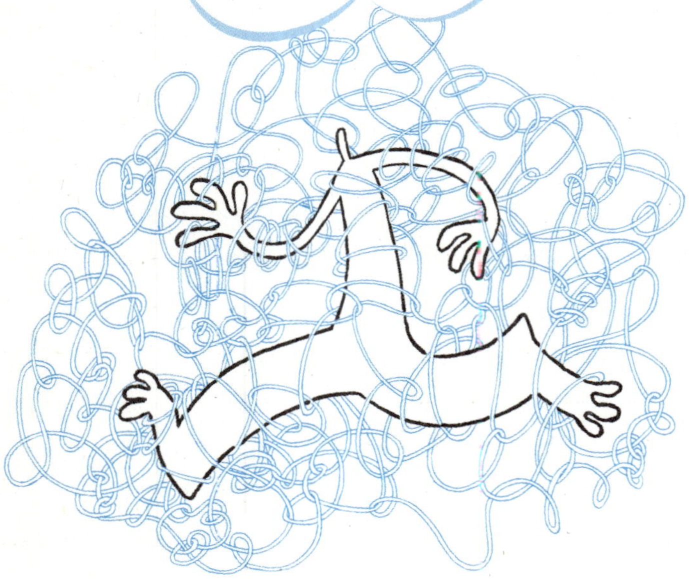

你可能认为自己是高度进化的复杂动物，现实也的确如此。但要知道，如此“高级”的你，体内也充满了被丢弃的可回收的原子元素。

碳：你饱满的指甲

看看你的指甲，碳占据了其中一半的成分。这其中，1/8的碳来自烟囱或排气管排放出的废气。燃煤发电厂、汽车燃油和厨房燃气灶，都会将二氧化碳释放进大气。

每个废气分子都由一个碳原子和两个氧原子构成，由化石燃料排放出的二氧化碳不会溶入海洋，也不被上层大气吸收，而是被植物抢走其中的氧原子，成为植物中糖和淀粉类物质的组成成分。这就意味着，部分废气在分解后会进入面包、甜品和蔬菜当中，而其他的废气则帮助动物生长，以此进入肉类和奶制品中。

大气中的二氧化碳主要来自火山喷发、森林火灾和生物呼吸。如今，大气中1/4的二氧化碳来自化石燃料。由于你体内的碳都是从有机物中摄入，而有机物又是从空气中获取氧，因此，指甲和你体内的其他有机物在一定程度上，都来源于废气。

放射性同位素碳十四：你的一口小白牙

当你微笑时，牙齿的洁白光彩掩盖住了由放射性废弃物散发出的亮光。在20世纪50年代末60年代初，热核武器试验令放射性同位素碳十四散播到了大气层中，几乎污染了整个生态系统，包括人类。

当不稳定的原子核进行自发性衰变时，你的细胞之中每秒都有几千个同样不稳定的放射性碳原子爆炸。碳十四有很多来源途径，可以是宇宙射线的天然产品，也可以由空气中的氮气转变而成，或由土壤中不稳定的矿物质衰变产生。

但更多的碳十四是由冷战时期热核武器爆炸留下的。该物质自有方式进入我们的水源和膳食中，如果它们碰巧在你的DNA（脱氧核糖核酸）中瓦解，那就可能损害你的基因。还有不少碳十四附着在你的牙齿上。

与大多数在你体内的原子不同，通过脐带和哺乳，碳十四从婴儿时期就嵌入了你坚固的牙釉质中。如果你在20世纪60年代出生，你的牙齿中会比后辈的牙齿中有更多核废料，因为当时还没处理好土壤和海洋中的放射性原子。

事实上，法医会根据牙釉质中碳十四的含量，来确定不明身份的人所出生的年代。

氮：你自然的卷发

下一次梳头发时，想想有助于头发生长的含氮废物吧。人类所有的蛋白质，包括头发的角蛋白，都含有空气中的氮原子。但空气中的氮具有生物惰性，在成为你头发的一部分前，必须被转变为一种更便于吸收的形式。

固氮细菌是其中可能应用到的一种“介质”。该物质生长于黄豆、豌豆等豆类的根部，吸收大气中的氮，并将其转化为氨释放出来。氨是一种微生物肥料，能令土壤更加肥沃，有助于植物生长。当你食用植物时，就是在摄入来自大气层中的氮。

每一次闪电和汽车打火时冒出的火花都会产生氮氧化物，它可溶解于雨水，滋养万物，之后通过植物进入食物链中。然而，大部分现代工业生产出的食物中所含的氮来自人造的尿素和硝酸铵，而不是像过去一样，来自细菌废物或闪电。

如今，除非你只吃有机食品，否则，你头发中的氮大多来自加工食品。

铁：你流淌的血液

割伤自己时，恒星的残骸就随着血液流出来了。你血液中的每个铁原子都能帮助氧气从肺进入细胞，维持心脏跳动。剧烈的核聚变不仅令巨大的恒星消失，也带来了创造生命的元素。

随着恒星长年的积累，硅、硫和钙等许多元素相互融合，日渐增大，最终铁原子也融入其中。问题是在融合时，铁产生的能量与其释放出的一样多，因此，它削弱了恒星的力量。

如果恒星膨胀到足够大，它就会自行崩溃，外层坍塌的物质遇到这坚硬的“中子核”反弹，导致超新星爆炸。爆炸射出的废物——铁，以超音速传播，迅速填充进太空，形成新的太阳系。

你的煎锅、钥匙，或是血液中的铁，追根溯源都来自数十亿年前宇宙大爆炸时产生的废物。爆炸同时还产生了碳、氮、氧等生命元素，构成了后来的太阳、地球以及最终的人类。

氧气：你如树叶般的呼吸

你的肺部和血液中的氧气是由植物和微生物产生的高活性废弃物。树木、草本植物、藻类和蓝绿色细菌经由光合作用，从水分子中分裂出氧原子，并将产生的气体收为己用。好在还是有些泄漏出来的气体，支持着人类的呼吸。

事实上，它们是你1/5的呼吸来源。你的细胞利用氧气释放你所食用的东西中的化合物能量。氧气从破裂的食物分子中吸收电子，以吸引氢离子，从而导致了人体内产生分子废弃物：代谢水，该物质占据人体内液体的1/10。

平均每个成年人体内含有3.6千克～4.5千克的自制废水，眼泪中的1/10的水就是人类代谢和进食产生的副产品。

登革热怎么破

□徐卓君

人类与登革热病毒之间，进行着一场持续了几百年的战役。到目前为止，我们既没有研发出疫苗，也没有有效的药物。根据广东省疾控中心的信息，截至2014年9月19日零时，报告的登革热病例已经有4800人。有先见之明的世界卫生组织，将2014年世界卫生日口号定为“小小叮咬危害大”。

出现了什么症状应该警惕?

登革热初期症状和流行性感冒极为相似，很容易被误诊，延误最佳治疗时机。

多数情况下，登革热感染者会产生高热、肌肉关节疼痛等症状。当40摄氏度的高热伴随着严重头痛、眼球后疼痛、肌肉和关节痛、恶心、呕吐、腺体肿胀以及红疹等症状出现时，极有可能是登革热病毒在作祟。

在少数情况下，登革热病毒感染者会出现血浆渗漏、积液、呼吸窘迫、严重出血或器官损伤等并发症，这被称为重症登革热，它非常凶险，有一定的死亡率。

登革热可以预防吗?

20世纪70年代以来，各国都在研制疫苗。但因为人体免疫系统和登革热病毒之间的作用机理仍不清楚，所以没有什么进展。

如今，科学家寄希望于控制病毒的传播器——蚊子。他们试图利用基因改造法，或使其不育，或使其失去传播病毒的能力。虽然前期实验看起来鼓舞人心，但真的要用这种技术来控制病毒尚需时日。

怎么躲开登革热?

黎明时分和天黑前两三个小时是被蚊虫叮咬的高峰期。

穿浅色的长袖衣服和长裤，出门时在皮肤裸露处喷洒驱蚊剂；

安装纱窗，在喷过杀蚊剂的蚊帐内睡觉；

把脸盆、水桶等容器底朝上放置，经常更换花瓶里的水（最好在里面养一些小鱼），清除空调机、旧花盆、下水道里的积水，扼杀掉蚊虫滋生的机会。

出现疑似登革热的症状时，立刻送医，及时治疗可以极大降低死亡率。

中招之后怎么治?

注意卧床休息，将体温控制在39摄氏度以下，服用对乙酰氨基酚药物，保持患者的体液量，死亡率可以从20%多降低到不足1%。

另外，不要服用阿司匹林来减缓头痛，这种药物会增加出血的风险。

得过一次登革热还会再得吗?

好消息是，登革热一旦痊愈，你就会获得这种病毒的抗体，终身免疫。坏消息是，引起登革热的病毒有4种，如果你下一次感染上了不同类型的登革热病毒，它恶化成重症登革热的可能性会大为增加，更为凶险。所以，千万不要掉以轻心。

流传2000年的健康经

□［美］南希·卡利什

有“西方医学之父”之称的古希腊医学家希波克拉底曾经发誓：治病时不给病人带来痛苦与危害，今天的医生们仍然遵循着这一治疗原则。这位古希腊医学家的智慧不仅适用于医生，其实对于我们所有人都不无裨益。

下面是希波克拉底总结出的经受住了2000多年考验的5个健康观点，以及当今医学家做出的解读。

走路是最好的药

希波克拉底注意到，久坐不动的人肌肉会变得松弛，那些走路多的人更长寿、更健康。

今日解读：很多研究显示，即使每天只步行30分钟，也能降低患上糖尿病、心脏病、骨质疏松和一些癌症的可能。美国癌症学会最近对65万人进行了一项研究，结果显示，那些每周仅仅走150分钟路的人，也会平均增加3.4年的预期寿命。“没有任何一种药物能给你带来这么多好处。”克莱蒙特说。

“病找什么人”，而不是“人得什么病”

希波克拉底给病人诊断时，会仔细地检查病人的体液，他还会观察他们的性格、居住环境、人际关系、饮食甚至是他们的面部表情，然后才会做出诊断和治疗。

今日解读：凯兹博士曾经治疗过很多肥胖症病人，他问病人的第一个问题是他们是否有不良的人际关系、紧张的工作或者缺少睡眠。他说：“医生必须要找出引起肥胖的原因，然后才能对症治疗。当你从整体上医治一个病人，无论是肥胖或其他很多健康问题，治疗起来都会变得相当容易。”

让食物成为你的药

希波克拉底注意到“和身材苗条者比起来，那些严重肥胖者更容易短寿”，而且总结道，当人们的饮食以新鲜、素食为主时，他们的患病概率会降低。所以，他在给患者治病的最初阶段，通常会建议患者改进饮食习惯。

今日解读：《英国医药》杂志最近刊文说，2013年，对超过7000人的一次研究显示，坚持地中海式饮食，也就是以蔬菜、水果、鱼、豆类为主的人，比那些只重视低脂肪，导致偏食的人患中风、心脏病的比例低了30%。卡恩博士说：“含有糖、动物性脂肪和反式脂肪的加工食品、人工合成的药物能刺激致病基因的产生，给人体造成潜在危害，而且这些食物和药物里也缺少健康必需的、能激活免疫基因的营养。”

凡事不过度

希波克拉底有句名言：“凡事如果过度，皆违背自然。”今日解读：我们遇到能使自己受益的东西时，就容易不加节制。凯兹博士说：“过犹不及，运动、水、营养、睡眠，如果过了度，都会造成危害。”即使是甘蓝，吃得过多也有害处，因为它会造成你的甲状腺无法吸收到它所需要的足够的碘。

不要急于施治

希波克拉底相信，除非是医生有把握，一种疗法确实有效，否则就不应使用。

今日解读：最好的检查手段是时间。凯兹医生说：“如果我们不知道应该做什么，那就暂时什么都不要做。医生们经常是迫不及待地给病人做各种化验，或者在未确诊的情况下采取一些治疗措施，可是这些做法可能对病人有害。”

吸烟不是酷，别用健康做赌注

□周翠礼 潘慧 陈雪莹

前不久，报纸报道了这样一条新闻：16岁的中学生毕某，被中国医学科学院肿瘤医院胸外科医生从死神手里拉了回来。半年前，毕某发现自己呼吸道肿痛，并伴有发烧症状。原来他是一个烟民，吸烟两年多了。

吸烟影响学业

少数青少年误认为吸烟"像大人""够气派""很好玩""很刺激"，于是模仿成人学着吸，最后吸上了瘾。他们整天琢磨怎么吸，怎么搞到烟，怎么躲避上课。人在吸烟时会大量吸入一氧化碳等有毒物，使血液中缺氧，造成头痛、头晕、乏力等症状，同时智力下降。调查表明，在德、智、体、美、劳5个方面，有吸烟不良习惯的学生，比不吸烟的差得多。

吸烟影响生长发育

吸烟不但自己受害，而且会危害他人。对生长发育期的少年儿童而言，吸烟对身体的危害性就尤为明显。

烟叶中的主要成分是尼古丁和一些多环芳烃等。实际上有文献报告，烟叶中的有害物质甚至达到万种以上。

因此说，吸烟对青少年的生长发育，尤其是对生长的负面影响方面很大。而这其中，被动吸烟的危害尤为严重。

青少年呼吸了弥漫在室内的有害烟气，体内发生供氧障碍，时间久了会损害青少年组织器官的发育，引起食欲不振，不能很好消化或充分吸收营养物质，最终甚至会导致营养不良，从而影响青少年的生长发育。

另外，如果青少年长期被动吸烟则容易得肺炎等呼吸道疾病，这对他们的生长发育的影响是显而易见的。

吸烟引发营养不良

如果青少年很小就长期吸烟，本身就很容易引起支气管炎和肺气肿，同时还会导致肺组织增生，支气管纤毛消失，细胞异常等不良后果，并且吸烟量越大，这些情况就越严重。

另外，青少年吸烟还可以直接改变体内胃液的酸碱度，加重消化吸收不良，甚至影响食欲等，进而严重影响正常的营养摄入，最终影响他们的健康成长和发育。

吸烟越早，大脑越薄

吸烟有害健康，吸烟越早，危害就越大。据英国《每日邮报》报道，美国加州大学洛杉矶分校的研究者发现，从青少年时期就开始吸烟，会让大脑变薄；年轻男女吸烟的时间越长，他们大脑区域中负责决策制定的灰质数量就会越少，对香烟的渴望也就越为强烈。这一发现有助于解释从青少年起就开始吸烟的人难以戒掉烟瘾的原因。

《中学生日常行为规范》明确提出中学生要做到"不吸烟"。既然吸烟害处多，吸烟不是时尚，我们就应该自觉远离烟草，选择健康有益的生活方式。健康才是永恒的时尚。

青少年吸烟源于不自信

□王云军

青少年为什么要吸烟呢？统计数字表明，主要有三个方面的原因：一是扮酷，二是屈从，三是好奇。其中第一个和第三个原因属于主动吸烟，第二个属于被动吸烟。不管主动还是被动，这些吸烟动力归根结底都源于一个心理症结——缺乏自信。

青少年开始吸烟，大部分在16~18岁前后，而这个时期正处于人生成长阶段的第三个叛逆期，也是身心由少年发育到成人阶段的前夕。到了这个叛逆期，他们就极力想摆脱“孩子”阶段，成为一个真正的“大人”。于是他们模仿大人的样子点起一支烟，吞云吐雾，在烟的刺激下，仿佛告别了孩童时期，实现了长大成人的梦想。

除了自己渴望长大的想法，另外就是扮酷。毕竟在青少年这个年龄阶段，都有一种想博得异性青睐和赢得同性重视的心情，为此要尽量让自己表现得与众不同。最简单的表现方法就是扮酷。扮酷的方法有很多，其中就有吸烟，这在青少年吸烟的原因中占到30%。青少年吸烟的第二种原因是怕不被同伙接纳，怕被排斥、被孤立。

到了高中阶段，青少年会逐渐产生一种想融入社会的强烈需求，随之形成一些圈子。一部分青少年怕被排斥，怕被孤立、被边缘化，需要得到同学和朋友圈的认可，于是他们追求与同龄人同步，寻求同伙的接纳。而在一起吸烟，就是一种被同化、被认可的感觉。这在心理学上被称为“从众心理”，即俗话说的“人在江湖，身不由己”。

也有许多青少年吸烟是受好奇心驱使，这在青少年吸烟的原因中占30%。这种好奇心会引来不良后果，尝试的结果会逐渐成瘾，再戒就难了，所以好奇心要用到正事上，各种不良嗜好甚至反情理的事，应该有底线，坚决不要去尝试。

有调查显示，青少年中因为解除压力和烦恼而尝试吸烟的比率也很高，这种压力主要来自教师和家长。青少年思想比较单纯，充满幻想，有较强的进取心和自尊心，另一方面又显示出幼稚，缺乏判断力和自制力。当面对超出承受能力的作业量、无须解释的强制性命令、不切实际的过高要求，以及受批评时的冤枉和申辩带来的训斥时，若没有人理解他们、帮助他们，那么他们就会由此产生紧张、恐惧的心理，为了逃避现实，寻求解脱，就会去尝试吸烟以求从中得到精神上的解脱。

不论是为装腔作势，为扮酷，还是为故意标新立异而吸烟；也不论怕被别人看不起，还是心理空虚而吸烟，都是缺乏自信的缘故。所以，使自己远离香烟，就要从树立自信开始。如果你想成为一个有层次、有教养的人士，那就从坚定自信、拒绝吸烟开始吧！

别让18岁的脑袋长了80岁的耳朵

□佚名

随着年龄增长，听力减退是不可避免的。但你知道吗，听力损伤这一“老年病”正悄悄地在年轻人中蔓延开来。

听力受损不再是老年病

最近，美国普渡大学的研究人员对本校学生进行的一项随机调查显示，越来越多的年轻人长着一双老年人的耳朵。也就是说，有着轻微噪声性听力损伤的年轻人数量正逐年上升。而这和长时间戴耳机且音量过大有直接关系。

在地铁、公交车上等嘈杂环境中，很多人为了听音乐，在不知不觉中就把耳机的音量调到了最大。长此以往，即使身在安静的室内，很多人也会习惯性地把音量调到超出实际需要的高分贝。

更可怕的是，过度使用耳机造成的噪声性听力损伤，大都是由蓄积已久的微小损伤导致的。这种漫长而微小的积蓄，让很多年轻人根本注意不到自己的耳朵已经迈向老龄化了，更别说去保护自己的听力。

远离噪声，少用耳机

1. 远离蹦迪、强烈摇滚打击乐、爆竹、锣鼓等噪声环境。

2. 不要长时间用手机贴着耳朵打电话，通话时间长的话，用免提功能。

3. 每天以低于60%的音量戴耳机的总时间不超过2个小时。

4. 千万不能戴着耳机睡觉。

5. 每次戴耳机30～40分钟后，让耳朵休息一会儿。

6. 耳机的音量应与正常人说话的声音接近。如果在较为嘈杂的环境中，调到60%的音量还听不清音乐，则果断关闭。

7. 头戴式耳机优于入耳式耳机。

8. 注意健康饮食，多吃富含维生素A、维生素C、维生素E和镁的食物，如胡萝卜等黄色蔬菜中的胡萝卜素可以在体内转变成维生素A，柑橘类水果中富含维生素C等。平时饮食宜少油、少盐，少吃辛辣食品。

好啦，相信你想要的是高贵冷艳遗世独立，而不是眼花耳聋未老先衰。所以，少用耳机，减小音量，多吃蔬果，拥有健康好听力！

挑战高温，军训别中暑

□赵维莉

中暑也可危及生命

学校的军训时间往往都选择在新生入学伊始，多在八月末九月初进行，这正是夏秋交替之时，早晚气温凉爽很多，这就让许多同学忽视了正虎视眈眈的“秋老虎”，也因此在军训期间总会发生学生中暑的情况。

其实不仅仅是在军训期间，在炎炎夏日，中暑是一种常见的危害青少年健康的疾病。千万不要以为中暑就是头昏、呕吐、身体不适，中暑是一种威胁生命的急症，若不给予迅速有力的治疗，可引起抽搐、死亡、永久性脑损害或肾脏衰竭，须引起同学们的重视。

小心辨别中暑症状

根据中暑的临床表现轻重，中暑可分为先兆中暑、轻症中暑和重症中暑三种情况，而它们之间的关系是渐进的。

先兆中暑症状相对来说较轻，当同学们在高温环境下，出现头痛、头晕、口渴、多汗、四肢无力发酸、注意力不集中、动作不协调等症状时，可能就已经出现中暑情况了，这时测量体温会发现正常或略有升高。医生建议，出现这种情况，同学们要及时转移到阴凉通风处，补充水和盐分，短时间内即可恢复。

而轻症中暑症状最明显的外观表现就是中暑者往往面色潮红、大量出汗、皮肤灼热等，此时体温往往在38℃以上。不过每个人的身体情况不同，医生表示，也有人会表现出四肢湿冷、面色苍白、血压下降、脉搏增快等情况，重症中暑还可能危及生命，所以提醒同学们要时刻注意观察自己的身体变化。

不小心中暑可以这么做

在军训中，当我们发现自己或身边人出现中暑症状时该怎么办？当出现先兆中暑和轻症中暑表现时，可采取的首要处理办法是迅速将中暑者移离引发中暑的高温环境，选择阴凉通风的地方休息；并多饮用一些含盐分的清凉饮料。还可以在额头、太阳穴涂抹清凉油、风油精等，或服用人丹、十滴水、藿香正气水、辟瘟丹等中药。如果出现血压降低、虚脱时应立即平卧，及时上医院静脉滴注盐水。

而对于重症中暑者除了立即把中暑者从高温环境中转移至阴凉通风处外，还应该迅速将其送至医院，同时采取综合措施进行救治。

避免中暑预防为主

首先，要尽量避免在炎热或湿热的环境下进行剧烈的运动，如应安排好户外运动的时间，尽量避免在一天中最热的时间段（10:00～16:00）进行户外活动；

其次，在军训中要做到劳逸结合，适当安排好休息时间；

再次，要安排好营养供给和补水，选择一些可以促进食欲的食物，以保证能量的需求。要特别注意蛋白质的补充，加强水、无机盐、维生素特别是维生素B_1、B_2和维生素C的及时补充，少量多次饮水非常必要。

最后，要注意加强个人防护，每天保证有效睡眠时间，可以适当增加午休时间。如果是在高温环境下运动，除了必须进行的适应性活动之外，还需使用防护用具，穿浅色、宽松、通风性良好的运动服。

汗水里的健康密码

□佚名

汗水里的隐性福利

汗水虽然会让你的眼线变花，会让你的T恤贴在后背上，但它在让你略显狼狈的同时也暗中给予你不少秘密福利。

★ 最天然的美容品。人体最大的排毒器官不是肝脏，而是你的皮肤。在出汗之前，毛孔会自动打开，让身体内的毒素和污物通过汗液排出体外。这就是为什么在一场酣畅淋漓的大汗之后，你会感到神清气爽，肌肤通透。另外，汗液与皮脂腺会联手在你的皮肤表面形成一层乳化膜——一种天然屏障，不仅能阻挡阳光中的紫外线伤害皮肤，而且能防止体表水分的丢失，从而使皮肤显得光洁润泽，富有弹性。

★ 增强你的免疫力。当外界气温上升到30℃时，汗腺便开始待命了，当气温高于35℃，你就会挥汗如雨。这是身体的自我保护机制，通过汗液的蒸发带走体表的热量，让身体保持恒温——这是你在初中就知道的知识。但你不知道的是，汗水中还具有一种人体抗菌肽“抗菌蛋白”，它是天然的抗生素，能够高效抵御结核菌和其他危险的病原菌。

★ 让骨质更加密实。长久以来，有一种说法是，出汗太多的人，一定会缺钙。死理性派的研究人员终于给我们吃了一颗定心丸——只有水溶性的维生素才会随汗液流失，钙虽然溶于水，但溶解度很低，基本不会随着汗液排出；相反，运动流汗反而有利于钙质的有效保留，防止骨质疏松。

警惕异常“汗”情

正常的出汗和汗水好处多多，对身体健康大有裨益，但是也有一些异常情况值得警惕。

★ 根本就不出汗。每个人周围都有一个夏季不出汗的人。炎热的夏季，别人都大汗淋漓，但是他滴汗未出，皮肤也摸起来烫手，身体就像是一个小锅炉，随时都要爆炸。造成这种状况的原因可能和体质有关，中医认为体内的寒气太重的时候，就会导致体液的挥发受阻，汗水就难以流出。此外，天生的植物神经调节出汗机制不完善，也会导致机体很难排汗。无论哪种夏季不出汗的症状，都应该引起注意，及时就医，否则可能造成体内脏器过热而引发疾病。

★ 只是头部出汗。虽然你和别人一样大汗淋漓，但是你的汗水仅仅集中在头部，无论何时给别人的感觉都像是刚刚洗完脸没有擦干一样。如果还伴随着上腹部胀气、舌苔厚重、身体滚烫的现象，很可能说明你是一个资深吃货，在夏季过多地摄入了大量高热量的食物，脾胃湿热而导致的。这个时候应该管住自己的嘴巴，每日清粥小菜来进行调理。

★ 汗水出现恶臭。正常的汗水是无色无味的。当与肌肤表面的细菌混合后，才散发出异味。但如果汗臭味道浓郁得离谱，则可能表明你身体抱恙了。现代医学认为，肝脏是人体内的解毒器官，肝脏的健康状况出现问题时，除了体温升高，也更加容易出汗，汗水呈赤黄色，有时甚至汗水浸透的衣服也会有淡淡的茶色。此外，肝脏有疾导致的高体温亦会加速皮肤表层细菌的滋生。在多汗和多细菌两项因素下，邪门离奇的汗臭味就产生了。

★ 汗水怎么这么黏。通常情况下，在出汗后皮肤会感觉有些紧绷，但是如果出现过于黏腻的状况就要格外警惕了。一般来说，在重感冒或者其他疾病引发的高烧时，服用退烧药物会出现黏汗。如若不是，则为体内淤积了太多的湿热，脏腑经络运行受阻而引发。

★ 身体局部有汗。手掌心出汗太多，多到顺着指尖往下流而不敢和别人握手，甚至写字时也会因手上的汗水过多而弄污纸张；足部出汗常使袜子和鞋垫湿透，甚至走路时脚底会打滑。遭遇这些情况，应该警惕自己是否患上了局域性多汗症。好消息是，多汗症很容易治疗，一个交感神经夹闭小手术即可搞定。

养成流好汗体质的六个习惯

著名的“汗博士”五味常明说，汗腺是身体的第二个肾脏。不流汗、流错汗，身体会出大问题——体温调节功能失灵，大脑运转速度变慢，精神也无法集中。怎么做才能让身体健康地流汗呢？

★ 洗澡后不要立刻穿上衣服。从小你就被教导，在洗完澡后要立刻将衣服穿上，不然就可能着凉感冒。但这条定律仅仅适用于寒冷的环境下，在夏季洗完温水澡之后，身体被充分地加热，体内循环也正好开始加速，此时汗腺已经调动兵马开始工作，毛孔也已经充分张开准备释放汗液。此时如果火速穿上衣服，反而会阻挡汗水向外蒸发，错失了良好的排汗机会。

★ 让汗水尽情流一会儿。当身体开始流汗的时候，不要着急去擦，尽情享受一下这个过程吧。稍微一出汗就擦拭干净，就不能发挥其蒸发散热的作用；同时由于热量没有散发，汗腺还会继续分泌汗液，体内的盐分、维生素等也会随之消耗掉，对健康不利。值得一提的是，在流过一段汗后不要用冰毛巾擦拭，皮肤受到冷的刺激，毛孔会紧闭，毛细血管也会收缩，体内积热散发不出来，此时人体会产生更加燥热的感觉。

★ 反序运动促进排汗。如果想让身体的排汗变得更加有节奏，出汗的量恰到好处，你可以采用现在欧美正在流行的反序运动来进行调节。具体做法是，两臂夹紧，双腿倒行的同时摆动双臂，运动一会儿你就会感到身体发热，汗水淋漓。研究人员称这是通过逆向思维的运动法来调节身体的出汗机制，促使身体主动发汗。

★ 自我调节循环，让毛孔深呼吸。五味常明指出，养成流好汗体质的关键是打开毛孔，促进汗腺正常工作。如无必要，在夏日关闭空调，保持室内通风，培养身体主动出汗的功能，让机体增强对气温的适应性。仅仅五分钟之后，你的汗液就会随着舒张的毛孔被顺利地排出体外了。

★ 时刻给身体补充水分。在大量流汗时，我们体内的水分和电解质正在悄然流失，应该随时进行补充防止脏器缺水。值得注意的是，长时间的主动流汗后，一味喝太多的白开水，会稀释血液中的电解质，导致低血钠症。而功能性饮料不但可以补充水分，里面更含有钠、钾、氯等离子及葡萄糖等。补充水分应该每隔半个小时一次，不宜豪饮，避免给肠胃带来过多的负担。

★ 请身体品尝花草茶。并不是只有冬季才适合泡澡哦！你可以在夏季每周都来一次花草浴，让身体充分温热起来，血液循环也相应加速，让身体的主动排汗功能得以恢复。注意泡澡的时间不宜过长，水温不宜过高，否则你会感到头昏脑涨，甚至有虚脱的危险。

整形是个坑，埋了很多人

□尤识

作家毛利前不久做了重睑术，一共缝了40针，她在微博上说：“我的领悟是，运动酸痛一级，文身二级，生孩子五级，开双眼皮六级。”

疼痛只算毛毛雨，每一个整形者最担忧的事，大概是美容不成反毁容。不过，爱美之心仍然压倒恐惧，而利润丰厚的医疗美容行业，俨然已成服务业一大巨头。

用“美容毁容”做关键词搜索，随即就跳出数千条新闻，有人注射了不明物，额头肿成寿星爷；有人动刀瘦脸，削完发现高低不平，最终求助三甲医院正规医师——真不如一开始就去三甲医院就医，省掉后续多少麻烦。

偏偏，越是可信机构，越少诱人广告，不会承诺“绝对无风险”，更没人承诺你3天拥有水蛇腰、一月长出蛇精脸。手术有风险，术后有并发症，即使再小心，也有倒霉鬼会遇上不确定性。美国整形界大师戴维·米拉德干脆在办公桌上摆一个水晶球，遇到求医者非要他对一些无法回答的问题给出明确答案，比如“我的除皱术效果能维持多久”，就微笑着把水晶球摆出来，真诚地建议求医者跟他一起预测未来。

米拉德这种医师有个好处——哪怕不讨喜，至少他靠谱。要找靠谱医师，至少不能是非法行医。国内业者，先去卫计委网站查查医师执业资格。打着“外国专家”旗号的，请出示有效的外国医师短期行医许可证。踏入医院前，先确认医院级别——哪怕正规医院，也存在“越级操作”这种幺蛾子。美容手术按难度分级，最难的四级手术比如削锥子脸，只有三级综合医院与三级整形医院可做，而高难度手术万一出了纰漏，就算世间最好的专家也难力挽狂澜。

找到靠谱专家后，最重要的就是充分沟通。提供你的病史过敏史瘢痕史，还有最近服用的药物——比方说，服用异维甲酸的容易出现瘢痕，服用阿司匹林的容易凝血困难。针对某项服务，不妨问清楚费用几何、风险大小、恢复时间平均需要多久、有哪些不确定性。

从安全角度，“旧”比“新”好，特别是“无创口恢复快”的注射填充，有些“新材料”有没有通过药监局批准都是问题。“暂时”比“永久”好，填充剂里三大主流：自体脂肪、医用胶原和透明质酸，都是长效填充而非永久填充——万一出现意外，前者最多坑你几个月，后者就非得开刀取尽不可。“自体”比“异物”好，免疫系统讨厌一切外来物，慢性炎症、肉芽肿等并发症一点儿不罕见，而自体脂肪、自体软骨永远是最安全的填充物来源。如有业者带着容嬷嬷的笑容，拿着密集的“微针”准备往你脸上扎——可别忘了任何“见血”又反复使用的器材，都要考虑感染和血液传染病的风险。

跌倒了不要急着爬起来

□清山

熟悉拳击运动的人都会知道扎伯·尤达赫，他曾经被誉为美国最具天赋的拳击手。意气风发的尤达赫迎来了俄罗斯拳王茨尤的挑战。赛前媒体预测，尤达赫将以压倒性优势获胜，甚至有拳击评论员断言茨尤将在5个回合内被击倒完败。

比赛的第一回合，面对移动灵活，拳法令人眼花缭乱的尤达赫，有些老迈的茨尤打法单调，完全跟不上对手的节奏，在拳台上被尤达赫牵着鼻子走。而尤达赫就像一位斗牛士，一个回合下来，茨尤就被打得鼻青脸肿。得意忘形的尤达赫在第二回合即将结束时，停止了游击似的打法，甚至故意把上身暴露给茨尤，借此来激怒对手，瓦解茨尤的斗志。茨尤没有浪费这次机会，以迅雷不及掩耳之势，突施右手拳，这记右手拳重重地击在了尤达赫的下巴上，尤达赫应声倒地。为了证明对方的拳头并没有真正伤害到自己，不等裁判数到8，尤达赫就急着站了起来，但站立起来的他恰似刚出生的小马驹，一个踉跄又匍匐在地。他再次站起，裁判上前抱住了他，终止了比赛。

拳击专栏作家在解读这场比赛时评论道，年轻气盛的尤达赫在被对方击倒后，如果能充分利用裁判数到8的时间，短暂休整，缓解重拳对头部造成的影响，还有可能取得比赛最后的胜利，而这场比赛也成了尤达赫拳击生涯的转折点。

冬季的北方，下了雨的街道，由于晚上气温骤降，路面就成了真正的滑冰场，路人在街道上滑倒是再正常不过的事情。有经验的人，滑倒后，会坐在冰面上休息一小会儿，然后再缓缓爬起来，以防再次滑倒；而有些人，则会急切地在冰面上不停地站起来、滑倒，再站起来、再滑倒，看起来，仿佛在跳一种滑稽的舞蹈。这些不断滑倒的人不明白，为什么自己快速、勇猛、不屈不挠地站起来，而等待自己的命运，仍然是残酷的跌倒。

专心思考，胜过慢跑

□东方力夫

专心思考，胜过慢跑

在生活中我们会发现有这样一个奇怪现象，很多爱钻研思考的人并不经常锻炼身体，但他们平时却也很少感冒发烧，和那些经常喜欢锻炼的人差不多。难道说锻炼对人的健康是多余的吗？如果不是，那就说明思考问题可能会增强人体免疫力。真相到底是什么呢？

最近，美国威斯康星大学的研究人员对这个谜题进行了专门研究。他们邀请149名同龄健康志愿者参与了一项对比实验。研究对象被分为3组。一组除了正常的饮食起居外，白天主要从事研究思考工作；一组是除了正常的饮食起居外，还要每天定时进行一次慢跑锻炼；还有一组是没有任何思考任务和锻炼任务，纯粹过悠闲生活。持续8周的实验结束后，志愿者就可以恢复以前的生活状态，正常生活和工作了。

在此后的8个月里，研究人员对这些志愿者的健康状况进行了跟踪调查。如果志愿者出现流鼻涕、打喷嚏和嗓子疼等感冒症状，那么在症状出现3天后，研究人员就会马上分析和判断他们是否患病以及患了哪种疾病等等。跟踪结果显示，连续8周进行专心思考的人工作请病假的天数，仅仅是不进行专心思考、也不进行锻炼的人请假天数的24%；同期进行锻炼的人请病假的天数则是不进行专心思考、也不进行锻炼的人请假天数的52%；而且进行专心思考和锻炼的人可让急性呼吸道感染病的患病时间和严重程度，相对于不进行专心思考、也不进行锻炼的人分别减少50%和40%。

此外，研究人员还把志愿者在参加实验前后的健康状况进行了对比，结果发现，专心思考和进行慢跑锻炼的人，健康状况比实验前要好很多，如感冒的发病率明显减少了一些。但那些纯粹过悠闲生活的人的身体状况和先前比，不是变好，而是略微变差了。

这个实验结果表明，专心思考也如同锻炼，会实实在在提高人的免疫力，而且效果良好，甚至超过了慢跑。而此前的一些研究结果也显示，专心思考能够发挥健身的作用，如改善人的情绪，缓解压力并提高人体免疫力等。

专心思考真有“免疫效应”？

既然专心思考能健身的事实客观存在，那么这种神奇效果产生的奥秘究竟是什么呢？

美国研究人员认为，这是因为专心思考本身会产生一种激发人体能量的良好效应。比较典型的例子就是心理学上那个著名的“瓦伦达效应”。瓦伦达是美国一个著名的高空走钢索的表演者，他每次表演都不采取安全防护措施，是彻底地玩惊险和刺激。不过他每次都能成功，他成功的秘诀就是专心。在走钢丝的时候，心里只有自己和钢丝，没有其他任何念头。所以他感觉成功非常容易。这个事实表明，人一旦专心，能激发人体的各种有益健康的能量，甚至能激发出人体潜能。

遗憾的是，瓦伦达最后还是死在他的惊险节目里了。他在每一次重大的表演中，上场前总是不停地对妻子说，这次太重要了，不能失败。这一患得患失让他不能专心了，所以导致失足身亡。这反过来更证明，专心致志真的是能产生良好的生理效应，能激发人体潜能。既然能激发人体潜能，自然也能增强人体免疫力，产生良好的“免疫效应”。

不过我国研究人员认为，专心思考本身就能产生避免引“病”上身的健康效应，所以能让人减少患病的概率。因为人体健康其实是心理、精神、社会适应三方面均处于和谐所产生的一种状态，但人生在世，总有各种各样的困难和烦恼产生，会让人的喜、怒、忧、思、悲、恐、惊这“七情”产生过度偏激的变化，因此会引发疾病。如果专心思考某一问题，就会避免七情产生偏激，从而发挥保护心理平衡的作用，所以能够避免引“病”上身。

尽管专心思考能产生健身效果之谜目前还没有终极答案，但能产生健身效果的事实已经是确凿无疑的了。所以今后人们应该重视这种另类锻炼方式，把读书思考、研究思考等等专心思考活动，也当作一种日常养生方式，这才是更智慧的选择。

那些事儿，你知道吗？

中国人爱得什么病？

我最容易得什么病？我们是否有“健康过度敏感症”？

要回答这些私人领域的问题，至少要先做一个更广泛的提问——中国人最容易得什么病？

是的，得什么病，怎么治，这看起来只是事关健康、家庭，至多与所谓的医疗制度有关。但我们不打算苦大仇深地去聊没多少人能听懂的公共政策，只是想告诉你一些没有多少人知道的事实，以及如今看来荒谬但在当时却合理的逻辑。

比如说，不准吃辣椒，这是战争时期对常见病多发的严肃决定。这是因为辣椒会刺激肠胃，诱发肠炎、痢疾，这比打仗造成的伤亡还要大。

比如说，明末长安城里的鼠疫，成就了李自成攻城的一时风光，也给清兵入关创造了条件。整个中国就这样在一场疾病的来去间变了两个模样。

比如说，2008年前后营养师彻底从科学家手中接过了辟谣的话语权，促成这一转变的却是三聚氰胺事件。

知道了这些，也许我们不再容易被朋友圈里那些言之凿凿的谣言裹挟，一旦生病或怀疑自己生病了，我们更容易知道，该如何与我们的社会圈子，以及整个时代相处下去。

一句话，病不只是贵恙，不同的年代，病不同；不同的圈子，药不同。

关于肥胖的不实之词

□曹红蓓

肥胖是人类的特有现象，不知这么说有几分道理。不过动物界确实很少见到胖子，大概它们弄到口吃的本身就不容易。家养的肥猫倒是有可能超过同种猫的体重，那也是人为因素造成的。有些肥胖很可能与心理有关。换句话说，单单人类有肥胖不仅因为人类的食物易得，还因为人类有心。从咨询实践可以发现，有心理问题的胖人足以粉碎世俗中关于胖人的一干流言。

流言一：胖人很快乐

胖人常被周围人看成是开心果，他们自己似乎也乐得扮演这样的角色。接触过几位偏胖的咨客，如果说有什么共同特点，那就是他们初次谈话时的表现都非常得体，甚至轻松，让人感觉“没什么大事儿”。没错，他们努力让自己看起来就像你想象中的胖子。所以当后来他们慢慢说出些什么的时候，你会为他们当初是如此顾念别人的感受而备觉心酸。

胖肯定是吃出来的，吃是因为饿。不是胃里饿，是情感里饿慌了。一般逻辑中因为太胖所以没人爱，其实有时候正相反，有些胖人是因为没人爱所以才把自己吃胖。而爱的规条是，只要你敢爱总会有人爱你。所以绕了一大圈，推出来胖人不敢爱。在传统的理论中，过度肥胖意味着典型的压抑。肥肉等于向异性宣告不要惦记自己，这也符合胖人不敢爱的推论。人人都需要爱，但是他不敢，然后没有爱，为了给自己交代，于是他创造了一堆肥肉作为借口。爱在这里指广义的真心以待，不一定只是爱情。传统理论还把爱吃解释为口欲期未满足的后遗症，这与缺爱不矛盾，最严重的关注缺失往往就发生在口欲期。

曾经咨询过一个胖女孩，面对自己想爱又不能爱的亲人，每每未语泪先流，所以和对方同在一个屋檐下十几年没有说过话。但她却一直是同学之中的开心果和知心姐姐。每一个人前言欢人后落泪的胖人，一定都有他充足的不敢爱的理由，这时候咨询能做的，只是帮助他去相信，虽然爱是那么艰难，但仍值得一试。

流言二：胖人很温和

一些又高又胖的男性咨客，往往看起来非常虚弱。肥胖也可能是压抑的愤怒。超重使人行动不便，限制了自己采取攻击行动的可能，但是却便于形成人肉沙包来承载别人的愤怒。专家指出中国文化素来不鼓励攻击性的正常表达，攻击性表达搞出一堆的道理让你觉得自己的愤怒是非正当的，从而只能像胖人一样让愤怒在体内乱窜。

流言三：胖人很轻松

压力肥的说法近年越来越为大众熟悉。对于一些人，特别是女性，越累越熬夜越肥。世界

总在快乐的时候，感到微微的惶恐。在开怀大笑时，流下感动的泪水。我无法相信单纯的幸福。对人生的起伏悲喜，既坦然又不安。——几米

上有那么多勤奋而成就斐然的胖人，根本就是懒惰或没有自制力的反面。之所以在百忙之中用吃来减压，多半是自幼从家庭中习得的解决方案。

流言四：胖人很低调

有一些胖人是骨子里青春期超时的叛逆少年，作为一个成功生存的胖人，他在昂然放弃了外形优势之后必然拥有才智或道德方面的某些特长才符合逻辑。也就是说，和公众想象中的低调形象相反，有一些胖人属于精神贵族，如果他愿意邀你去参观，你会发现他的内在世界真的很丰饶，而他对外面的世界有优越感。

流言五：死胖子

这个称呼真是对于胖人最大的误解。人类的婴儿个个都是“死胖子”，这是为什么？心理学的解释会认为婴儿的肥胖是为了在尚无缚鸡之力的阶段避免夭折。在心理意义上，变瘦是“作死”，而变胖才是不要死。胖人非常惜命。亚龙的《爱情刽子手》里描述过一位胖女士，因为目睹爸爸患癌后迅速消瘦的过程而害怕减肥。某些肥胖确有抗拒死亡恐惧的成分。

从心理的视角，胖人的角色和病人的角色一样有意义，且存在某种获益。很多人会觉得肥胖有家族遗传的特点，但其实你很难证实这是由于生物因素，还是在家庭中习得的以吃来缓解焦虑、安慰悲伤的方式造成的。

心理因素导致的肥胖也可能有性别差异，比如把新入校的大学生关到军营里训一年的情况下，同样是吃发面馒头，为何所有女生都迅速变得像发面馒头一样肥胖从而使体重达到了一生中的峰顶，而大多数男生就那样义无反顾地瘦下去、瘦下去，直至体重达到一生中的谷底？

关于胖与心的关系，还有很多未解之谜，现在我们只知道：他们胖，因为他们缺爱、愤怒、死亡恐惧；你胖，因为你是精神贵族或工作压力太大。别人没胖，是因为他们小时候没学过这种心理防御方式，他们最终的防御选择或许比变胖更自伤。

那些事儿，你知道吗？

十项标准来定义健康

1978年，世界卫生组织以十项标准来定义健康：

精力充沛，能从容不迫地应付日常生活和学习。

处事乐观，态度积极，乐于承担任务，不挑剔。

善于休息，睡眠良好。

应变能力强，能适应各种环境变化。

对一般感冒和传染病有一定的抵抗力。

体重适当，体态均匀，身体各部位比例协调。

眼睛明亮，反应敏锐，眼睑不发炎。

牙齿洁白，无缺损，无疼痛感，牙龈正常，无蛀牙。

头发光洁，无头屑。

肌肤有光泽，有弹性，走路轻松，有活力。

对照以上的标准，数数你回答了几个“是”，几个“否”。你的“否”越多，就代表你身体出现的问题越多。

女性出行如何保护自己

□徐欧露

女孩“防狼”攻略

“黑色八月”中一起又一起女孩失踪被害案令人扼腕痛惜，本该享受花季美好生活的女生却遭遇了人间惨剧。在谴责那些行凶者的同时，我们也呼吁女孩们提高警惕，当你独行时，请忘记“男女平等守则”，要记得自己是生理上的弱者。遇到陌生人，请自动开启“警戒模式”。坚定“防狼”，避免悲剧。

2014年8月9日，一位重庆女孩错上陌生人的车后和家里失去了联系。失踪11天后，警方发布消息称，女孩已被车主杀害。紧接着，另一女大学生因误上“黑车”被绑架并性虐的新闻被披露。

如果女孩掌握一些安全常识，对陌生人的车保持警惕，这样的悲剧也许可以避免。

如何避免成为侵犯目标

一些犯罪学研究显示，有预谋的罪犯会对攻击目标进行筛选，而监视是筛选的前提。因此发现监视、摆脱监视成了关键。如果发现一个人总是在同一个地方出现，或在不同环境中总能遇见他，或此人行为很不正常，尽快远离他是明智之选。

其次，不要让自己过于显眼也是好方法之一。公安大学教授王大伟介绍，夏季是强奸案高发期，原因之一就是女性穿着“瘦、透、露”。

最后，最重要的一点，不要轻易相信陌生人，更不要上陌生人的车。

如何摆脱尾随者

如果你发现自己可能被尾随，或有潜在的危险，不要慌乱，尝试以下措施：

在经过建筑物时，忽然加速进入里面，此时尾随者会快速跟着进入，此时你再慢慢退出建筑物。

或者假装你不是一个人，拨通亲戚朋友的电话，或者干脆假装打电话与人聊天；往人多的地方去，和面善的路人攀谈，假装你们认识。

自己一个人住的女性，养成回家时说一句“我回来了”的习惯，避免别人知道你一个人生活。

如果对方发现已经败露而且并未知难而退，此时你需要找到就近的安全人员甚至按民宅的门铃。这样对方一般会立刻退却。

遇到侵害时如何反抗

真遇到麻烦了，尽量保持冷静。记住，对女性来说搏斗是很危险的，逃跑与欺骗是上上策。躲避无效时才采取反抗的方式。

尽量装备一些诸如口哨、防身手电筒或“防狼”喷雾剂等东西，可以为求救、逃跑争取时间。

当一定要用肢体接触来反击时，击打对方脆弱的身体部位最有效：如果攻击者是男性，用力打击对方下身。如果趁对方不备时猛戳其眼睛，他会立即丧失进攻能力。人的头部也很脆弱，用手头可抓到的器物，乘其不备猛击其头部，比较有攻击性。

任何时刻都要保持警惕

有研究指出，50%的强奸发生在受害者家或犯罪分子家，60%的侵害案件是熟人所为。

不是只有出门在外才应注意安全，更不是只有陌生人才应防范。

在任何时刻对任何人，脑子里都要绷着一根弦。

单身女孩安全注意事项

1 真心不要跟陌生人走，即使他们是小孩、老人、孕妇……他们孱弱下掩盖的也许是陷阱！

2 天黑回家就不要走楼梯了，坐电梯，选择靠按钮的门边！

请留心与你同乘电梯的这些陌生人：

a. 神色诡异
b. 有打量你的动作
c. 迟迟不按楼层
d. 站在你正后方

这时，按下最近的楼层下电梯，随时准备大声呼救。

3 一旦遇到坏人，记下对方体貌特征，要随机应变与其周旋，不做无谓的挣扎，保命要紧，但也不要丧失逃脱的信心。

4 夜晚出门，尽量找人陪同，即使离家很近。

避开危险系数较高的偏僻地儿，一旦发现有人跟踪，要尽快跑到人多的地儿。

夜晚危险系数较高的地儿：

5 夜晚独自在家时有人敲门，切勿盲目开门，如果是陌生人最好是不要开门了，更不能向对方暴露你独自在家。

6 还有，听到什么动静也不要盲目开门观看，很多不法分子制造“婴儿啼哭”“猫狗叫”“老人”等引你开门。

7 出门不要和陌生人聊太多关于你的信息，即便对方看起来很和善友好！

在外要特别警惕靠你很近的车辆，发现不对劲，赶快跑并呼救！

8 不坐黑车，不与不认识的人拼车

如果很晚时打车，尤其是去路程遥远的地方或途经偏僻地儿，上车前记住车牌、电话告知一下家人！

小贴士

女性单独外出搭车要注意：①不能图省事、图便宜上“黑车”；②不与陌生人拼车；③记下车牌号；④坐司机后面的位置；⑤夜间记得开窗；⑥随时注意行车路线；⑦手机设置紧急键及时报警；⑧面对陌生人不要激怒对方。预防永远最重要！

美国人的减肥观

□段晓宇

日本综艺节目报道了一位年轻女孩的故事。为了模仿自己喜欢的角色，她减掉了超过一半的体重，从无人问津的胖子蜕变为经常被人表白的小脸美人。新闻夹带着截图绘声绘色地描述之前的她如何在漫展上被宅男嘲笑，自责给喜欢的动漫人物抹黑，因而发愤减肥，将角色图片放在零食里，时时刻刻自我警示，终于实现目标，脱胎换骨。

新闻本身并没有引起我的注意，毕竟减肥成功的案例数不胜数。之所以值得一谈，是因为这位减肥成功的女孩的故事在美国和中国收到了截然相反的回应。

女生纷纷点赞，表示要效仿主角努力减肥；男生则表示胖女孩是潜力股，减下来都是美女。有人开玩笑地表示之前的她应该去模仿胖角色，还有人已经琢磨起自己该用谁的照片来封印零食，管住嘴。在国内，这些都是很自然的反应。

当这条新闻被转到美国网站的时候，编辑在文章末尾评论如下：

她为什么要向角色道歉？那些取笑她的人为什么不向她道歉？

每个人都有选择的自由。如果有人想模仿某个角色，那就去模仿。即使他的体型、肤色、性别不符，那又怎样？关你什么事？这是他的选择，他的自由，别人无权妄加指责。

如果有人想减肥，那我尊重他的选择。但减肥的意愿应当出自内心，而不是为了取悦别人，不是为了符合他人对漫画人物的想象，更不该被如此恶毒的嘲笑所胁迫。

如果说中国人转发是因为“有趣”“励志”，外国人的转发则更多是感到诧异。很多人用了bully（欺侮）一词，为主角愤愤不平。是的，就像学校里的小霸王欺负同学一样，这是强势者用自己的审美对弱势者的欺辱。

美国肥胖率之高有目共睹且历史悠久，但比起瘦，人们追求更多的是健康。在各大减肥论坛，但凡和节食、断食有关的内容，一定会被管理员作为误导性消息删除。

过度减肥和不合理减肥引发的厌食症在西方已经引起了很大的关注。而在崇尚“瘦，更瘦，又快又瘦”的亚洲，这样的声音还没有成为主流。日本许多时尚品牌的服装只做均码，和丰满二字彻底划清界限，依然广受欢迎。美国品牌A&F的总裁决定不做大码，结果被舆论骂得狗血淋头。这样大的差别，是因为亚洲人的体质不容易得厌食症，减肥没有风险吗？还是患病的群体无法发声，没有得到媒体的重视？

那些你认为胖的人，既不一定比瘦子懒，也不比他们自控能力差。谁身边没几个怎么吃都不胖的人？除了代谢速度不同之外，食欲既然是我们身体发出的信号，它的强度也必然因人而异。就像你拿着一张薄薄的纸爬楼梯，却嘲笑提着二十本书的人爬得慢一样，没有控制变量，就无法比较。

我也曾经不要命地减过肥。我越是想不吃，食物就越是像磁石一样粘在我脑海的角落，伸向冰箱的手仿佛不受自己控制。我用极端的方法伤害身体，而身体疯狂地反击。难以形容当时的感受，但我非常讨厌自己那段时间的状态。

我想，所有经历过厌食症的人，都不会希望它发生在别人身上。

不管活到什么岁数，总有太多思索、烦恼与迷惘。一个人如果失去这些，安于现状，才是真正意义上的青春的完结。——渡边淳一

为什么中国青春期的孩子最丑？

□花皮瓜

有一位生活在美国的朋友，她女儿今年上高中，趁暑假把孩子送到中国读寄宿班，整整一个月连校门都没出，没看见北京长什么样，却长了十几斤肉。

我的朋友说，国内的孩子都这样，这个年龄的孩子是最丑的。

我十几岁的时候，好像也不好看。这么说来，似乎青春期变丑是一个普遍规律。可是，美国孩子十几岁的时候并不是这样。而是正好相反。

我一早就意识到了，美国青春期的孩子有种阳光和天然的美，在美国生活的时候，我经常去海滩上跑步，经常看见一群群的高中生在海滩上玩，女孩子都穿比基尼，无一例外的长发，身体的线条那么完美而无邪，男孩子也一样，随便穿着一条沙滩裤在阳光里站着，都让人想起广告牌上的模特。

为什么美国青春期的孩子最美，而中国青春期的孩子最丑呢？

一个月长十几斤肉，其实我也经历过。从高中持续到大学，我一直在长胖，尤其是高三。早自习、晚自习、补习班、月考、摸底考……这种节奏上的压迫让我每分每秒都饿，吃多少都不觉得饱，似乎世界上再也没有比吃更有意思的事。实际上，我的父母和老师也是这样教育我的，他们说："多吃点儿，好好学习，不要总想着玩，等考上大学想干什么不行？"

大学军训那年，我达到体重最高峰140斤。我还记得那时候生活的一些片段，大学校园是很美的，秋天桂花飘香，春天满山杜鹃，夏天栀子花香潜入梦里。但是我是那么不快乐，从高中有形的束缚到大学无形的束缚，自我意识开始觉醒，但又与现实频繁冲突，我忽然不能理解这么多年奋斗的意义何在，也不知道大学之后我想要的是什么。那时候我每天的盼望，就是傍晚到校区卖华夫饼干的小贩，附近华夫饼干厂的碎饼干，4块钱一斤，大大的牛皮纸袋，要双手环抱，我急切地抱着它走回宿舍，喘着气往嘴里塞，还没有注意到时间，一袋子华夫饼干就没了。

这么吃能不胖吗？可是我管不住自己。我们都管不住自己。我们班上所有的女生都胖，最少的也胖了十几斤。我们一边吃一边焦虑，每个人都在想尽办法减肥。结果是，大部分人一点儿体重也减不掉，而小部分人，走到了另一个极端。一位北京的同学，她减肥过度得了厌食症，只好中途停止学业回家治病。

可是我们那时候那么无知，没有人想过，饮食和体重紊乱，是心理问题。是因为我们不快乐，我们年轻刚刚绽放的青春期，被严重地压抑和扭曲。我们的天性得不到释放。

实际上，仔细想想，我这辈子胖瘦程度，总是和快乐相关的。从高中到大学，很遗憾，我拥有不错的成绩，不错的文凭，但我很少感受到快乐，我不在意四季的变换，不想抬头看看今天的星空是否美丽，没尝试过高跟鞋、披肩长发、吊带裙……我想不出自己区别于其他人的特色，除了考试，我再无骄傲。

后来我花了很多年与我的胖斗争，不光是胖，我还嫌自己丑。

我从来没想过，要长得多好看，才能达到“好看”的标准。我只是嫌弃自己。也不光是我一个，大学里，我周围的所有同龄人都嫌自己胖，嫌自己丑。我们花很多时间谈论谁谁谁比谁谁谁好看，我们为了一条塞不进去的牛仔裤伤心，走在大街上，羡慕露出长腿的姑娘。我那时候总是穿宽大的衣服，满脸的不在乎，心中充满迷茫和愤怒，觉得这世界上什么事都不对。那时候我除了上学考试，根本没时间读书，除了琼瑶的小说和四大名著，我什么都没读过。我对心理学一无所知，不知道我已经把自己当成了商品，想要适应市场需求，想要变成有人买的商品，而不是我自己。

是的，我现在知道，我那时候的不快乐是为什么了。我从来没有得到过许可，做我自己。

后来我毕了业，上了班，事情开始好转，我瘦回了正常的样子。我可以工作，自己独立生活，选择自己的衣服和朋友，我还记得刚工作那年无以言表的快乐。那时候那么穷，住在没有暖气的平房里，与邻居合用露天公共厕所，可是我走在街上都恨不得跟每个陌生人微笑。今天，很多人都把90年代当作一个快乐的年代，经济飞速发展，到处是机会和新事物。而对我来说，快乐的原因，不外乎自由，可以做自己。

是的，我渐渐相信，你越快乐，体重就越理想。肥肉是你所不能实现的那部分自我。绽放的生命不可能有太多赘肉。最终让我坚信体重和心理的关系的，是在美国的这三年。用另一种眼光来看，这个国家有种莫名奇妙的互相夸奖的习惯，大家见面都会很夸张地夸对方。父母对自己的孩子说“你是全世界最好的”，丈夫对着自己三围堪忧的老婆说“美人”，几乎每个美国人都这样。我的美国丈夫每天都变着法夸我，我听着就像是一个收音机频道，定时打开总是那些华而不实的广告。在我那愤世嫉俗的中国心里，觉得这就是美国人的虚伪，我怎么可能那么好呢？

可是事情渐渐地就有了变化。后来，我的中国朋友看见我照片，也开始说：“你变好看了。”

我将信将疑，半推半就，年复一年。有一天，我突然发现，我早就不再嫌自己不好看了。我不再害怕穿短裤，露出我粗粗的小腿，也不再害怕大脑袋平胸被人嘲笑。我买衣服的时候不再总想掩饰自己的缺点。我对着镜子想，呀，其实我真的挺好看的。

同时，我的身体也回到了最健康的状态。我是爱运动的，以前体重很理想，但是其实没有多少肌肉。现在我经常爬山、跑步、骑车，身上没有赘肉。在40岁到来之前，我终于对自己的身体没有什么不满意了。同时，我也不在乎别人怎么评价我的身体了。

以前，看见有人写文章争论，到底女人在哪个年纪最美，我总是跟着想想，想不出答案。现在我看见这样的文章，连看都不看。美是什么？这种文章的作者根本不知道，还来指导别人。

每次看见美国十几岁的女孩子，我都会想。但愿我们中国下一代的孩子，也能这么奔放，这么美。

请先系好你的鞋带

□佚名

约翰·伍德是美国加州大学洛杉矶分校的一位资深篮球教练，他所执教过的球队曾数次夺得全美大学生篮球赛冠军。

NBA（美国职业篮球联赛）球星拜伦·戴维斯就曾接受过伍德的训练和指导。当年，第一次参加训练的戴维斯满怀期待地准备接受伍德的独特技术指导。但他万万没想到，伍德对他说的第一句话竟然是：“请系好你的鞋带。”

戴维斯下意识地低头看看自己的球鞋，心想，我在两三岁时就知道如何去穿它们了。伍德说：“不要着急，请重新系一次，确保万无一失。”戴维斯觉得这完全是多余之举，但为了避免闹得不愉快，他还是决定解开鞋带，重新系一次。“不是这样的，你得把鞋和袜子都脱下来，重新开始。”伍德似乎看出了戴维斯的心思，在一旁纠正道。等他穿好袜子，拿起鞋子准备套到脚上时，伍德又开始纠正他：“不，你需要抚平袜子上的每一道褶皱，越平顺越好。”

戴维斯觉得伍德是在故意刁难他，于是生气地说道：“这跟球技有关系吗？”

“但穿对鞋袜就是你必须掌握的最好的球技之一。如果你在大型比赛中脚被袜子磨出水泡，如果你在一场背靠背的比赛中，因为没系好鞋带使身体出问题，那将是致命的，不是吗？”伍德继续解释道。

几年后，戴维斯离开加州大学洛杉矶分校，以优异的成绩加盟NBA，并在不久后的“NBA全明星技巧赛”中轻松获得总冠军，面对记者关于“取得技巧赛总冠军的最重要秘诀是什么”的提问时，戴维斯是这样回答的：“请先系好你的鞋带。”

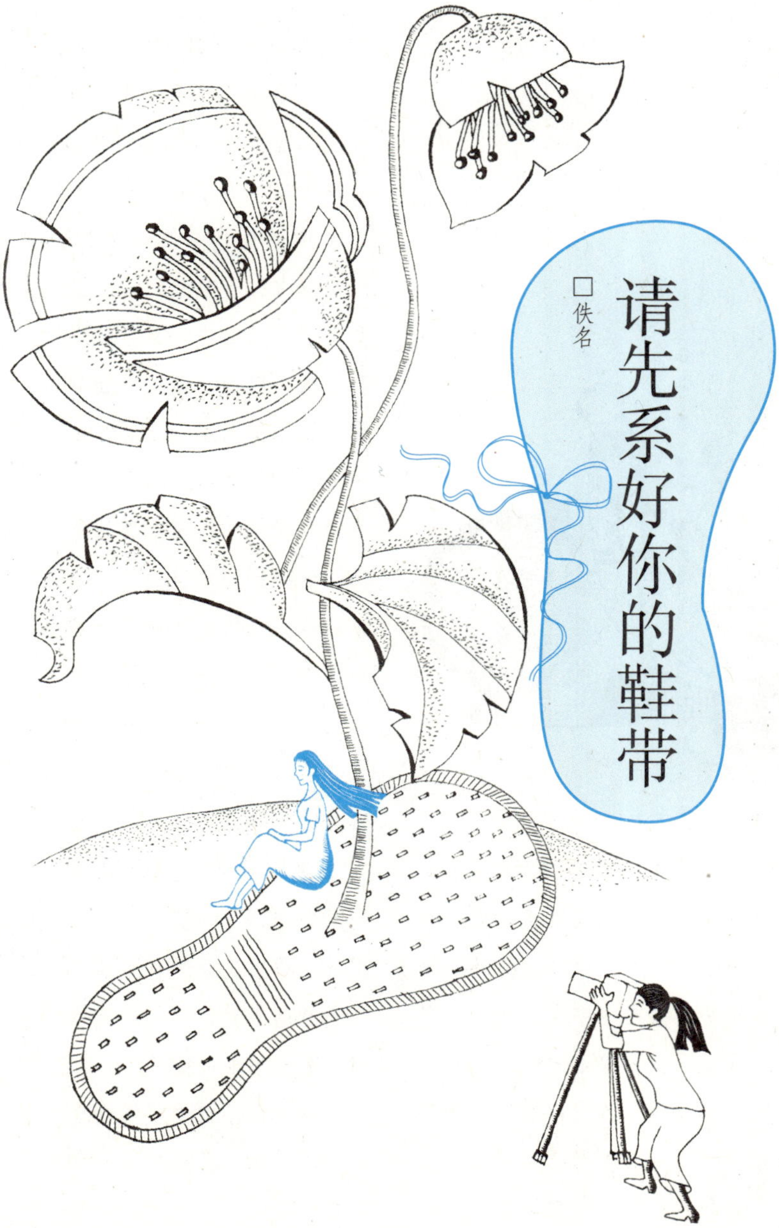

生理课这样上

□佚名

作为交换生，我来到美国弗吉尼亚州的斯蒂芬中学学习半年。我读的是10年级，相当于国内的高一。在那里，除了必修课外，还要根据兴趣选择3门选修课才能修满学分。插花、电工、修车……选修课五花八门，

我选择了一门叫“人体生理学”的热门课程，内容类似国内的生理卫生课。我好奇地想知道，美国的中学生怎么上生理卫生课，老师是否会敷衍了事。

“人体生理学”的任课教师劳伦斯，是一位两鬓斑白的老者。第一次上课，劳伦斯要我们每个人写一篇300字的作文，男女同学分开交作文。待大家都交齐后，他会让我们轮流朗读同学的文章，再集体讨论。写一篇300字的文章不算难，但我还是交了白卷，因为文章的题目居然是“我的一次异性幻想”！我环顾教室，发现居然连女生都在大方地埋头书写。

“那是一个微风习习的夏夜，我和他在海边漫步，海风轻轻拂过我的面颊。不知何时，他将我的手握在他手中。他的手宽厚温暖，我的掌心沁出了汗珠。他低下头来，温柔地吻了我的手背……”一个男生开始朗读女生的文章。我以为大家会窃笑，没想到每个人都在专注地听。

接下来，女生开始朗读某个男生的“杰作”：“星期六晚上，我和我最喜欢的女同学去湖边捉螃蟹，结果她不小心掉进水里，我英勇地救起她。我们的衣服都湿透了，只好脱下来晾在湖滩上，然后我们躲在湖边的小树林里，我禁不住吻了她……”这个男生的文笔粗犷大胆，惹得大家都笑了。

所有的文章都念完后，劳伦斯轻笑道：“大家不要害羞，凡人都有情欲，但男生和女生的心理有着很多不同，大家可以从文章中总结出一些吗？”大家纷纷发言，女生觉得男生谈起情爱，直接又霸道。男生觉得女生喜欢浪费时间，谈些无聊的风花雪月，不够实际。这时，劳伦斯说道：“好的！大家已经发现了男性和女性对情爱的看法不同。那么这些不同源自何处，我们又该采取哪些措施才能克服这种区别，在成为成人后的家庭生活中达到和谐共处呢？这就是我们今天要学习的章节《男女生青春期心理的差异与对策》。”

哦！原来老师布置这个奇怪的作文题，是为了引出课程主旨。不用说，这种灵活的形式的确有助于我们更直观地理解课程，教学效果也很好。

这堂课不仅使我学到生理期的知识，也让我感到了一种前所未有的放松。

只要你按时达到目的地，很少有人在乎你开的是奔驰还是手动拖拉机。——谚语

心理安全

赶走负面情绪，满怀正能量

意林剧场　爸爸，我们去哪儿——《天才眼镜狗》

皮博迪是一条与众不同的小狗，它拥有无与伦比的高智商。皮博迪偶然机缘下收养了和它有着类似经历的人类孤儿舍曼，并带舍曼过去每一个生命中的重要时刻，亲身经历书本上枯燥的历史事件。转眼舍曼到了上学的年龄，他丰富的历史知识得到老师的表扬，却也引来高傲的小姑娘佩妮·彼得森的嫉妒和欺负。舍曼和佩妮的冲突使皮博迪陷入前所未有的艰难境地，为了保住对舍曼的抚养权，它想尽办法取悦佩妮的父母和相关机构负责人。而就在那个晚上，舍曼和佩妮竟开始了一次惊心动魄的大冒险……

经典台词

如果被称作狗就意味着聪明、专一、善良、爱，那么我就是狗。

不论你面对什么样的挑战，不论你觉得我离你有多远，我一直在你身边。

我把她掉到埃及了，然后我和法老王订婚了，然后我们就没油了。

自卑是因为你『跪』着

□林盛

自卑就是拿自己的短板和别人的长处相比较，是盲目追求完美造成的自我评价低、自感不如他人，并伴有自怨自艾、悲观失望等综合情绪体验的心理倾向。形象地说，自卑情绪是因为你蹲着，蹲着自然比人家矮了一大截；自卑情结或障碍，是因为你惯于卑微地跪着，仰视周围人。

一位初二女孩，学习成绩稳居班里前三，令同班同学刮目相看；身高1.62米，亭亭玉立，也是班级女生中长得最高的一位，让同龄女生羡慕不已。但近半年来，她一直闷闷不乐，甚至以为自己得了抑郁症，在人际交往中出现障碍，特别害怕走在上学和回家的路上，害怕下课时孤零零地在座位上发呆。尽管她很努力，很小心翼翼地试着和同学亲近，可是就是无法融入群体中。

当问到她是如何解释自我在交往中屡屡受挫的原因时，她说她很自卑，同学们都不喜欢跟她一起玩儿。然后，我问：“假设在你面前有一面镜子，你能很清楚地看到自己，你会如何评价镜中的自己？”

她噘着嘴说：“不满意的地方太多了，头发密而厚，眼睛小了，鼻子太大，嘴唇太红，脸太圆……”

呵，如此的自我认知怎会不自卑啊！一个自我否定的人是很难得到其他人的认可的。

自卑是常见的心理问题，在青春期的青少年中屡见不鲜。自卑在我们的个人成长中如影随形，它有意无意地在我们的生活里潜行，对待它的态度取决于我们的行为。譬如，你爱好篮球，但身高不到一米七，而你非得和姚明比，自卑不经意间就被你制造出来了。

自卑是套在脖子上的绳索

自卑感强的学生，在课堂上表现为精神萎靡不振、神情呆滞，逃避参与师生的互动；在人际交往中表现为冷漠、孤独；在集体活动和竞赛中表现为胆怯心虚、甘居下风；在情感方面表现为心神不定、忧心忡忡；在思维方面表现为注意力涣散、反应迟钝；在意志方面表现为优柔寡断、缺乏动力；在性格方面表现为墨守成规、随遇而安。

在实际生活中，由于青春期学生正处于心理发展不稳定的年龄阶段，自卑心理容易引起情绪的巨大波动和思想观念的急剧变化，在特定的诱因激发下易酿成出走、自伤、自杀等恶性事件。

自卑形成的内外因素

教育失妥：一是来自家长对子女的高期待，望子成龙的心态给青春期敏感的孩子们施加种种有形无形的压力；二是来自学校的高压手段，教师盲目拔高教学要求，使学生疲于应付，也难达到预期效果，成就感缺失而自我否定。

生理缺陷：青春期青少年非常在乎自己的长相，如果在五官、身材、体质等任何方面有天生缺陷就会引起自惭形秽的心理。生理缺陷有可能是事实存在的，如肥胖、矮小、外表的伤痕等；也有可能是自我认同出现偏差，参照心中苛刻的标准（如影视、歌星偶像）而对自己的鼻子、嘴唇等某些部位不满意。

行为失误：曾因过失受到处分，或行为不妥受到道德评判或指责，钻进死胡同里出不来，背着愧疚和自责的包袱，把所有的责任一股脑儿揽下来。人被重负压得抬不起头、直不起腰。

竞争受挫："物竞天择，适者生存"。竞争无处不在，它锻造了强者，惊退了弱者。青少年在成长历程中心理发展是从幼稚走向成熟的，心理容易动荡，当遇到自感无法克服的困难时，心理容易失去平衡，面对挫折和失败束手无策。

学习障碍：因学习成绩达不到自我预期导致自卑。目标不切实际，结果欲速不达；或者学习成绩长期不理想，知识缺漏太多，以至于在智能（感知、记忆、思维、想象、语言、操作等）方面低于常人，在学习活动中常处于被动的落后地位。

自尊挫伤：一般来说，青春期学生自立意识逐渐增强，血气方刚，自尊心极强，在权威或师长面前一旦自尊心得不到应有的尊重便会一蹶不振。这种自尊伤害有可能因为不经意的一句话，一个疏忽，一个眼神而被曲解，成为自卑的诱因。

命途多舛：在社会层面上地位低下，或经济窘迫，或家庭残缺，或父母沉重的生活经历和精神压力过早地影响孩子的人格发展，产生"低人一等"的心理。

个性弱点：意志薄弱，性格软弱，成为生活中的"逃避者"。

自卑是勒着青藤成长

武汉市一考生写过题为《勒着青藤成长》的文章，其精华之处在于："我惊诧于如此肥硕的瓜果，何以悬于如此纤弱的藤蔓之上，还这样茁壮地成长？走过了，我看到了盘结在瓜身上的坚韧的青藤，还有瓜身上一道道被青藤勒出的伤痕……我愣住了：原以为青藤是瓜们成长的束缚，却不知它原来是生命的支柱；原以为那是瓜们无知的自虐，却不

料那才是对自己的善待。”

成长需要付出努力，需要接受苦痛，需要历练，这样人生才会走向成熟。面对自卑，我们何尝不是在勒着青藤成长呢？然而如何“勒”却需把握尺度，勒过火了，瓜果会破败变质；勒不牢靠，则有坠落瓜裂之险。

善待自卑有处方

自我调整，提高觉察力。觉察力是洞悉事物的发展规律、方向的高度预见性的一种本领和能力，是自身体验、内心关注的结果，是人们协调自身与客观世界的能力。

一位哲人说过：“你所以感到巨人高不可攀，只是因为你跪着。”如果你感到自卑，不妨审视一下内心需要与现实的矛盾，看看自己有哪些资源可以利用，还有哪些不足；哪些是现在能够行动的，哪些还需积蓄力量，等待时机。

“金无足赤，人无完人”，人性的某些弱点和缺陷可以通过意志努力加以弥补和克服，但有的缺陷是与生俱来的，如个子矮、残疾、长得不漂亮等。“知人者智，自知者明”，提高自我觉察力是与自卑心理和谐共处的法宝：允许不足，承认不足，接纳不足。只有悦纳自己，才能变他律为自律，从而自我矫正，自我约束，实现自控。

以平常心面对现实，淡化期望值。老子说：“胜人者力，自胜者强。”说到底，克服心理障碍最重要的是自觉行为的萌动与实施。在制定学习目标时，从小目标、阶段目标着眼，从容易处着手，减少挫败感；在评价过程中，坚持可持续发展的观点，运用动态分析去“横向比较”，和自己的过去比，体验点滴进步，修复自尊；善于挖掘爱好、兴趣和特长资源，激发成就动机；创设情境，在现实中历练，锻造耐挫能力；不与自卑较劲，而是想着怎样行动，怎样解决问题，从而构建“成功—自励—自信—新的成功”的良性循环模式。

在自卑中崛起。心理学家阿德勒说：“人们所有的成长动力与行为目标旨在安全和克服自卑感。”这个观点昭示了自卑的人往往更易趋向成功。原因是自卑者积累了大量失败的经验教训，有着强烈的进取渴望之心，有着不怕输、输得起的思想准备，有着经过实践证明了的解决问题的好思路、好方法。

亲爱的少男少女们，自卑犹如一把“双刃剑”，关键是用什么技巧去掌控它，用什么心态去看待它。躬身省思，潜心总结，用感恩的心去感谢成长过程中曾经有过的自卑，并把它当作宝贵的资源，以自卑为清泉，以自卑为沃土，青春期即使勒着青藤也会像瓜果一样在明媚的阳光下健康成长！

我有一条**黑狗**，它名叫抑郁

□丘吉尔

我有一条黑狗，它名叫抑郁。每当这黑狗出现，我就感到空虚，生活也慢了下来。它总不期而至地出现在我的面前。

黑狗让我变得像个老人一样，整个世界好像都在享受生活，我却只能与黑狗相伴。那些曾带给我快乐的事情，忽然消失了。

它让我失去食欲，它蚕食掉我的记忆力和集中精力的能力。拖着这条黑狗，无论去哪里或者做什么，都需要超人的力量。在社交场合，它总会找出我的自信，将其赶走。我最害怕的是被人知道，我担心别人会议论我。黑狗带来的羞愧和耻辱，我总是担心被人知道。于是，我很用力地把它藏起来，掩藏情绪的生活，让人精疲力竭。黑狗让我消极地思考和言谈，它让我烦躁不安，难于相处。它夺走了我的爱，埋藏了温情。它最爱在半夜把我唤醒，心中只有那些消极的念头，让自己知道自己将会面对多么心力交瘁的一天。生活中有一条黑狗，不仅仅是感到一点儿低落、悲伤或者忧郁。最糟糕的时候，所有的感觉都会失去。

我一天天地变老，黑狗一天天地长大，它开始不离我的左右。我用尽了一切办法，想把它赶走，但获胜的往往是它。和重新站起来相比，躺倒变得更容易。我成了给自己开药的专家，但从未真的有效过。最后，我感到自己和整个世界失去了联系，黑狗终于绑架了我的生活。

当生活不再有丝毫快乐，你就开始质疑生活的意义。

幸运的是，那个时候我寻求了专业的帮助。那是我迈向康复的第一步，也是我生命的一个转折点。我了解到，无论是谁，无数的人都在被这条黑狗侵扰，任何人都可能被它袭击。

我还了解到，不存在什么万能灵药或魔法药丸，药物对部分人有帮助，其他人还要辅以另外的手段。我还了解到，向亲近的人表达出自己的真实感情，能起到关键的疗效。最重要的是，我学会不再害怕黑狗，甚至向它要了一些自己的花招。你越是疲劳和紧张，它就叫得越凶，所以学会让自己平静下来，很重要。

临床证明，经常锻炼对于缓解轻/中度抑郁的效果不比抗抑郁药差。去走走，去跑步吧。把这条笨狗甩在后面。记一份情绪日记，把想法写在纸上是种宣泄，往往也有助于看清问题，也记录下那些值得感恩的事情。最重要的是要记住，不管情况变得多么糟糕，只要你走向正确的方向，找适当的人交流，黑狗降临的日子一定会过去。

我不会说我感谢这条黑狗，但它却是个神奇的老师，它迫使我重新认识生活，让它变得更简单。我认识到与其逃避我的问题，不如拥抱它们。黑狗也许将永远是我生命的一部分，但它再不会是以前的那只野兽了，我们达成了理解。通过学习知识、耐心、克制和幽默，最凶狠的黑狗也可以被制伏。假如你身处困境，一定不要害怕求助，这样做一点儿都不丢人，只有错过生活才是遗憾。

九大恐惧症，你的膝盖中了几枪

□编绘：@极品霏

学会说不

□卢晓菲

《消费者研究》曾经发表了一篇研究文章，120名学生被分成两组。这两组的差别在于，其中一组说“我不能”，另一组说“我不要”。第一组被要求在面对诱惑时，告诉自己说：“我不能做××。”比如，当面对冰淇淋的诱惑时，他们会说：“我不能吃冰淇淋。”第二组则被要求在面对诱惑时，说：“我不要做××。”比如，他们在冰淇淋的诱惑面前，要说：“我不要吃冰淇淋。”

重复这些步骤后，每名学生都要回答一套跟研究无关的题目。在他们答完这些问题之后，学生交上答卷，以为研究已经结束。事实上，这才是开始。当每名学生交卷走出课室时，他们会得到一个小奖励。学生可以在一条巧克力棒和一条健康燕麦棒之间做出选择。学生走开后，研究人员会在答卷上记录下他们的零食选择。

告诉自己“我不能吃××”的学生，61%选择了吃巧克力棒。与此同时，告诉自己“我不要吃××”的学生，只有36%选了巧克力棒。这个措辞上简单的改变，能够显著提高个人选择健康食物的概率。

研究并没有就此止步，接下来还有：

“正确措辞”

同样吸引这些研究人员的还有，当面对重复出现的诱惑和分心时，“不能”和“不要”是如何影响我们拒绝的意愿的。毕竟，我们中的大多数只能拒绝一块糖一次，然后最终沦陷了。有没有更好的说“不”的方式，让我们更可能坚持好的习惯，避免坏习惯？当然有！

研究人员设计了一个新的研究，该研究要求30位女性参加“卫生健康研讨会”，所有参与女性被告知要设想一个对她们来说重要的卫生健康长期目标。然后，研究人员把被试者分成三组，每组10人。

第一组人被要求，当她们觉得要完不成目标的时候，她们要“直接说不”。这一组是实验对照组，因为她们没有被告知任何具体拒绝策略。第二组人被要求，在同样情况下运用“不能”策略。举例说，“我今天不能不去运动”。第三组被要求，在这种情况下要采用“不要”策略。举例说，“我不要错过运动”。

在接下来的10天里，每个被试女性都会收到邮件要求她们报告进度。研究人员特别向她们指出：“在这10天里，你会收到邮件提醒你用这些策略和汇报这些策略是否起效。如果这个策略对你无效，尽管写两行字如实告诉我们，那你就可以停止回复邮件了。”以下是10天后的研究成果：

第一组（“直接说不”组）：10个被试者里面有3个把目标坚持了10天。

第二组（“不能”组）：10个被试者里有1个把目标坚持了10天。

第三组（“不要”组）：10个被试者里竟然有8个把目标坚持了10天。

为什么“我不要”比“我不能”更有效

哥伦比亚大学的动机科学中心教授海蒂·格兰特·霍尔沃森解释“我不要”跟“我不能”的区别：“‘我不要’是一种选择经历，所以感觉到授权，这是对你的决心和意志力的肯定。‘我不能’则不是选择，它是一种限制，是被强加于你的。因此，想着‘我不能’破坏你的权利感和能动性。”

换言之，“我不要”是一个心理上积极的拒绝，而“我不能”则是心理上消极的拒绝。

好心态没你想的那么重要

□冯昊怡

最近，在和高中的学弟学妹接触时，我发现几乎每一位高中生，在说起自己某一科成绩不够好的问题时，总会把原因归结为自己没有好心态或是没有自信。

我先给大家讲一个故事，主人公是美国射击运动员马修·埃蒙斯。

2004年8月22日，雅典奥运会男子步枪三姿决赛，马修·埃蒙斯以绝对优势领先进入男子步枪三姿的最后一枪——他只要不脱靶，拿金牌就仿佛探囊取物。

于是，像之前一样，埃蒙斯耐心地端起步枪，慢慢地瞄准，稳稳地扣动扳机——成功将子弹送到了隔壁的靶子上，把近在咫尺的金牌拱手让给了中国老将贾占波。那时候很多专家就认为埃蒙斯虽然能力出众，但是心态不够好。

北京奥运会上，埃蒙斯在倒数第二轮领先将近4环，但就在金牌几乎唾手可得的情况下，他又一次重演了雅典的悲剧。

2010年，他被诊断患有甲状腺癌，在纽约一家医院做了手术。在身体恢复之后，埃蒙斯并未放弃，他重新举起了步枪，并获得了2012年奥运会的入场券。不过，相同的失误在2012年伦敦奥运会重演，在决赛第9枪还领先对手1环多的情况下，埃蒙斯的最后一枪只打出7.6环，将几乎到手的银牌拱手“送给”韩国选手金钟铉，只获得了一枚铜牌。

讲完这个故事，我问学弟学妹：“听完这个故事，有什么感想呢？”这时候大多数人都说：“埃蒙斯心态不好才失败了，我也正是因为没有好心态才学不好啊！”

我则说了下面的两段话：埃蒙斯因为心态不好导致的失误确实令人惋惜，但是在世界上60多亿人中，埃蒙斯曾4次打进奥运会决赛并拿到3枚奖牌，虽有遗憾，但终究是做到了其他几十亿人都没有做到的事情，怎么可以说他失败了呢？即便拿到的是铜牌，他依然值得享受全世界的关注和掌声。他顽强守护自己的射击梦想19年，在患癌后，依然不放弃训练和参加比赛，正是这种执着的追求和超常的行动力让他成为世界闻名的射击运动员，假如他只是盲目自信，不付出努力，每天只是对着蓝天白云青山绿水大喊："我埃蒙斯要拿金牌！"不要说是铜牌，连奥运会的入场券他都拿不到。

我想对学弟学妹说的第一点就是，心态波动对于学习成绩有一定影响，但是这种影响最多只是让你的成绩从原本该拿的金牌变成一个银牌，一个银牌变成一个铜牌，一所"985"高校变成一所"211"高校，这种影响只会限制在一个很小的区间内。就算你心态再好，每天嚷嚷着一定要考上清华北大，但是却上课玩手机，放学玩网游，不思进取，那么能上一个二本就算不错了。不要放大心理素质的影响，一只蚊子就算再有自信去咬一个人，使出再多的花招，它还是躲不过被人一掌拍死的命运，因为在绝对力量面前，任何花招都是没用的。

什么是绝对力量，你的努力和行动就是你学习中的绝对力量。

每个人只有在竭尽全力后，才有资格去谈论心态这回事。没有经过风雨的洗礼，不愿意接受磨难，不愿意咬牙坚持却还相信自己能有个好未来，这样的好心态和自信是盲目的，而且是应该被嘲笑的。你说你不自信、心态不好，也只是因为你每天总是比班里其他学生起得晚、不愿意背书、不愿意练习，碰到困难不愿意去想办法解决，坚持不下去而已，你的不自信是因为你"心虚"啊！

实际上，浮躁的社会和自我催眠式的心灵鸡汤让现在的学生变得"脆弱、懒散又敏感"，作为学生的家长或者老师，已经没有必要再去放大心理素质和自信的影响。如果一件事情世界上的绝大多数人都需要去经历和承受，那么这件事就称不上什么艰难和痛苦，更不需要时刻把自信和好心态挂在嘴边。因为只要够用心、够努力，就会发现，学习原本像吃饭喝水呼吸一样，也是这世间最平常的事。

对现在的学生来讲，不自信并不意味着自卑，而是一种不浮夸、不迷失的学习态度，会让学生有危机感，找到自己学习生活中的不足。对物理不自信就去多思考多练习，对英语不自信就多背单词多阅读。

愿你用行动征服世界。

那些事儿，你知道吗？

粗心大意也会遗传？

德国一项研究发现，人之所以粗心大意、丢三落四，基因在其中扮演了重要角色。大脑额叶中负责信号传输的一种名为DRD2的基因与健忘、注意力不集中有紧密联系。研究人员随机选取了500名志愿者，让他们评价自己平时是否注意力集中、是否健忘，并通过他们的唾液样本进行基因检测。结果发现，DRD2基因有两个变体，拥有该基因一个变体的受试者更容易出现注意力分散，记忆力较差的情况，且这种健忘常具有家族遗传性。不过，这并不代表人们对此无能为力，例如，把要做的事情随时写下来，尽量把用品放在固定的地方可能对丢三落四的人有所帮助。

『早恋恐惧症』比『早恋』更可怕

□左后卫

不敢打扮自己的高三女生

许娟是一个清秀可爱的高中女生，就读于本市一所很有名的重点中学。第一次来到心理咨询中心时，她的打扮让人吃惊：短短的“男孩头”，男式的无领运动衫，连运动裤和运动鞋也是“中性”的，穿着打扮竟看不出一点儿女孩子的色彩。

刚开始谈话，她就拿出几张叠得整整齐齐的信纸，开门见山地读起来：“我来找您，就是想解决困惑了我四年多的问题，请问：第一，异性交往中，怎么区分一般朋友关系和恋人关系？第二，高中生谈恋爱对学习是促进、影响，还是真如家长说的那样一无是处？有没有中学谈恋爱而又双双考上大学的先例？第三，怎样处理早恋才能促进学习而不是妨碍学习？第四，早恋具体是怎样妨碍学习的？第五，班上男生上课时老盯着我看怎么办？”

听了她迫不及待的提问，我猜出她的困惑跟情感有关，于是我问：“是不是你和哪个男生相互有好感？你为什么要提这些问题呢？”

“我是要知道，我逃避了四年多的早恋地狱，究竟是怎样的可怕，知道了它的可怕之处，是不是我也就不怕了？”

“可怕？你怎么会这样想？”

“难道不可怕吗？”许娟疑惑地盯着我说，“上初中的时候，我有一个漂亮聪明、成绩优秀的同桌，后来她和班上一个男生恋爱，结果两个人的学习成绩直线下滑，中考时连普通高中都没有考上。妈妈还对我说：‘千万不能早恋！如果早恋了，就算你学习基础再好，脑子再聪明，学习成绩都会走下坡路，学习肯定完蛋！’”

“是啊，中学生谈恋爱是不大合适，但要有一个正确的看法，害怕是没有必要的，你对男生有过好感吗？男生有没有主动追求你的？你又是怎样对待的呢？我希望知道你这方面的情况，愿意说说吗？”

许娟沉吟良久，仿佛下定了决心，才缓缓地说：“是的，有一个男生在去做课间操的路上悄悄对我说：‘上课时我至少看了你5次，你从来都不扭头看我一眼，真坚强！’他说得对，上课时我不敢回头，因为回头总难免与某个男生的目光接触，那一刻没有惊喜，没有害羞，只有强烈的害怕和不安。我不是怕男生的目光，而是怕男生喜欢我，怕他们追求我，怕因此妨碍学习、葬送了前途。我从来不打扮自己，甚至故意穿很旧的衣服，就是为了不吸引男孩的注意。但是现在，我觉得自己太压抑了，学习变得枯燥乏味。马上要高考了，

生活是一段奇妙的旅行，就在那一去不返的火车上。与那些新人和旧人们共同经历吧！也许这就是一个人无法抗拒的命运，有你，有我，也有他。——谚语

前天我又收到了男生的求爱信，还约我出去散步。阿姨，我真的不知道该怎么办，我……我已经乱了方寸……”

“你想接受邀请，和他出去散步，是吗？”

她看着我，迟疑了好一会儿，终于痛苦地点点头，说：“可是妈妈说，和男生交往等于早恋等于学习完蛋，这是一个被无数教训证明的公式。我不敢。”

看得出，许娟是一个单纯向上的好姑娘，父母的话让她一直背负着沉重的压力，她那个子虚乌有的“公式”，对男女同学之间的正常交往避之唯恐不及，所以才会如此紧张。

许娟还告诉我，那男生在信中说：“我们不贪玩，我们在学习上可以互相帮助，有空出来散散步，谈谈心，有什么不可以？”可是，许娟还是被吓住了，她没有与任何一个男生单独相处过，更别说谈心了。可是现在高考在即，她却高度焦虑，焦虑的背后是内心剧烈的冲突。父母的教诲使她认为应坚决关闭与男生正常交流的大门，但觉醒的心理又使她有与男生交往的渴望，于是在这种冲突中，学习效率下降，这是最使她恐惧的事情。

【诊治】：“早恋恐惧症”比“早恋”更可怕

毫无疑问，许娟患了“早恋恐惧症”。这种恐惧心理已严重影响到她的生活和学习。如何让她“脱敏”？首先应该是观念的转变，而这方面她的父母是起关键作用的。

在我的建议下，许娟请来了自己的母亲，我让她明白给女儿灌输的观点已给孩子造成了不必要的心理压力，请她纠正自己对男女生交往的错误看法。我和许妈妈是一个时代的人，于是我们谈起六七十年代，中学里男女同学可以结成“一帮一，一对红”的对子，男女同学也是可以经常谈心的。许妈妈说：“是啊，那时我们都那么简单！”

我说：“现在是新世纪了，社会也在进步，为什么男生女生之间反而不能来往了？这不是越来越退步吗？其实孩子们还是我们当初那样简单，只是被父母想象得复杂了。那个关于早恋的公式是谁发明的？又对多少人适用？每年那么多人考入大学，难道他们都不与异性伙伴交往吗？禁止异性交往的危害，是不是也不比早恋的危害小呢？”我的提问让许妈妈哑口无言。最后我说：“不客气地说，孩子现在的焦虑症状，正是您画地为牢的恶果。您想一想，中学生谈恋爱妨碍学习，早恋恐惧症伤害心理健康，哪个更可怕？”

我接着介绍说，从大量的心理咨询案例中我们了解到，大多数中学生其实并不想陷入早恋，关键是，不想早恋的少男少女，也非常需要异性交往，在异性交往的实践中，他们才能够知道，如何做可以避免早恋。这是一个问题的两个方面，重要的是把握分寸，只要“发乎情，止乎礼”，必要的交往是有利于身心健康的。许多家长唯恐孩子早恋，严防死守，却往往收不到好的效果，问题就出在思想不够开放，观念不够健康，而受害者，恰恰是他们最不愿伤害的孩子。

送走许妈妈，我给许娟开出了心理治疗处方：每周与男生聊天两次，每次不少于半小时。我征求许娟的意见，请来了同班给她印象较好的三位男生，做许娟的“伙伴咨询”小组的成员。当然，这三名男生已经接受了我的培训，不包括给许娟写字条的那位求爱者。我要向她证明，男生并不可怕，除了爱情，男女之间还可以有真诚的友谊和帮助。

经过两个多月的调整，许娟已经克服了焦虑情绪，能够安心学习了。高考前夕，她来咨询中心做最后一次谈话。她说：“原来，男生并不可怕，他们把我的弱点看得一清二楚，在学习上和生活中都给我很大的帮助和启发，和他们在一起，我感到很安全、很开心。”

两个月后我得知，许娟以优异的成绩考上了她心目中的理想大学。

赶走消极，做最好的自己

□章剑和

有个年轻人整天唉声叹气，愁眉不展，逢人便吐苦水：“我实在是太不幸！父母没有给我留下遗产，我没有别墅，没有小汽车，甚至连件像样的大衣都没有。”

有个中学生总快乐不起来：“你看看我的长相就知道了，我的鼻子那么大，圆圆的还有点儿红；瞧瞧我的学习吧，老是年级中最后几名留守队员之一，快乐与我已经绝缘了；爸爸下岗快半年了还没找到新工作，今后上大学的学费怎么办？妈妈身体又不好，老是头疼，我可怎么办？”

如果你想成为一个成功的人，那么，请为“最好的自己”加油吧！让积极打败消极，让高尚打败鄙陋，让坚强打败脆弱，让伟大打败猥琐……只要你愿意，你完全可以一辈子都做最好的自己。没有谁能够左右胜负，除了你。自己的战争，你就是运筹帷幄的将军！不是所有的梦想都能成为美好的现实，但美丽的梦想同样可以装点出生活的美丽。

美国两个心理学专家对毕业照的笑脸进行了一番研究，他们收集了一批初中和高中全班同学的毕业照，通过对每张毕业照的观察，发现一些学生面带着善意的微笑和自信的光芒，还有一些学生郁郁寡欢。经过长达41年的跟踪调查，他们发现：从总体上看，毕业照中面部表情微笑，充满阳光的这部分人，到中年后其事业的成功率以及生活的幸福程度，都远远高于那些面部表情不好的人。

确实，想一想我们身边的同学和朋友，在走出校门的那一刻，大家都在同一个起跑线上融入职业和社会竞争的洪流。十几年后，一些人找到了理想的单位，建立了幸福的家庭，实现了理想和人生价值；也有一些人碌碌无为，最终在残酷的竞争中被淘汰出局、一无所获。如果我们认真回想就会发现，从根本上决定我们生命质量的不是金钱，不是权力，甚至也不是知识和能力，而是心态！

俗话说，不是没有阳光，是因为你总低着头；不是没有绿洲，是因为你心中总是一片沙漠。

说消极话的人，第一个受害者是他自己。积极的心态能把坏的事情变好，消极的心态却会把好的事情变坏。消极的东西像水果上腐烂的部位，当有一处腐烂它会迅速将好的水果感染坏。要想不继续消极，就必须将已经坏的部分清除掉。

一名女博士童年时因家庭变故和奶奶住在一起，她的痛苦和烦恼从小就无法对人倾诉，以致形成了孤僻内向的性格。虽然她总是成绩很好，但直到她考上博士，她的生活中总是忧伤大于快乐。后来她因为无法排解内心的苦痛找到心理医生，医生为她精心治疗一段时间以后，她的自闭似乎有所改变。正当医生准备为她做进一步治疗时，她却自杀了……

那位心理医生为此痛心不已，除了深深的惋惜，他还有些内疚。其实，他确实已经尽到了自己的职责。女博士最终没能走出儿时的阴影，是她在和自己的战斗中失败了。

我们常常会有这样的时候：当你面临竞争带来的生存压力，当你饱受挫折，当亲人远离自己、家庭不和、事业受阻……如果是在10年前，你可能会独自哭泣，或找朋友倾诉，但你不会去找心理医生，否则别人会说你有“精神病”。而现在不同了，人们的精神压力越来越大，心理健康也渐渐地被更多的人所认识，就像身体生了病要去看医生一样，你的心灵有了问题也可以去看医生，这是时代的进步。

但是，在现实生活中，所有的医生或者良药都不是万能的。无论你身体的哪一个部位得了病，如果没有你自己的积极配合，即使医生为你制订出再好的治疗方案，也是于事无补的。

有人说时间是最好的医生，对于有心灵创伤的人，如果你走不出伤口愈合之前的那段时光隧道，你的伤口就会永远流血，也许你曾生活在阴影中，如果你自己不去寻找一缕阳光，阴影就会终生与你相随。

要彻底抹平心灵的伤痕关键还在于自己，我们要努力用积极打败消极，我们要用热情、坚毅、乐观、平和、宽容去关注值得珍惜的东西，比如家庭、个人成长和幸福。

说出你想说的话。很多时候，消极的人仅仅需要一面镜子来告诉他们，自己变得多么消极。

保持积极的心态。乐观使你保持快乐，而快乐则为你提供克服困难的能量。

休息一下。停止日常工作一段时间，一旦重返工作岗位，你做事会更加有效率。

从他人那里获得能量。尽你所能将你自己置于积极的人的包围中，他们可以在你不能保持积极心态的时候把你向前推一下。

传播善意。当我们为他人做好事时，我们就会有幸福感和满足感，这些感觉会“传染”。

使用你的长处。如果你知道你的长处，并且正在为更大的好处使用它们，你就比较容易拥有快乐而有意义的生活。

保持一颗感恩的心。当我们在自己的悲观中独舞时，就会忘记我们应该感激的每一件事。如果你正面临一个挑战，请感激这个机遇吧，并学会从中得到经验。

无论你的职位或级别如何，你都可以选择如何应对在你周围发生的事。

推开消极，为积极铺路，不但你的同事和上级会欣赏你在工作中的表现，你也会享受自己的存在。

其实，对待生活，我们不应抱怨，而应努力地、乐观地去发现生活中的美。生活中本来不缺少美，而是缺少发现美的眼睛，进而去感受、去体味生活的美，给绚丽多彩的生活抹上自己真诚的一笑。

是的，我们很多人常常无法改变自己在工作和生活中的位置，但完全可以改变对所处位置的态度，自然也会因此找到许多乐趣，这样便可以把蕴藏的无限潜能一一发挥出来，做出惊人的成绩。事实上，我们的心态在很大程度上决定了我们人生的成败。

我们要努力做到“在绝望中摆脱烦恼，在痛苦中抓住欢乐，在压力下改变心态，在失败中找到希望”。

赶走学习压力，成为『学霸』很简单

□佚名

初中生小辉最近觉得压力很大。父母虽表面上说不在意他的学习成绩，但实际上十分在意，“每一次我妈妈跟别人聊天，总是要提一两句我的学习成绩，说儿子学习好啊，当班干部啊，又获省的什么奖啦”，这让小辉十分苦恼。他有些害怕自己的成绩突然一落千丈，到那时让别人疑惑，你的儿子不是成绩挺好的吗？怎么这么差？到时候妈妈就没有面子了。实际上小辉是十分鄙视自己的，不知道自己为什么而学习。

其实，这也是很多“好学生”的困惑，父母的期待变成了学习的压力，父母的无意言行深深植入内心，担心、害怕随之而来，为什么学、为谁学也成了心头挥之不去的疑虑。学习压力是每个孩子都需要承担的，因为大家都需要面对日益激烈的竞争。乐观、自信、开朗的孩子在面对压力时，其承受压力的能力要强些，自己会把焦虑通过自信淡化。而内向、胆小、自卑的孩子会在焦虑中变得更加脆弱。试着从以下几个方面来看待这个问题：

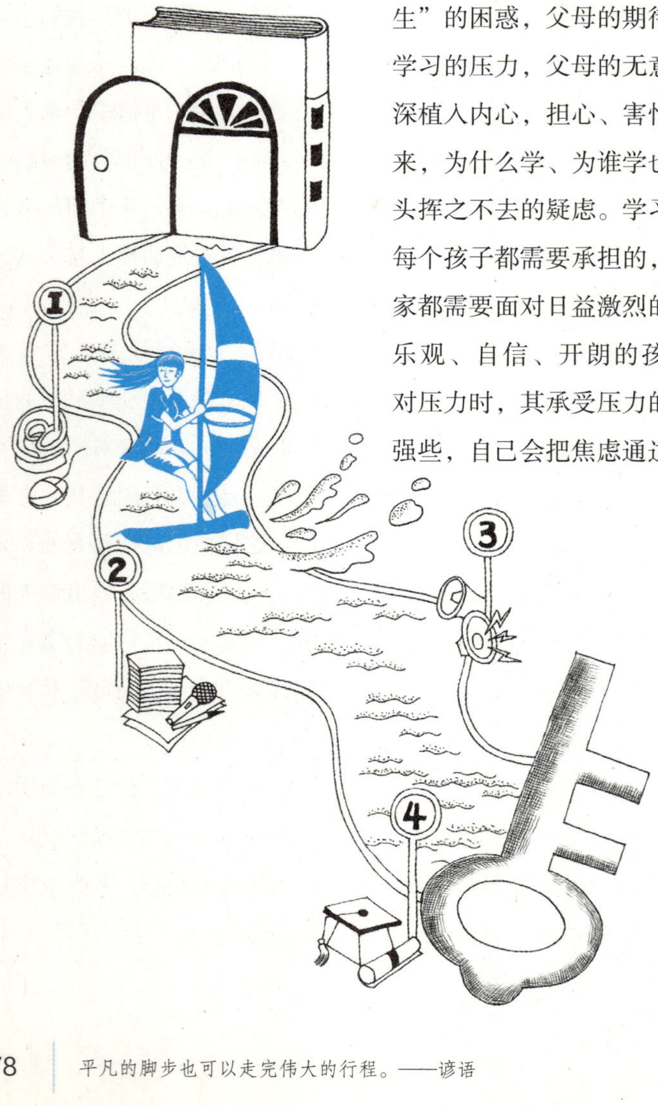

第一，了解父母的期待和自己对学习的理解。

父母是为了孩子好，但是并不是所有父母的期待都该由孩子来买单。纵然父母有再多的要求和期望，作为孩子也要分清楚哪些是你该做的、能做的。对于那些超出自己能力范围的事就不要考虑了。这些不是你该承担的！所以，能不能获得自己的认识和理解才是重要的，这也是青少年时期发展的重要任务：认识自己，培养自己对事物的认识和理解。

第二，不要过分看重高高在上的成绩。

成绩就是孩子学生时代的“命根子”，所以很多孩子都把成绩看得比什么都重要，希望一直保持优异的成绩、稳定的前几名，最害怕分数下降。孩子们最担心的还是父母的失望吧！不妨跟父母交流一下，把你的痛苦、矛盾、复杂的心情跟他们说说，相信他们会理解你的。

怎样缓解学习压力？这是很多学生经常面临的问题。紧张的学习生活难免让我们感到压力，它像一只无形的大手笼罩着我们，让我们感到很不舒服，让我们不能轻松地学习。但我们就没有办法对付它了吗？不见得。下面介绍一些可以缓解心理压力的小方法：

要举重若轻，不要举轻若重

学习压力是正常学习中所遇到的问题，并不是意外状况造成的，没有必要过分紧张；如果是地震、火灾、洪水等意外情况带来的压力，在心理学中称为“应激状态”，则需要人调动全部的体力和智力来应对所遇到的问题。所以，这是两种不同的情况。比如，考试是学习的必要过程，是有充分准备的，如果以“应激状态”来应对考试的问题，就类似于“杀鸡用牛刀”。有时，急于求成，花了很大的力气，却不能达到预期目的，就是这个道理。举重若轻，就是以适度的紧张面对生活压力，镇定自若。举轻若重则相反，将日常生活中可能出现的挫折、失利、不快，都当作“火山”“地震”“洪水”，就会弄得自己出现极度的紧张与焦虑，驱使自己马上去扭转“局势”而手忙脚乱，结果往往是欲速则不达。因此，我们要学会使自己“心静如水”。

适应性好，要有条不紊地、有节奏地生活和学习

感到学习有压力时，最好是给自己列出一张清单：你有多少事情要做？做什么？哪些知识还不熟悉，原因是什么？针对每一门课程，你自己可以做些什么？外界有什么干扰因素？最后制订月、周、日的具体行动计划，坚持不懈，一定会有成效的。千万不要把时间耗费在怨天尤人、胡思乱想上，如果有些外界条件我们一时难以改变，就心平气和地接纳它，只做自己可以左右的、有把握的事情，对自己有一个适当的期望值，这样就可以减轻压力。

对于已有一定承受力的，要科学分析和正确评价自己

考试前，总是会想到上次考试的名次，这次考试能不能把名次往前提，还是会更落后。其实，我们大可不必为这些事情焦虑，更不要因一次考试成绩不理想而气馁。只要我们把精力用在提高自己的学习能力上，踏踏实实地做对自己来说有可行性的事情，发挥自己的长处和优势，就会体验到成功，看到希望。

变压力为动力

要建立适当的目标。当然，自己在考试前也要有一个基本的目标，但我们也不要把分数高低看得过分重要，只要自己努力去准备，争取考得好一些，就是我们最切实的目标，分数不是唯一的标准。这就需要我们积极行动，去实现自己的既定目标。只是等待、叫苦无济于事，不要使压力积累过多，而要通过行动使压力消除，我们应该看到自己每天在进步，任何压力都可以转化为动力。我们如果把学习的压力，看得像风霜雨雪那样普通，像春夏秋冬的变化那样自然，我们就会泰然自若，畅快轻松。

缓解压力不是意味着去放松，而是找到一个能够轻松前进的突破口，然后进行多样性的尝试和实践。突破口，就是指自己目前最需要解决，又是现在就可以很容易做的事情，应该义无反顾地去做。有了一个好的开端，其他问题就可以逐步迎刃而解。只要能够静下心来，循序渐进地学习，从中发现自己学习中的难点、弱点、疑点，并能够独立攻克一些难题，就会增强我们的自信心。而突破口应该选择自己平时认为比较薄弱的课程，把它从头到尾理一个顺序，至少要明白自己掌握了什么，有哪些东西理解了，哪些掌握得还不牢固，要耐心地去弄清楚，然后突破一些难点和重点，有问题尽快请教老师和同学。

敏感的另一端是创造力

□王学富

坐在教室，对周围的声音和别人的动作都特别敏感，害怕受到影响，强撑着把目光放在书本上，却看不进去。害怕跟别人眼神接触，又忍不住寻找别人的眼光。本来担心受到周围声音与动作的影响，又忍不住关注和收集环境中的任何一点儿响动和迹象，包括别人的眼神、咳嗽、动作、姿态……就好像有一块磁铁把心吸到那些琐碎的方面去了。越是害怕各种感觉，越是沉溺于各种感觉，渐渐跟世界脱离了关系。内心责怪自己，越来越担心自己出现心理异常。每时每刻都感到紧张，身体也出现了不适的反应，如耳胀、耳鸣、头晕、胃痛等等。

有一名高中生就是这样在给我的信中描述她在生活中的各种细微感觉和担忧的。分析起来，类似的心理困扰有环境的原因，如学习压力过大；也有个人的原因，就是太敏感，对事情有过度的担忧。我跟这样的人谈话，不太去管他们的感觉，我最关注他们的态度——我问他们：如果你的神经比别人更敏感，你怎样看待这一点？既然你有比别人更敏感的神经，你怎样使用它？

下面是我对她的来信的一个回复：

读你的来信，我内心不禁感慨：好微妙、曲折、丰富的内心体验呀。如果不是排斥这种内心的感觉，而是拿起笔来，就这样把它们写出来，你简直可以写一本意识流小说了。

法国有一个作家叫普鲁斯特，就是一个内心有许多细微感觉的人，他的选择是，把往日的记忆过滤成美妙的文字，结果写成了《追忆似水年华》。

你可以试试！

你有这么细微的、触须一般的感觉，如果诉诸文字，让它们用自己的方式呈现或流淌，就成了文学；如果不明白它们，害怕它们，把它们阻塞起来，就成了症状。

我曾经接待一名高中生，她周期性来跟我谈话。她的神经极其敏感，给她造成了无限的烦恼。原因在于，她觉得一个人有如此敏感的神经，是一件多么不幸的事情。但在谈话中，她慢慢意识到，敏感的神经是她身上独特的东西，不必否定它，不必害怕它，也不必压制它。这时她发展出一种新的态度，并且找到了自己的方式。后来她考上大学，进入影视戏剧文学系，开始了她的创作。因为有这样特别的内在资源，她创作出来的作品被导师评为“接近了博尔赫斯”。

敏感的神经里隐藏着一种创造力。但是，如果这种创造力一直在隐藏之中，受到抑制，没有找到自己的方式发挥出来，就会形成神经症。

因此，对于来自敏感神经的那些细微的感觉，它们在那里，就让它们在那里。我们所要做的，不是试图去消除它们，而是用新的态度去看待它们，找到新的方式去使用它们。你相信吧，它们可以成为你的宝贝。许多人没有它们，似乎不像我们这么烦恼，但他们也少了一样宝贝呀。

或许，你太在意自己了，不去管生活的经验，只去关注内心的体验。在感觉里，你把自己看成了世界的中心，受到所有人的关注，就像是牵一发而动全身，世界都随你的感受在动。我要问，你有什么心思，有什么动作，周围的人真的会那么在意吗？

什么时候你能够接受自己的神经比别人更敏感，并不害怕它，也不执着于它，更不迷恋它和麻醉自己，你就开始走进生活的广阔领域，在那里有所创造，有所建造。

对于敏感的神经，我们的态度是：它带来的痛苦多一些，它带来的资源也多一些。

每个人身上都有不同的特质，每个特质都不能简单地用好或者坏来评判，这些特质就像一块钻石，你从这一面看是锋利的刀刃，从另一面看到的是它折射出的美丽的七色光，它们对你来说，是什么，取决于你从哪个角度来看。人的生命就取决于你是不是挖掘出了自身特质的宝藏！

那些事儿，你知道吗？

五大妙招缓解孤僻症

培养兴趣

对于孤僻症来讲，最好的办法就是培养自己的兴趣。在培养兴趣的时候，也要考虑一下身边的同学，或者是整个班级的气氛，最好能够让自己的这种兴趣和自己的同学的爱好相融，从而使自己的心情开朗起来。

阅读书籍

我们都知道，孤僻症是缺乏交流导致的。对于孤僻的人来讲，应该多看一些人际交往的书籍，这样可以掌握一些人际交往的技巧以及沟通的方法，在学校中，与同学的交往就会得心应手。

培养自信

有时候，我们和同学在一起时不愿意交流是因为缺乏自信，总是怕自己讲出来的话，会让人嘲笑等。所以，培养自信心是很重要的。当自信心增强后，你就会觉得讲的话有分量了，大家也不会轻视你了。

敞开心扉

当发现自己有孤僻症的时候，一定要对其他人敞开心扉，找要好的朋友或者亲人，讲讲自己所遇事情的郁闷或者不开心。这样慢慢地与他们进行交流的过程中，就会让自己的内心舒展开来，从而使郁结于内心的不良情绪得到缓解。

心理暗示

一个人有良好的交流过程，就必须有心理暗示，可以在有镜子的时候，对着镜子里的自己讲，我也要开口讲话，就算讲错了，我也要讲。这样慢慢地，在心理暗示下，就会让自己的孤僻症消失。

精神小怪兽坐等被“击败”

□佚名

你也许知道焦虑症是什么样的，甚至自己就有，但你知道它长什么样吗？让英国艺术家埃伦来告诉你。他把常见的精神疾病画成了各种小怪兽，希望能帮助患者像奥特曼一样把它们打败。

边缘型人格障碍

边缘型人格怪兽是最细腻的，但也许是最阴险的怪物，它们聚集成一小群围绕在受害者周围，并用外激素来提高受害者的情绪反应，然后进行捕食。它们能吃任何情感，但倾向于抑郁情绪。

这种疾病因介于健康、忧郁症、精神官能症、精神病这四者之间的边缘，故被称为“边缘人格”。它们和一般人一样拥有健康的部分，容易遇到一点儿小事就感到受伤，无法控制冲动的欲望，做出自我伤害、伤害他人等破坏性的行为，而且这些行为会反复出现。

回避型人格障碍

回避型人格怪兽个头小，它们大部分时间躲在树上，用树叶型的翅膀来伪装自己，躲避它们周围的任何人和物。

这种疾病表现为缺乏自信，怀疑自身价值，敏感，特别是在遭到拒绝和反对时。还表现为日常生活中一些小事不如意，或被拒绝即表现得很委屈，感觉受到了较深的伤害。

解离型人格障碍

解离型人格怪兽的特点是可以将自己的外表变成任何样子，它不仅能改变自己的外表，而且每一个角色都有自己的性格。

这种疾病也叫作“多重人格”，患者的每一种人格都是稳定、发展完整、拥有独立思考模式和记忆的。分裂出的人格包罗万象，可以有不同的性别、年龄、种族甚至物种。

妄想症

妄想症怪兽利用它那似雷达一般的耳朵，扫描区域内所有的活动，它听到的声音通常是混乱不清的，它会把听到的错误信息传递给它的受害者。

这种疾病患者抱有一个或多个非怪诞性的妄想，同时不存在任何其他精神病症状。

精神分裂症

精神分裂症怪兽很卑鄙，它操控着受害者遵从自己的命令。它利用软肋下分泌出的致幻气体，控制、影响他人为己所用。

这种疾病临床上表现为思维、情感、行为等多方面障碍，以及精神活动和周围环境不协调。患者一般意识清楚，智力基本正常。

社交焦虑症

社交焦虑症怪兽一生的绝大部分时间在地下或者僻静的庇护区域，因此，它们皮肤苍白而且贫血。

这种疾病的患者，对在陌生人面前或可能被别人仔细观察的社交或表演场合，有一种显著且持久的恐惧，害怕自己的行为或紧张的表现会引起羞辱或难堪。

出卖你性格的16个小动作

□小恩姑娘

每个人都有些属于自己的独特动作，观察这些动作，可以了解他的性格。

1.边说边笑

与这种人交谈会觉得非常轻松愉快。他们大都性格开朗，对生活的要求从不苛刻，很注意“知足常乐”，富有人情味儿；感情专一，对友情、亲情特别珍惜；人缘较好，喜爱平静的生活。

2.掰手指节

这种人习惯把自己的手指掰得“咯嗒咯嗒”响。他们通常精力旺盛，非常健谈，喜欢钻“牛角尖儿”；对事业、工作环境比较挑剔，如果是他喜欢干的事，他会不计任何代价踏实努力地去干。

3.腿脚抖动

喜欢用脚或脚尖使整条腿抖动。这类人最明显的缺点是自私，考虑别人少，行事从利己出发，对别人很吝啬，对自己却很大方；他们很善于思考，能经常提出一些让人意想不到的问题。

4.摆弄饰物

这种人多为女性，一般都比较内向，不轻易使感情外露。她们的另一个特点是做事认真、踏实，凡有座谈会、晚会或舞会等活动，人们都散了，最后收拾打扫会场的总是她们。

5.耸肩摊手

这种动作是表示自己无所谓。这类人大都为人热情，而且诚恳，富有想象力，会创造生活，也会享受生活。他们追求的最大幸福是生活在和睦、舒畅的环境中。

6.抹嘴捏鼻

习惯抹嘴捏鼻的人，大都喜欢捉弄别人，却又不“敢作敢当”，爱好哗众取宠。这种人容易成为被人支配的人，别人要他做什么，他就可能做什么。他购物时常拿不定主意。

7.拍打头部

这个动作是表示懊悔和自我谴责。这种人对人苛刻，但对事业有一种开拓进取的精神。他们一般心直口快，为人真诚，富有同情心，愿意帮助他人，但守不住秘密。

8.托腮

服务精神旺盛，讨厌错误的事情，工作时对松懈型的合作对象会很反感。

9.两手腕交叉

对事情保持着独特的看法，常给人冷漠的感觉，属于易吃亏型的人，稍微有些自我主义。

10.摸弄头发

这是一个情绪化的、常常感到郁闷、焦躁的人物，对时尚很敏感，但忽冷忽热。

11.把手放在嘴上

属于敏感型，是秘密主义者。他们常常嘴上逞强，但内心很温柔。

12.摇头晃脑

这种人特别自信，以至唯我独尊。他们在社交场合很会表现自己，对事业一往无前的精神常受人赞叹。

13.手握着手臂

保守派，属于非理性的人。因为不太拒绝别人的要求，有招致吃亏的可能。

14.靠着某样物体

冷酷的性格，有责任感和韧性，属于独自奋斗类型的人。

15.到处张望

具有社交性格的乐天派，有顺应性，对什么事都有兴趣，对人有明显的好恶感。

16.常常低头

属于慎重派。他们讨厌过分激烈、轻浮的事，勤劳踏实，交朋友也很慎重。

心有猛虎，细嗅蔷薇

□七薇

“你下去呀！”

“哎呀，小姑娘，你害怕什么呀，下去喽！”

“喂喂喂，你到底走不走啊？挡着我们了，后面还有很多人等着呢！”

我穿着救生衣，戴着眼罩和插管，潜水设备将我武装得不太方便在狭窄的扶梯上转身去看身后那些七嘴八舌的人。

站在我身后的密友拍了拍我的肩膀：“哎，别怕，有救生圈呢，还有教练，不会有事的。来，我们下去。”

眼罩里有水汽，我要努力睁大眼，才能看清楚四周的环境，这是一片深水区，海水很清澈，我们的船停在这里，几米之外停着另一艘船，船与船之间漂浮着很多用绳子系在船身上的救生圈，水中已经有好多人，嬉笑声与惊呼声四起。

我深深呼吸，从船梯上跳到水中。

身体触到水时，大脑给我的第一个指令是：这不是浅浅的游泳池，这是大海。下水前的惧怕再次袭来，甚至更重，我紧紧抓住一个漂来的救生圈，因为慌乱，整个人东倒西歪的，我挥着一只手，大喊密友的名字，想伸手去抓她，可两船之间不太大的一片安全水域，人又那么多，她早就不知被挤到哪儿去了。

眼罩里的雾气更重，我快要看不清楚四周，还有人抢了我的救生圈，心中恐惧更甚，简直快要哭出来了。四周人那么多，却好像唯我一人漂浮在海中央。

在我慌乱扑腾间，忽然，有人托住了我的手，将我扶正，然后丢过来一个救生圈，我稳稳抓住。眼罩里都是水汽，看不太清楚是谁，那人忽然摘掉我的眼罩，放到水里洗了洗，然后让我戴上。

我终于看清楚他，是船上的一个水手，黝黑的皮肤，手臂上文着一串泰文。

我对他说谢谢，他冲我露齿大大一笑，然后指了指水下面，他说：“加油！做得好！”

我猛摇头：“不！不！不！”

他摇头笑起来，再三强调真的没有危险，他做着手势，还指了指四周的人。

我看到了，每一个下到大海里的人，在害怕过后，都慢慢地让自己适应了，他们身体向下，将头浮潜进水下，像鱼儿一样优哉游哉地在水里游弋着，等他们抬起头来，口中便是“啧啧”的赞叹声：“海下的世界，好美啊！”“哇，好多漂亮的鱼！”

那个水手摇着头从我身边离开了，我看见他牵着别的人往更远的海域去了。

我抱着救生圈，有点儿沮丧，也有点儿瞧不起自己的胆怯。

喂，你是来浮潜的，不是到海里来抱着救生圈像个傻帽儿似的乱扑腾的！

我怕水，到什么程度呢？我甚至不敢站在蓬蓬头下让水径直从头顶流下来。我曾在游泳池里试过将头埋进水里，一秒钟就立即冒出来了，心跳加速。

我抱着救生圈发了会儿呆，几乎是忽然地，我将头埋进水里面，不敢有一分的迟疑，我知道，一旦迟疑，我就再也不敢了。

然而我还没来得及看清楚海水下面有什么，就被狠狠地呛了一口水，真咸啊！

喝了一大口海水，却什么也没看到，我不服气，深呼吸慢慢平复着害怕的心，几乎是带着视死如归的心情，再次将头潜进水里面。

这次，我慢慢地，慢慢地，深呼吸，没有再被海水呛到，嘴里的呼吸声也变得平稳起来。然后缓慢睁开眼，我看到了清澈的海水里，有各种各样的鱼群游过。

我在水里面待了至少有30秒，浮出水面时，我抱着救生圈，忽然就有点儿想哭，但又像个傻瓜一样笑起来，对着身边跟我共用一个救生圈的陌生人喊道：“哎哎哎，我敢了啊，我敢了啊！”

那个水手不知何时又回到了我身边，他拉过我，没有说话，只做了个下潜的手势，大大的笑容隐藏在透明的眼罩和吸管后面。

我伸出手，好的！

我抛下了救生圈，左手被他牵引着，我几乎毫不犹豫地就将头潜进海水下面，然后伸展着右手，划拉着前进。

他带着我，渐渐游离拥挤的人群，朝着更远更安静的海域而去，我的手由紧紧揪住他到慢慢放轻松，与他十指相扣，我感觉到自己的身体越来越轻盈，自始至终我的头都潜在水下面，没有上浮过，耳畔忽然就变得特别寂静，只有我们两个人划过水波的声音，以及面罩下我自己的呼吸声。

我静静地，静静地，看着鱼群从我身边游过去，看着海下离我很近又似乎很遥远的海草、珊瑚、石头，这个又寂静又生动的世界啊，我一直一直想要亲临的世界啊，我总算，与你相遇了。

我不知道被水手带了多久，游出了多远，我沉醉在那个奇妙的世界里，把自己交给一个陌生人，竟没有害怕，甚至觉得放心。

“哗啦”一声，天光大亮，我们再次回到了这个喧闹的世界。

他抓过一个救生圈给我抱着，摘下眼罩与吸管，又露出大大的笑容，冲我竖了竖大拇指，然后像一尾鱼一样游走了。

回岛时，我跟密友坐在甲板上，风很大，吹乱了我们的头发，她问我：“怎样，浮潜好玩吧，我没骗你吧！”

我被那口海水呛得嘴里至此刻还是咸涩的，我点点头说：“此行收获很大。”

海底那个奇妙美丽的世界当然很迷人，但更令我动容的是，这么多年来，我终于战胜了自己心里那只叫作“恐惧”的猛虎。

很多时候就是这样，我们惧怕的不是水，而是自己的心。

朋友圈的匿名爆料

□蒋方舟

这段时间总是听人聊起一个很可能成功、很可能流行的社交软件——“秘密”。它模仿国外一个叫作Secret（秘密）的应用，连接你手机通讯录里的好友，以及“好友的好友”，组成一个社区。所有人都是匿名的，可以把不愿意用真实身份表达的想法告诉自己的熟人，而他们会转发、留言，告诉你真实的想法——当然也是匿名的。“秘密”被描述为“朋友圈的匿名爆料”，发泄“内心的不满和愤怒，而不必担心影响朋友关系”。

我第一次见到这款软件，是有人邀请我在“秘密”上回答：“你觉得×××怎么样？”我和其他评论者一样匿名，所以我可以毫无负担地发表不负责任的意见。

往恶毒的层面推测，这是一个很好的用流言中伤他人的机会：只需要一则似是而非的流言，一句欲说还休的暗示，半真半假的爆料，或是对他人历史的揭露。“秘密”不仅仅生产这些流言，而且让它们快速被传播和消费。可怕之处在于：当一个人看到关于自己的不实消息被传播，他并没有自我捍卫的能力。在一个没有退出机制的假面游戏里，你该如何证明身份？在你自以为熟悉的朋友圈子里，谁又是真正可以信任的？

“秘密”被看好，就是因为它利用了人性的恶劣。我常去写作的咖啡厅，也是很多互联网创业者谈事的地方。偷听他们聊到开发一个新应用，往往这样开头：“哪些需求还没有满足？哪些欲望没被开发？人性还有哪些阴暗面没有被挖掘？好的，我们不如从这里开始……”人在他们摊开的笔记本电脑里，是充满了窥私欲的、期待被赞扬的、自私自大的暴露狂。我脑海中总有一幅类似“邪恶博士”的画面，拿着手术刀的人正准备打开人脑中的“潘多拉的盒子”。

我想用最温和的话去批评这种言论给人造成的不适：弃置了任何层面的羞耻感，默认甚至鼓励人性缺陷，这种行为非常不心帮助她。我想，她成绩再好，那也是在乡下，要赢过我，根本不可能。但她太让我意外了，第一次考试，她就以和我一样高的总分并列全年级第一名。老班像捡了个宝，对她赞不绝口。她一时间抢走属于我的风头，我心里开始憋屈，对她的好也就渐渐淡了。

我暗自努力，想赢过她，她的成绩却越来越好，适应了省城中学的教学方式后，有几次考试，她的总分都超过了我。我尽力了，人很疲倦，心很累，各个方面我都输给了她。

“我爱我家”的征文比赛成为导火索，我再也无法忍受杜菲菲居然得了特等奖，而我只是三等奖这样讽刺的结果。在大家一拨又一拨围过来向她道贺时，我已经快要爆炸了，后桌杨威撞在了枪口上，我郁积已久的愤怒一下子爆发出来。

大家都愣住了。杜菲菲脸色苍白如纸，眼中闪过的恐慌让我更厌恶。我嫉妒她，怨恨她，凭什么她遭遇了不幸却要搭上我的幸福和快乐？她没有出现在我的生活中之前，我过得那么开心，我高高在上，我独享父母的宠爱，备受大家的爱戴和羡慕，她来了之后，这一切都改变了，让我力不从心，让我自己都讨厌自己。

一放学，我就逃了出去，甩开了影子一样跟着我的杜菲菲。徘徊在公园幽深的小径，直到暮色四合，我还是理不顺自己的思绪，我不想回家。

我坐在凉亭边的长椅上，望着游人稀少的偌大公园，不远处的树木郁郁葱葱、影影绰绰，树摇风吟，我的心里莫名恐慌，还好，公园里的路灯很快就亮起来了，像一朵朵盛开在黑暗中的花儿。

手机铃声又一次响起，之前杜菲菲打来了两个电话，我都挂了，实在不想跟她说话。看了一下，是爸爸打来的，我不得不接起来。老爸没有骂我，他说他马上过来。爸爸的语气难得的温柔，或许他也想到了我正处在矛盾和难受当中。

大伯大爸爸三岁，爸爸说，如果当年不是大伯主动让出机会，回到家里帮忙干活、挣钱，他又怎么可能有机会继续读书呢？大伯母比爸爸小两岁，她虽是爷爷奶奶收养的孩子，但他们仨从小一起长大，感情好得很……“他们两个都早早辍学，帮助你爷爷奶奶撑起了一个家，并且供我上学。那些年月里，如果没有他们，我又怎么走得出大山……”那天爸爸说了很多我并不知道的往事，有些苍凉，却也很感人。兄弟姐妹间的情感那么真挚，听得我泪盈满眶。“一夜间，他们四个人就与我们阴阳相隔了，我没有了父母，没有了哥哥妹妹，这个事实，我怎么都接受不了。在家里，翻看那些已经泛黄的旧照片时，我都恍然如梦。婷婷，你能明白我的想法吗？我知道菲菲来家里后，你的变化。你的努力我也看在眼里，但你把输赢看得太重了。你大伯原来的成绩就比我好，他辍学回家，只因为他是兄长，他要让我。想想菲菲的经历，想想这世间事，不都是一场梦吗？唯有爱和亲情才是最重要的……”爸爸平静地述说，他的表情寂寂的。在他发出一声轻叹时，我才注意到，他早已泪流满面了。

我心里波澜起伏，猛烈地撞击着。爸爸说：“世事无常，谁知道会如何结束，但活着时，要好好爱身边的人，特别是我们的亲人，谁知道能同行多久呢？”

我为自己狭隘的嫉妒心汗颜，郁结已久的怨气豁然飘散。在爸爸的开导下，我决定重新审视自己，也重新看待那个和我长得很像的堂姐杜菲菲。

我们是姐妹，也是竞争对手。

“抽风”少年怎样变追风少年

□夏雨

在我的青春期，有两件事让我的人生发生了非常大的改变：一个是滑板，再一个是《阳光灿烂的日子》。

1993年夏天，我爸把我带到了北京，对我说：“一个剧组正在招演员，那位导演想见见你，那导演叫姜文。”

姜文问：“你多大了？”我说：“十六岁。”“平常很喜欢运动啊？”“对啊！我每天都滑滑板。”然后姜文说：“嗯。不错！小伙子！”

就这么简单，我留在剧组里了。有一次，我听到副导演跟导演说：“我发现那夏雨有点儿不太行啊……”我当时心里一下就很受打击。直到有一天，有一场下雨的戏。当时是十一月份，姜文导演还给我一瓶二锅头，问我：“你要不要喝点儿二锅头？”我说：“不用不用不用！我这年轻力壮的！没事儿！”

然后“哗——”这雨下来了，我就“啊——”走进去了。我说怎么这么冷啊？然后我回头把导演那瓶二锅头给干了。当时我的台词就是“米兰”这两个字。我就想“米兰，米兰”赶紧喊完了，导演赶紧喊停吧。结果喊了半天导演还不喊停，实在冻得不行了，就开始“米兰，米兰”地狂喊。喊了有十几声，终于雨停了。我当时还看到姜文导演冲我赞许地点了一下头。自那场戏以后，我一下就信心倍增，然后就觉得我可以的，我玩滑板都可以，我为什么不能演戏呢？所以一定不要往前看，看得太远，这东西真的是很难很难抓的，就往下看，真的。

拍完《阳光灿烂的日子》后，面临高中毕业，姜文导演那时候说：“要不你就考中戏吧。”中戏上学时大家都来看我的汇报演出，结果等我上台以后，腿就开始软了，然后就开始忘词，所以那个时候就导致了一些更多的负面的声音出来——啊，夏雨呀，夏雨就那么回事儿，演出还紧张！还那什么……

我当时想，我必须得做出个样子给你们看看！到了大三的时候，我总结了之前的经验教训，之前太过于在乎自己，太在乎别人怎么看我，所以我的注意力全都被分散了。那现在呢？我要做一件事儿，就是专心把表演做好，大三的时候，我的表演课成绩全部到了九十分以上。

很多人觉得我现在有点儿不务正业，又是滑雪，又是去练魔术。其实对于我来说，就是因为不知道哪天这些东西就会派上用场，回过头来想想，我为什么会上《阳光灿烂的日子》这部戏？我觉得与滑滑板是有很大的关系的，如果不是我当时在滑滑板，如果我不是当时晒得黑黝黝的，然后带着小肌肉去见的姜文，就不会有机会。

反正很多事情就是，当你准备了的时候它就来了，好像自然而然你就能做了，当你没准备的时候呢，它来了可能你也做不了，就是这样。反正在没来之前，我就先做让自己开心的事儿，让我自己开心，如果你太奔着自己想要去的那个目标去努力的话，你就不知道你到底错过了多少风景，所以我就想，开心其实是最重要的。

第一的怪逻辑

□马德

我有一个学生，姓焦，叫焦铁，考试成绩常常第一，人称"铁第一"。进入高三后，因心理波动，他的"头把交椅"被人抢了，几次考试都屈居第二，焦铁心情大坏。尽管老师们都劝慰他，但他一时半会儿还是调整不过来。为此，他专门请了一段时间的假，回家休整。

老师们都很担心，毕竟高考在即。然而，没过多长时间，他回来了，紧蹙的双眉解开了，气色也好多了，再也没有了之前的焦躁和不安。

他吃了什么灵丹妙药？大家都很好奇。有一天，我喊住他，七绕八绕还是绕到了这个问题上。焦铁一听，笑了，前言不搭后语地来了一句："我爸爸挺好玩。"

好玩？这是演的哪出戏？见我越发纳闷了，焦铁赶紧给我解释："有一天，我爸爸给了我一组数字：唐三人，宋六人，金一人，元一人，明两人，清两人。老师，你知道这是什么吗？我当时就蒙了。"

我也立即蒙了。"这是什么意思？"我不等焦铁问我，急着反问。"嗯，是这样的，这是从隋朝科举考试开始，一直到清朝末年，每个朝代'三元及第'的人数。"焦铁说。

"哦，'三元及第'我知道，就是从乡试开始，到会试，再到殿试结束，每次考试都拿第一的人。"

"他啊，别有深意。"焦铁说，"那些天，他每天撅着屁股在网上查资料，就这个高小毕业的男人，竟然给我整出这么一套来。我爸爸跟我说：'你看从隋朝到清末，1300多年，只出了十五个连续考第一的人！'"

突然间，我对焦铁的父亲也肃然起敬。"我爸爸说，大清朝有两个'三元及第'的人，分别是钱棨、陈继昌。按说，他们离我们这个时代最近，可又有谁知道他们的名字呢？据此，父亲得出两个结论：一、连续考第一，自古至今，绝非易事；二、'三元及第'的人，即使显赫一时，如果未给社会留下什么有价值的东西，也就很快湮没在历史中了，又能有什么意义呢？"焦铁说到这里，前额亮晶晶的，"老师，你知道吗？他的这本古人账刚算完，我便豁然开朗，笼罩在心头多少天的阴云，一下子就散了。"

那天，焦铁又说了许多。我的脑海里，一直在勾勒着他父亲的形象。那么多话语中，他父亲后来说的一句话，我常常咀嚼："其实，人生最好活的地方，是那个瞧得见、够得着第一，却永远不去走近的位置。"

打烂我的屁股也要说“不”

□陈亦权

爱德华·桑代克是20世纪美国最著名的天才心理学家之一。桑代克小时候生活在马萨诸塞州的一个普通工人家庭，他的父母经常忙得没有时间照顾他。或许因为长期独处的缘故，桑代克从小就形成了独立思考的习惯。

1884年，10岁的桑代克已经是一名三年级的小学生。有一次上课时，一只小鸟停在教室的窗台上，叽叽喳喳叫个不停。他的老师拿起一个粉笔头朝它掷了过去，把小鸟赶跑了。桑代克觉得这只小鸟一定受到了惊吓，就举手对老师说：“老师，你把它吓坏了！它在这一天里都会心情不好的！”

老师不屑地看了他一眼说：“它只是一只小鸟，哪来的心情？你以为它和人类一样也有丰富的心理活动吗？”话音落下，全班同学大声地笑了起来，桑代克却用更加坚定的口吻对老师说：“老师，我觉得你是错的。我认为动物也有心理活动，它们的每一个行为应该都是心理活动的体现！”

老师有些生气了，大声地对桑代克说：“那不是心理活动，那只是动物的本能；它们的行为也不是思考的结果，而是本能的反应。如果你再纠缠不休，我会毫不犹豫地打你的屁股！”

倔强的桑代克不仅没有被老师吓倒，反而挺了挺胸膛说：“就算打烂我的屁股，我也不赞同你的看法！”

这句话让老师彻底发怒了，他拿起教鞭就往桑代克的屁股上打了好几下，然后警告他说：“你有本事就拿出证据来证明你是对的，否则你就闭嘴！”桑代克闭嘴了，但他并没有改变自己的想法。此后，桑代克更加用功读书，立志有一天一定要证明自己的想法是正确的。

1893年，桑代克考入康涅狄格州的卫斯理大学。在大学里，他做了大量的动物心理实验和研究，其中最著名的就是“鸡的直觉及智力行为”和“饿猫学习逃出笼子”，这两个研究课题使他获得了该校50年以来的最高成绩。

桑代克是这样进行“饿猫实验”的：先将一只饥饿的猫禁闭于笼子之内。这只笼子可以用抓绳或按钮等3种不同的方式打开。饿猫第一次被关进笼子时，盲目地乱撞乱叫，东抓西咬，经过一段时间后，它偶然间打开了笼子，逃了出去。随后，桑代克重新将它关入笼内，经过反复实验，桑代克发现那只猫逃出笼子所用的时间越来越短，直到最后它能够很迅速地打开笼子逃生。

桑代克认为这是猫在进行“尝试错误”的学习，他以此总结出动物从“试误”到“偶成”再到“成功”的联结概念。为了求证自己的观点，桑代克还对鱼、鸡、狗、鸭子等动物做了更多的迷路圈、迷箱和迷笼脱困等实验，结果无不证实他的理论是正确的，而且动物在经验的获取过程中，情绪都会出现很大的反差，先是“平静”，再是“急躁”，然后会“暴躁”，在成功脱困以后，它们都会表现得非常“喜悦”，最后又回归到“平静”的心情。

桑代克以“联结主义经验论”为基础，写出了多部著作，并有数百篇论文，其中代表著作《动物心理学》和《动物智慧》更是轰动全球心理学界，由此，他成为动物心理学的开创者和联结主义心理学体系的创始人，被称为“天才心理学家”，并在1912年和1917年分别当选为美国心理学会主席和美国国家科学院院士。直到今天，桑代克的动物心理学和联结主义心理体系依旧是人们进行动物研究和保护的重要参考与依据。

对于“天才”这个称谓，晚年的桑代克曾在自传中这样写道：“我并不是一个天才，我只是小时候对老师说过这样一句话——就算打烂我的屁股，我也不赞同你的看法。我想如果每个人都敢于挑战和质疑权威，或许每个人都有可能成为天才！”

那些事儿，你知道吗？

人类面对的信息越多，选择结果越差

美国得克萨斯大学研究人员表示，人们通常认为，掌握的相关信息越多，做出的决策就越好。新研究却得出了相反的结论，研究人员要求参试者对电脑程序提供的250道题进行解答，并计算其累积得分。一部分人提前知道题目的数量和选项，一部分人不知道任何信息。结果发现，那些知道信息越多的人，得分越低。这说明，选择时，信息太多反而可能影响人们做出正确的决定。

不做全A生

□郭瑞祥

“老师，您可以帮我写推荐信吗？这是我过去七个学期的成绩单。”最近一位大四女同学来看我，希望我能为她撰写申请研究所的推荐信。

看了她的成绩，我吓一跳，从大一到大四的过去七个学期，她每学期都是书卷奖得主！在卧虎藏龙、会念书的学生比比皆是的台大校园，这并不容易，可见她多么用功！

但我一开口，却是泼了她一头冷水：“同学，你能不能不要继续拿第一名？”“为什么？追求好成绩有什么不对吗？要申请国外的好学校念硕士、博士，难道不应该有好成绩吗？”面对她不解的神情，我请她在研究室坐下来：“让我花一点儿时间，说个故事给你听好吗？”

曾经，有一个高中念建中、大学读台大，在别人眼中考起试来一帆风顺的台湾年轻人，在长期不懈努力下，终于如愿以偿来到美国麻省理工学院，攻读硕士与博士。当时，在他心中，“成功”的人生像一条有轨迹可寻的直线，从麻省理工以漂亮成绩毕业，等于拿到“成功”的第一块敲门砖。

他告诉自己：“我来美国可是来读书不是来玩的，好好拼功课吧！”这个台湾学子，从小念理工科，爱运动，爱念书，但对于美国的流行文化、同学间多彩多姿的社交生活，格格不入、甚至手足无措。于是他一心向学，果然，念硕士的两年与博士第一年，每一个科目都拿下漂亮的A！

在麻省理工，A就是最高的分数了，科科都拿A，真是不容易的好成绩。

他内心不免小小骄傲，颇以自己为荣，也一直以为，自己的指导教授一定也为他高兴，毕竟置身于一群天才学生中，他的好成绩堪称“第一名”呢。

全A成绩，终于碰到大铁板了。有一门陌生却又必修的重要课程，他上了几个月后，内心有数，成绩大概不会太理想，虽然及格绝对没问题，但A恐怕拿不到了。这个“好学生”干脆壮士断腕，期末考前，毅然退选这门课，避免成绩单出现B的“恐怖”危机。

很多美国同学不理解，老师更觉得奇怪，学分费交了，也认真上了几个月，为什么他要退选？只为了避免成绩单不好看？这个理由对美国人来说，太不可思议了！来年，他再度挑战这门必修课，一路稳扎稳打，加倍用心，但期末成绩出炉后，他，竟拿到了第一个不是A的成绩！之前的退选，无异于浪费时间与金钱。

沮丧的他，有点儿难为情地去见了美国指导教授，甚至，带着歉意去的。然而，指导教授却十分开心地恭喜他！恭喜他没拿到A！教授语重心长地说：“我真是太替你开心了！你从今日起，再也不必为拿A、拿高分而念书，你总算可以放胆，去做更重要、更有价值的事情了！”

“那，什么才是更重要更有价值的事？”教授笑着回答：“去犯错与创新吧！借着课本教你的基础，然后去有计划地犯错、尝试创新。这才是有价值的！”

台湾小子如被当头棒喝般醒悟：什么才是追求知识的本质？站在前人的肩膀上，不断寻求突破，继续为下一代累积新知，以创新能力造福人类社会，才是知识的本质。好吃的蛋糕是本质；而好成绩，只是装饰的美丽奶油花朵罢了。

我，就是那上面故事里的主角、曾经认错方向的台湾小子。

当我被指导教授点出求学观念上的根本错误后，其实是非常受用的。在此之前，我把所有的精神力气都放在完成作业、求取高分上，而只拿一分的余力用以做研究。

但后来，我大幅度更改比例，变成了两成力气做功课，八成心思做新研究。研究的过程，其实是一个无底洞，回报会比较慢，不像考试成绩马上就出来，但这才是真正的学习过程，而且虽然回报慢，收获却是扎扎实实、属于自己的，不是考完试就一半还给老师的表面好成绩。可以说：那个锥心刺骨的B，释放我长久以来读书是为了追求漂亮成绩的功利迷思，转向追求真正的学习本质。

观念一改变，学习反而突飞猛进。大多数人要念六年方能结束的博士班，我四年就毕业了。

回到台湾教书后，这些年来，我对当时的心情又有一层新的体悟。当年我对科科A的追求，除了从小相信认真念书就是为了追求好成绩的迷思，背后，更深的原因是“怕输”。

怕输、怕没面子的心理框架，一直到现在，仍然在很多个体、甚至很多企业发展上看到，形成一种保守的文化，妨碍创新的尝试。

脑后挨闷棍 男子变身数学天才

据新华社报道，美国男子贾森·帕吉特12年前遇袭，脑后挨了一闷棍，醒来后突然展现数学天赋。帕吉特现年43岁，转折点出现在2002年9月13日夜间。当时，他走出一家酒吧。两名男子从他背后偷袭，他头部挨了一闷棍，神志不清，交出夹克后才得以脱身。第二天醒来，帕吉特走进浴室，觉得眼前的世界完全变了样，“水流变成一条条垂直的线”。随后，帕吉特开始痴迷于家中所有的线条。他不再上班，投入全部时间和精力研究数学、物理和几何学。功能性磁共振成像技术扫描结果显示，帕吉特的左脑非常活跃，尤其是左侧顶叶，这一部位主要负责进行逻辑思维、理性思维和线性思维。那一闷棍似乎改变了帕吉特的脑部结构，使他变成了数学天才。

不善运动的我

□［美］陈楷雯　王存英 译

凯伦是一个成绩优秀的女孩。老师和同学总是喜欢用“完美”来形容她，她也总是用苛刻的标准要求自己。然而，体育运动成了她的短板，这让习惯表现“完美”的她倍加困惑。于是她开始反思所谓“完美”的自己：一个人，过于追求“完美”，真的是一件好事吗？

我上体育课已经八年了，换过很多的项目，跟过不同的老师，但伴随课堂的畏惧感始终相同。年复一年，我长高了一点儿，也变聪明了一点儿，然而体育一直没有长进。我常常在想，以我名义上课的那个女孩不是我，因为她一点儿也不像我所期望和想象中的自己。尽管如此，真相却是——她具有我回忆里所有的失败与恐惧，所以她就是我，没错！虽然她正是我极力想要掩藏的那个自己。我看到她孤零零垂头丧气地站在角落里，离班里那些已经被选入运动队的同学远远的。恍然间，她仿佛变为蚂蚁，蜷缩在宽大的运动服里。

我问自己为什么这么多年来，还是无法对自己可怜的运动能力释然？为什么即使我学有所长，它还是“阴魂不散”？我所能想到的就是排斥感，哪怕只有一点点，依然是排斥感。每次我被迫参加一个活动，当其他人的运动技能备受瞩目时，我就突然厌恶自己的不善运动。我像一个婴儿一样，迟钝、不协调：不会投篮，不会守门，又跑不快。

大约一年前，我踢足球。由于38℃的高温，每个人都要轮流坐到场外去休息，但是因为大家热情高涨都想玩，所以，几轮下来没有人愿意离场。队里的一个男孩看到我在足球场上糟糕的表现后，冲我喊道：“那女的，出去坐着吧！”

我往后一退，脸色铁青地回敬道：“我没事！”

但那一刻，男孩瞥了我一眼，突然间我看到了他眼中的那一幕：一个女孩，在追球时速度比其他人都慢，杵在球场边，想要逃跑。我所有的骄傲烟消云散，那恼人的、与我可怜的运动能力如影随形的“自知之明”向我袭来——就像回到了一年级。我只能盯着球场，不去理会那正在蚕食我的厌恶感。

然而七年级的一个下午，我的同班同学夸赞我：“你的成绩那么好，什么事也难不倒你！”“你怎么这么出色？”我嘴边自动蹦出的第一句话就是“我的体育很糟糕”，这一点谁都不可否认，因为大家看到我在体育课上的表现了。

当“完美”这个不招人喜欢的词在我耳边响起时，所有关于我缺乏手眼协调能力的不安全感，都化成了一粒尘埃。

几乎只要我运动表现不好，同学和家长都会对我说“完美”。每当这种情况发生时，我本能地“倾倒”出能想到的自身缺点，然后这样吐槽：“我从来搞不懂社会课材料，科学老师讲的是意大利语吧，我连气球都不会吹。”我缩到自己的“缺点”背后，试图逃离自己的“完美”。有人认为这是因为我想保持谦虚。有一定的道理，但原因多半对我来说，保持完美就像是高居他人之上，所有的人都注视着你，诅咒你永远孤独。从某种意义上来说，这甚至比不善运动更糟糕。完美让我想起了一尊僵硬的大理石雕像，装饰美丽，肌体冰冷，眼神冷酷。这种联想使我口中感到酸涩。我不想让人们把我当作完美的雕像，我需要人们认识到我有缺点，我犯错也没什么稀奇。

因此，那个下午，当我喋喋不休地解释为何自己完全无法参加羽毛球队、也不会打排球时，我感觉我脑海里僵硬的大理石雕像和“完美的形象”一起慢慢崩塌。当我漫无目的地诉说时，我的肩膀感到轻松了好多；承认我的不完美，让我感到如此自由，如此真实。虽然我笨拙又迟钝，但内心的轻松让我变得灵活、强大——不知怎么的，我犯错误的事实给我带来了力量。我是一个有血有肉的人，不是冷酷的雕像。我的优势、缺陷、多面的性格和脆弱，共同构成了鲜活又立体的“我”。

我会继续努力提高运动能力。目前，我可以接受不善运动的自己，它是我的一部分。虽然它让我丢脸，让我怀疑自己，但它也是一面盾牌，防止“完美”将我孤立，使我沦陷。我已经认识到：不应该花上一辈子的时间为它感到羞愧，因为它仅仅是我的一个方面。它成就了今天的我，并留给我提升的空间，最重要的是，它将永远只是我身份的一个片段，但不会决定我的身份。我是华裔美国人，聪明、热爱艺术、热情、笨拙、懒惰、爱做梦、情绪化。是的，我不擅长运动，但除此之外，我是凯伦，这就足够了。

贫困生，我一生最高的荣誉

□杨康

14年前，我在陕南一个偏僻的小镇读初中。新学期开学报到的最后一天，我循着路标，蹑手蹑脚地走进一间办公室。办公桌旁坐着一个穿戴时髦的女人，空气中还散发着淡淡的香水味。刚进门的前几分钟，我僵住了，因为我的窘迫。

我呆立在原地。倒是她先开了口："你有什么事吗？""我来报到。"我的嘴里再也不能多挤出一个字。"哦，姓名。"她的回答也简略。"杨康。"我不敢抬头看她。她先是停顿了几秒，然后说："学杂费和书本费一共150元。"我依然站在那里不动。她又重复了一遍。我努力把头抬起来，憋红了脸说："我没钱。"

在我说话的瞬间，我悄悄地看了她一眼，她年轻美丽的脸上眉头微微皱起。我羞愧极了。又是几秒后，她说："你先在边上站着。下一个！"我如雕塑般站在那里，头埋得很低。我只看到眼前大大小小的脚来了又去，几乎每一双脚上都穿着新鞋子。耳边是大人和她的寒暄，是孩子的问好声，是她的表扬声……

不知道过了多久，也不知道那个时候我的脑袋里都想些什么，我只听见她说："杨康，你过来一下。"我挪动着有些麻木的腿脚，靠近她的办公桌。她给我一个凳子说："你坐下吧。"紧接着说："没钱，那你的这些费用怎么办？""先欠着。"我没有坐，也没有抬头，嘴里吐出这几个字。我清晰地记得，当时我的脸上是有泪水滑过的。过了片刻，她才说："哦。那先去教室吧，你的学号是2号。"待她给我拿了新书，我就匆匆离开了，头一直没抬。

她是我的班主任。我从小生活在农村，连这个离家只有几十公里的小镇都没来过几次。第一次见到一些陌生的人和物，自然很紧张。其实内心真正紧张的原因，是因为我家贫困。由于家庭的多次变故，我的生活过得极其狼狈，而当时我最大的困难就是交不起学杂费。尽管家里想尽一切办法，还是没凑够那100多元的学杂费。我离开家的时候，只对父亲说："没事儿。我先去给老师说欠一段时间，等你挣到钱了，我再交。"

在很长的一段时间里，我都埋着头。我相信知识改变命运，尽管那时我对命运的理解尚浅，但我知道多学点儿知识总是有用的。虽然生活困窘，可我的内心十分平静。记得上课时，我的目光死死地盯住黑板，认真听老师讲课。阳光照在黑板上，老师工整的板书在阳光的照射下显得格外苍劲有力，常常给我带来激动。每晚下课后，躺在集体宿舍的床上，我的脑袋里像放电影一样，回忆起老师所讲的知识。

第一学期期末考试的时候，我的总成绩在班级里排第一。当我把父亲从远方打工挣来的钱拿给班主任的时候，她只是轻轻地把我拿钱的手推了回来。她说："你的学杂费，我已经向学校申请，给你减免了一部分，剩下的我帮你交了，你的钱就留着自己用吧。"我很用力地从嘴里挤出4个字："谢谢老师！"

正是因为学校减免了我的部分学杂费，我成了大家公认的贫困生。以后的每个学期，我的部分学杂费都是学校减免的。刚开始我很难接受"贫困生"这个称谓，这3个字让我很自卑。后来班主任就把我叫到办公室谈心，她说："贫困是可以改变的，方法只有一种，那就是不断超越自己。"

她的话很简短，但是给我的触动很大。我开始改变自己最初对贫困生的看法，我知道，越是贫困我就越要努力，而不是顾影自怜。当我调整好心态以后，"贫困生"这3个字不再使我感到自卑，而是一种促使我前进的动力。

严歌苓：考场心电图

□严歌苓

我这辈子怕的事比不怕的多。怕打针，怕进理发店，怕牙医的椅子，最怕的却是考试。幸而“文革”在我上一年级时开始了，考试是被“革”掉的众多内容之一。学生们事先把答案用黑笔写在黑漆桌面上，考试时朝桌面哈哈气，字迹便显出来，然后抄到考卷上去。老师这时只去看天花板，看窗外，或者看他心境中一个抽象的远方，绝不来看我们，绝看不见我们这时的“为非作歹”。不然怎么办？这时师生一对视，大家不都得窘死？那年头老师又惹不起学生，全是“小将”，一声叱咤，“打倒孔孟之道、师道尊严”，老师第二天就得下讲台扫厕所去。

因此，我回到家里仍是什么也不会。爸爸那时天天被罚做苦力，被罚在人前念经一样念：“我有罪，我该死。”但在家里却还做他的老子，他把在人前收起的威风尊严在我面前抖出来了。

“给我算这些题！”

我说：“啊？”

“考你啊——一元一次方程式都搞不清，你还有脸做学生！”

我脑子里跑飞机一样轰轰的，看着一纸习题。我想爸爸这辈子在为人处世上的考试怎么也及格不了。他若肯省些事，少些顶真，像我的老师们那样，我们全家也能少跟他受些作践。他回回念“我有罪”，原来也像我们抄答案，抄过就抄过了，根本就没往心里放，但求得过且过。在我看，他在政治上、社会上，在人际关系上，一向交白卷，从来没被考出半点儿长进。我在爸爸出的考卷上填了些数字。

爸爸将卷子端到脸前，立刻抄起一支笔在上面通天贯地打了个大“×”。劲儿之足，像是左右开弓给它两个大耳光。

“你给我当心点儿，别以为在学校混混，就完了，下回我还要像今天这样考你的！”

也许就怕他那个“下回”，我就此在无考试的年代怕透了考试。“文革”结束后，1977年，国家恢复了高考。我偷偷准备功课，想考电影学院或戏剧学院。干吗“偷偷”呢？主要是瞒着爸爸。若考得太臭，爸爸虽不至于再在我的考卷上“扇耳光”，至少在心目中会把对我的希望两笔画掉了。在他受苦受辱的生命中，我不是作为我活着，而是作为他活的希望而活着。我是不可以辞去“希望”这角色的。他会与人半痴半癫地谈到我如何天才，如何近乎“七步成诗”，如何大器而不晚成。我是偷偷写作、偷偷发表了作品得了奖的。我一直是偷偷的，我怕作品及不上他的希望。他大致知道我在干什么，大致知道我在文学界混得还有个眉目。因为他有一天突然说：“凭你的作品，为什么不去考考学校？比如考考编剧系、文学系什么的？”

“我？我不考。”见他眼一鼓，像憋住一口话，我抢先说，“有什么考头？哪个作家是考出来的？”

爸爸鼓起的眼平息下去，研究了一会儿我的理论，说：“你想得这么开就真别去考了。”

我真的就没去考。儿时他给我的“噼啪”那两下子，两张封条似的把我对考试的信心、正常精神状态全封死在里面了。人或多或少有些忧郁症。对许多东西有道理没道理的恐惧是我的忧郁症。我不能想象考试前没完没了机械地背这背那，走进考场听监考人宣布不允许这不允许那。再就是考完后的等待，在那种等待中，人还会有胃口有睡眠吗？最怕最怕的自然仍是爸爸的反应。看透了他的这个“希望”，他在自己生存的考卷上就看到了一项彻底的失误。“文革”过去，他仍是颇失败地与社会、与人相处，他仍是永无起色的天真和诚挚。他半明白半混沌地让人在他身上开发利用他的才华学识；当我看见一个“文霸”以合作为名，不劳而获地用爸爸的心血在名望上步步登高，我惨笑：爸爸此生这张巨大无形的考卷哟！

我不去考，也就考不败，爸爸不顺心的一辈子，就仍存在一个希望。

而在美国是躲不过考试的。托福、GRE（美国研究生入学考试）、“资格考”，你还没从这考场的椅子起来，那场考试又把你压下去。美国孬的好的大学都是机械化，只认得考卷上的数码，不认天才成就。我想取巧，便跟学校负责录取的办公室打了个电话。

“我想和系主任谈一次话！”

“你的文件中缺两份考试结果！”

“我可以跟系主任约个时间吗？”

“当然可以，等你两个考分出来之后！”

“不，我想尽快跟他谈！”

“好极了，那你尽快参加两项考试！”

我只得去考。考前一周我心里老出现《葬礼进行曲》。在这首进行曲当中，我想到爸爸那蹉跎的一生。还想到万一考不好，我的奖学金就会落空，房钱饭钱以及继续读语言学校的钱都从哪儿来？有人偏在这时告诉我：“头科考不好，以后考会更难！”终于坐在考场上时，我忽然感到将衬衫扎在裤腰里是个错误，极不舒适；而清早大吃一顿也是不明智的，中间会去上厕所。睡眠不足，使整个考试过程成了一场噩梦。考试中有个女生昏倒了，好在不是我。

我知道我考得一塌糊涂。

就在考完的当天晚上，电话铃响了，却是爸爸。“你明天要考试啦！好好考，别怕！你一向怕考试，真是莫名其妙！考试有什么怕头？”他嘻嘻哈哈地啰唆道。

爸爸记错了日子。幸亏他记错，不然要真在考前接他这么个电话，昏在考场上的八成是我了。真想对他喊：“爸爸你干什么？嫌压力没压得我自杀？”不过他电话打晚了，现在我是任剐任割，死猪不怕开水烫了。

“好好考！”爸爸在大洋那头看不见我发绿的脸。“再说，考得好坏有什么关系？没关系！放心去考！所有学校都不要你，爸爸要你啊！”

我一时不知说什么，一股辛酸滚热的泪水直冲我的两只眼而去。

交往安全

交友有原则，相处很简单

意林剧场

在最美的时光遇见你——《阳光姐妹淘》

二十五年前，高中生任娜美（沈恩京 饰）一家从全罗道搬到首尔，娜美入读真德女子高中，因方言浓重怯于开口的娜美幸运地得到了同班大姐头夏春花（姜索拉 饰）的维护，并与围绕在夏春花周围的执着于双眼皮的金玫瑰、满嘴脏话的黄珍熙、梦想成为作家的徐金玉、要成为韩国小姐的俞福姬以及沉默傲慢的美人郑秀智等五人结识。在一次和不良少女团对决之后，春花和娜美等七人组成了“Sunny（阳光）”团体……

经典台词

我们那些一起经历的时光、做过的梦，在我们长大成人之后，会不会变了样子？你现在过得还好吗？如果过得不好的话，我可不会饶了你。

有一些人，他们赤脚在你生命中走过，眉眼带笑，不短暂，也不漫长。却足以让你体会幸福，领略痛楚，回忆一生。

如何克服“悦他”症

□佚名

你总是讨好他人吗？悦他，并不能悦人悦己。

“悦他”，顾名思义，就是在人际交往中一味放低自己的需求，对他人的要求一味满足；甚至在明知自身不能完成的情况下，都不敢拒绝他人的要求。

现实生活中，“悦他者”不在少数。他们事事都想着让别人满意，对于他人的要求全部予以接受，而不管自己是否真的乐意去做。

“悦他”真能取悦人吗

令人遗憾的是，“悦他”并不能真正取悦他人，更不能“悦己”。因为在良好的人际关系中，交往双方要处在相对平等的位置上。如果一方长期处于低等位置，那么势必会造成交往的不平衡，进而导致低等位置一方依附于高等位置一方。而依附一方在长期的依附过程中，会逐渐失去人格的独立性及交往权利的平等性。总之，为了取得他人的认同和肯定，而不顾及自身感受或刻意放低自身位置，结果不但不能获得真正的亲情、友情、爱情，反而会加速其灭亡。

为何有人喜好“悦他”

从心理学角度来看，“悦他”的原因之一可能源于个体深深的不安全感和担忧被疏远、被抛弃的焦虑感。这有可能源于幼儿和童年时期，导致成年以后出现“悦他”的人际交往模式。还有一种原因，可能是在他最初与某个人进行交往时遭受了挫折，只能以这种讨好的方式获得此人的友谊，形成了不良的人际交往模式，而且没能及时纠正。

如何克服“悦他症”

之一：保持平等的人际交往

人际交往中，并不是一味满足别人的要求就可以获得友谊。那样反而可能导致他人对你“悦他”行为的滥用，觉得你的帮助能轻易获得，并且非常廉价，从而并不珍惜你给予他的这些。心理学研究表明，人与人之间的交往本质上是一个社会交换的过程，个体只有在付出和获得成正比的时候，才会更加珍惜那些所得；如果付出很少的代价就有收获，那么个体会倾向于不那么珍惜它，因为他觉得自己并没有付出代价，就算失去也不会有多大损失。

之二：保持自身人格独立性

不要总是依附于他人（包括物质依附和精神依附），要有自身人格独立性。人格独立时，才有力量肯定和保护自己。另外，要学会尊重自己的感受，只有这样，他人也才会尊重你的感受。

之三：拒绝他人不合理的要求

在他人提出要求时，一定要看其是否合理，并考虑自己是否愿意并有能力去提供帮助。如果这三个条件都能达到，可以伸出援手；如果其中任意一条无法满足，就可委婉谢绝他人的求助。拒绝他人时也要讲究一定的技巧，可以多学些这类的技巧。

之四：从独处中获得快乐

一个成熟的人应学会在独处时不感到孤独。要摆脱“悦他”的行为，就意味着生活乐趣等不能全部来自他人，而是来自你自己。因此，要提升独处的能力，多培养兴趣爱好，比如阅读，欣赏能调节心境情绪的心灵音乐，还有运动散步旅游等。这些爱好能让你提升自己的生活质量，学会自我肯定，并在独处时获得快乐。

『呵呵』为何如此伤人

□武志红

“呵呵”，这两个字，被一个网络调查评为“2013年度最伤人聊天词汇”。“哦”，则在另一个类似网络调查中摘得“桂冠”。

“呵呵”与“哦”等类似词汇，为何会如此伤人？因为，它们不是一个真正的回应。而你如何回应别人向你发出的声音？这是基本的沟通能力。

很多成年人感觉到，若对方没有回应或不及时回应，自己的情绪会产生巨大波动。幼小的孩子更是如此。所以，许多客体关系心理学家们都讲到一点：对幼童来说，无回应之地即是绝境。并且，幼童获得回应的数量和质量，将决定他未来的沟通能力。

弗洛伊德的著作《性学三论》中讲到一个故事：一个3岁男孩在一间黑屋子里大叫：“阿姨，和我说话！我害怕，这里太黑了。”阿姨回应说：“那样做有什么用？你又看不到我。”男孩回答：“没关系，有人说话就带来了光。”

没有回应，就是黑暗；有回应，就有了光。

不仅要回应，而且回应要及时。最新研究发现，若婴儿向妈妈发出信号，而妈妈能在7秒内给出准确回应，婴儿就没有受挫感。若超过7秒，受挫感就会滋生。若总是受挫，甚至总是彻底受挫——妈妈基本不回应，那么，婴儿就会减少甚至再也不向妈妈发出呼应。严重的“宅”人，极可能都有这样的成长背景。

这样说，可能会让人感觉到很大压力。其实，准确回应并不是特别难。一个网友讲到她的故事：儿子和外婆玩，我就去洗脸。他疯得很高兴，突然跑来说：“妈妈，妈妈。”我对他说：“嗯，妈妈在洗脸。”我突然意识到他是想告诉我他很高兴。我说：“你是不是很高兴啊？”他“嗯”了一下就自己跑开了。很多哲学家表达过这一观点：你存在，所以我存在。放到这个故事中，其意思即，妈妈回应了孩子的感受，孩子的感受在那一刻被确认了，于是存在了。

那些事儿，你知道吗？

朋友之间十大禁语

□舒畅

我是可怜你，才跟你交朋友的！

小心我把你的秘密泄露出去！

就当我从来没有你这个朋友！

想超过我，做梦去吧！

我再也不相信你了！

你每次都拖我的后腿！

你只是我的陪衬！

我就不应该指望你！

跟你做朋友，真是倒霉！

我没兴趣听你那些烂事儿！

蔡康永：话多就会失效

□蔡康永

中文成语里面，形容口才好的人，常常用“口若悬河”“滔滔不绝”这类字眼。

我觉得错了，这些字眼只能说明这个人“话多”，“话多”当然不等于“口才好”。更多的时候，“话多”等于“口才差”“讨人厌”。

古时候，有个皇帝问他的御厨：“什么东西最好吃？”御厨回答：“启禀皇上，‘饿’最好吃。”

皇上听了，先是一愣，然后欣然领会，笑着赏赐了御厨。

你一定像这个皇帝一样，有过饿得半死时猛吞一碗泡面，觉得泡面其香无比的体验。等到下次半饱之时，如果勉强吃同一牌子的泡面，就会觉得那泡面味道很不怎么样。对于食物，我们的“食量”有限，肚子一旦被塞满，就不觉得食物美味了。同样，对于别人说的话，我们也“食量”有限，遇到滔滔不绝的人，用一堆废话把我们塞到撑，那么不管接下来对方说出何等金玉良言，我们也是听不进去了。

有不少妈妈被小孩子嫌“唠叨”“碎碎念”，结果妈妈提醒的金玉良言都被小孩当耳边风。等到真的发生了不好的事，妈妈免不了再补上一句：“你看！我不是早就跟你说过了吗？”这时小孩一定火气更大——自己已经跌了个狗啃泥，还要被老妈在后脑补踩一脚，当然火大！

对于这些妈妈，我也只好提醒：话多就会失效！如果你就是忍不住凡事都叮咛三四遍，那我的建议是：你起码和孩子定下一个“最高等级”的约定。比方说，真正严重的、一定要听进去的事，由妈妈写字条放在孩子书桌台灯的灯座上。妈妈可以让孩子知道，以这个形式出现的叮咛严重程度最高，但一个季度别超过一次，就像电影里狄仁杰拿着先皇御赐的铁锏去规劝武则天这种事，千万只能偶而为之，多做就失效！

忍不住唠叨的主管们也最好能斟酌并区分自己话语的轻重缓急，真正严重的事以短信或电子邮件简明扼要地交代，并请对方回复确认收到，留下白纸黑字的证据。至于嘴上控制不住的那些废话连篇，最好是默许这些废话得到废气般的待遇，任由同事左耳进、右耳出吧！

如果不想让自己长篇大论半天，到头来仍被忽视，那就先在头脑中把想法整理好，再简明并郑重地告知对方，别再被“口若悬河”“滔滔不绝”这样的成语误导了。别让自己的话掉了一地也没人接，变得不值钱。

 我一点儿都不想成为别人。不要做第二个谁，要做第一个自己。——李宇春

别把脸皮厚不当基本功

□孙建勇

刚入电影圈时，他脸皮特厚。那天，在拍一个富有喜感的片段时，导演要求他表演得尽量夸张，滑稽搞笑。他按照要求去做，拍了一条就通过了。然而，闲下来后，他越琢磨越觉得不对劲儿。

于是，他找到导演，说：“我觉得我那段表演不妥，能不能重拍啊？”导演瞪大眼睛望着他，半天蹦出一句：“怎么不妥？”他认真地说：“那不是喜剧，而是闹剧。”导演白了他一眼，冷冷地说：“哪有那么多事？剧本怎么写，你就怎么演。”说完，导演转身走了。在导演面前碰了壁，他并没消停，又去找编剧。结果，编剧不耐烦地说：“你能分清楚喜剧和闹剧吗？导演都没说什么，你起什么哄啊？”

虽然碰了一鼻子灰，但他对自己的想法深信不疑。到了晚上，他仍然不能释怀，他想，既然跟他们当面沟通不了，干脆书面交流吧。于是，他把自己的想法写在一张纸上，塞进导演所住房间的门缝里。第二天一早，导演找到他，说：“你小子还行，居然真能把喜剧和闹剧分清，就冲这一点，我依你，重拍那段戏。”听导演这样说，他兴奋得连声道谢。

原来，他写在字条上的一句话打动了导演。他写道：“闹剧和喜剧其实只有一线之隔，最大的区别就是，闹剧里没有认真，也就没有了意义，而喜剧是一个人特别认真地去做在别人看来特别傻的事。”事实证明，他是对的。电影上映后，他所饰演的角色给观众留下了深刻印象。几年后，他成了中国炙手可热的喜剧明星。他，就是黄渤。

从某种意义上讲，黄渤的成功应该得益于他“脸皮厚”，试想，如果不是“脸皮厚”，那么在人家冷脸相对之下，他也许早就偃旗息鼓了，根本不会有塞纸条之举。黄渤的“脸皮厚”并非不要自尊，而是因为他懂得追求艺术的真谛远比浅薄的自尊更加重要。这种“脸皮厚”，其实是一种理性的执着。由此看来，有时候“脸皮厚”是人生中很重要的一项基本功。

说不的理由和方法

□［美］赛里斯

要清楚自己的想法

很多时候你不想说“不”，是因为感到没有足够的理由，而不是缺乏说的动机。这时要想想自己的目的是什么。说了“不”情况会如何？一旦想清楚，说“不”就很容易。

知道不说“不”意味着什么

我们通常会对小小的请求说“是”，因为不需要花费太多时间与精力，可如果小事、小时间累积起来会怎样？这就是为何高官、高管日理万机，却还有与家人、朋友分享的时间，而有的人整天无所事事，却忙得不可开交的原因。

用你熟悉的方式

用你熟悉的方式传达“不”的信息：面对面、电子邮件、短信、电话等。电邮很好，写出来发出去，收到回复前再不必惦记；面对面可以立即知道对方的反应，现场讨论任何问题；短信你可以得到实时反馈又有时间编辑措辞。总之，你最得心应手的方式就是最好的。

要简练

让对方知道你做不到，一个简单的“不”就足够了，再说些类似“对不起，眼下真没办法满足您的要求”“下次吧”的话，也会有不错的效果。不必做过多解释，这样会误导对方进一步挑战你的立场。要注意说“不”时别忘记尊重对方，表明自己不是轻易拒绝，而是经过认真考虑的。

愿意的话可以提出备选方案

这不是必需的——而仅仅是你愿意的话，可以提出替代选择：如提出你认为更合适的人选，推荐他人去做或自己不忙时可以考虑；如果你认为事情有改进的余地，自己又不能亲力亲为，可以提出合理建议。

首先写下来

如果对方的要求含混不清，先把自己想说的话写下来。你会发现开始时不知道怎样说的“不”，在写的过程中会慢慢浮出水面，写完反复检查、编辑，形成最后文本，一切水到渠成。

暂缓答复

暂缓答复是表达不感兴趣的好办法。我常常把想说“不”的邮件束之高阁，想上一段时间再答复，那时对方也就知道了我的意思。如果对方纠缠不休，有时甚至不回复就是最好的回复了。不必担心，生活对于每个人来说都在继续。

比敌人更可怕的三种朋友

□吴韵仪

你是不是也有过这样的困惑：在集体中虽然越来越有影响力，但是说得上话的人却越来越少。每当碰到重大的变化、犹豫难断的时刻，就一定会找那一两个特定的朋友商量？

你对他们非常依赖，他们对你的影响力，远超过他们在团队中看来的分量。不过，你从不提与这些朋友的关系，因为他们是“密友”。

心理分析学家索克威兹发现，许多成功的团队核心人物虽然聪明能干，但是因为自己的个性与作风的因素，较容易交上具伤害力的密友。他将多年的研究发表在近期的《哈佛商业评论》上，分析出了三大具有伤害力的密友。

一、魔镜型密友

他们像是团队领袖自尊的魔镜，只要一被呼唤，就向来谈心的你说“你已经做得很好了”“你是最公平的”，他们能够随时讨你欢心、为你的自尊加油打气。

索克威兹指出，其实做团队灵魂人物的都有某种程度的自恋，灵魂人物如果少了自恋特质，甚至无法领导组织、给予大家愿景。但如果自恋过了头，时时需要别人吹捧、对于别人一时的怠慢极度脆弱、很难接受严酷事实的话，就特别容易选择随时呵护他们脆弱自尊的魔镜型密友。

如果长期依赖魔镜型密友，你所看到的世界就会逐渐扭曲，而且会造成集体分裂。

二、缓冲型密友

他们像是团队领袖与团队间的缓冲区，任何信息都必须经由他们过滤，才能下达团队其他人或是上达团队领导者，好过滤掉过于激烈的情绪，把刺耳的批评，翻译、美化成比较不伤人的建议，总是在你刮起一阵风暴后，赶忙好言向大家解释说，他其实不是这个意思。

顶着光环与压力的团队领导者，鲜少有温顺的。但是，有些人个性傲慢自大、情绪智商超

低，他们草率冲动的决策赶走了优秀的朋友，没有节制的滥骂又打击了大家的士气。

这样的领导者为了弥补自己的情绪问题，很自然会亲近能够容忍他们情绪、替他说好话的缓冲型密友，以保护自己的颜面与地位。

但长期来看，缓冲型密友会慢慢侵蚀团队的正当权力。

由于所有信息都必须通过缓冲型密友才能上达，他们很快就成为王位后真正有权力的人。

三、篡夺型密友

他们是三种类型中最不道德的。不像前面两者还心存为团队、为朋友好的善意、没想到自己带来的副作用，篡夺型密友想的根本是自己要坐上领导者之位，他们工于心计、狡猾巧妙地迎合朋友，为的只是取得自己极度渴望的权力。

不过，他们与人的关系，只有耐心维持到利用价值结束为止，他们最厉害的地方，就在于看穿领导者朋友的罩门。虽然他们平时表现不错、尽力迎合，但是当时机适当，他们会冷酷无情地利用朋友的罩门，好让自己往上爬。

看了三种类型的有害密友，是否觉得背脊发凉，想要重新看看自己身边到底是什么样的朋友？交朋友不是问题，谁都需要朋友，问题是不能过度依赖某一两位朋友，脱离了真实世界。

所以，索克威兹也提供了5个警示信息，如果出现下面的情况，就表示你对密友的依赖程度可能已经到了有害的地步。

1. 大家开始抱怨无法接触到你、无法跟你直接沟通。

2. 你觉得除了密友，都没有人了解你。

3. 你的密友建议你最好不要再找别人咨询。

4. 你的密友开始拿鸡毛当令箭，代你对外发号施令。

5. 你的密友把你捧上了天。

你有这样的情况吗？如果有，可要好好反省了。有什么样的个性，就会有什么样的朋友。

那些事儿，你知道吗？

“妈癌”：新型“交际病”

近日，网上流传的这个新词，虽然听着有些刺耳，但不少网友比照了自己的“症状”后，纷纷对号入座。替人操心，替人着想，朋友遇到问题比朋友还着急，待朋友如同对待自己孩子，被简称为“妈癌”。“妈癌”四症状：唠叨、操心、亲力亲为、不领人情。

网友“happy_together”感慨，这说的不是我嘛。网友“大星星要挂在天上”吐槽，真是一辈子操心的命。

网友“病屋”认真分析了“妈癌”的症状，认为过度干涉他人是一种边界不清的表现。代劳，易剥夺他人的生命体验，对方会自动退为婴儿状态，不再思考，干脆让你包办。如果你干不成，他的怒火都会发泄在你身上，会说你没本事还要多管闲事，不是事情干不成，而是你包办了，他没法获得战胜困难后的成就感。还有网友觉得“妈癌”有强迫症的倾向。“妈癌”让人揪心，有网友认为“妈癌”是种病，得治；也让不少人乐在其中，网友“无头象”认为，这是爱的释放。你是“妈癌”患者吗？你有朋友是“妈癌”患者吗？

一个人炫耀什么，说明内心缺少什么。——谚语

为何八面玲珑者最不得人心

□罗兰

据我平常观察，我发现，大致说来，有两种人。一种人是八面玲珑的，对人非常周到，每一个同事，每一个亲戚朋友的喜庆、生日，过年过节，以至于他们孩子的生日、毕业、得奖、考取学校等大小事项，没有一样忘记。他总是抢先去应酬，去送礼，去道贺。平常说话更是圆滑透顶，处处不得罪人，见什么人说什么话，应付得面面俱到。

按说，这种人该是最不容易得罪人的了。但是，我发现，即使他不得罪人，他也一定很苦，很累。他的生活被这些细节占去了大半，以至于使他没有多余的力量去顾到真正该做的事。而且，因为他太不希望得罪人了，往往偶尔一次有人说他不好，他就难过紧张。觉得以自己这样用心，还换不来人们的好意，使他伤心难过。

同时，我们发现，人们往往也很残忍。越是对那些面面俱到的人，如果偶尔发现他有一次疏漏，越是不容易原谅他。因为人们会想，以他那样面面俱到，那样细心，而居然有这种疏忽，那就是故意的，因此，就不可原谅。做个八面玲珑的人并不容易！

我所见到的另一种人，是马马虎虎的。一切都不操心，我行我素，从不关心别人的事，更不关心别人的情绪和困难。虽然对他自己来说，这样比较省心，也可以专心去做他自己该做的事。但是，在人事上发生困扰的，也就是这种人，他们太马虎了，得罪了人也不知道，该争取别人信任与谅解的也没有去争取。因此，他们也会遭受阻挠而失败。

在我看来，在对人方面，最好是能保持一点儿超然。超然之中，该加入一些同情和真诚。不要加入人事纠纷的小集团，背后不谈论任何人的是非。这样，你既可避免自己被卷入琐碎应酬和闲是闲非的旋涡，又可保存自己和周围人们之间所应有的感情上的联系。使人们相信你的真诚，了解你的超然，你做起事来，就不容易碰到敌对的人在背后牵制你了！

人们日常所犯的最大错误，是对陌生人太客气，而对最亲密的人太苛刻，把这个坏习惯改过来，天下太平。——谚语

说理不是捏紧的拳头，而是摊开的手掌

□徐贲

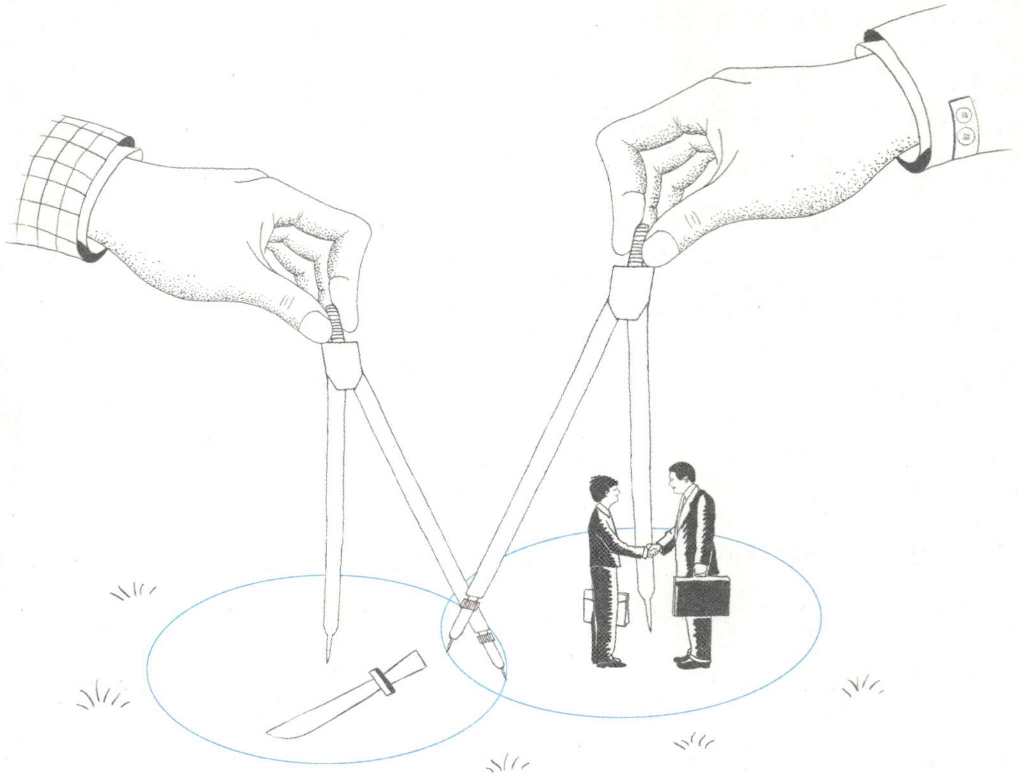

在公共生活中，“说理”是一种运用语言的理性交流形式，目的是表达看法、解释主张，并说服别人。说服是针对具体对象的，也是为了取得具体效果的。在英语中，“说服”（persuasion）一词的拉丁词源原意是“敦促”和“甜”，也就是好言相劝，与希腊语中这个词的“令人欢愉”和“甜”是相同的。

《伊索寓言》里，有一则《太阳与风》的寓言：相互夸口说自己是最强的太阳，并与风进行了一场比赛。风看到一个穿着外衣的行人，就说：“谁能使这个人脱掉外套就算赢了。”风刮了又刮，但刮得越凶，那个行人就把外套裹得越紧。然后太阳出来了，照在行人的身上，他很感谢太阳的温暖，把外套脱下来，搭在手臂上。

这个寓言告诉我们，说服强于强制。古希腊哲学家芝诺（被亚里士多德称为“论辩术”发明人）有类似的看法：说服是一只摊开的手掌，而不是一个攥紧的拳头。说服是欢迎别人加入对话，既不是企图限制他们有自己的看法，更不是威胁他们不准有自己的看法。

说理跟人的和平需要结合在一起，它是通过说明和协商，而非暴力、战争解决人间可能出现的矛盾冲突，并形成一种可以称为“讲理”的文明秩序。所有的战争和混乱都是在没有协商、无理可讲的时候发生的。讲理和协商都离不开语言，由于语言使得人类能够用摊开的手掌，而不是攥紧的拳头相互交往，人类才得以进入文明社会。

然而，并非有语言的地方就自动会有说理，有语言的地方必须有自由才能有说理。说理是一种在人类的自由思想传统中产生的公共话语形式。17世纪英国诗人弥尔顿在《论出版自由》中说，在没有对手的情况下的说理是没有意义的，这时候的说理充其量只不过是一种“逃避的，自我封闭的，得不到运用，也毫无生机的美德”。他问道“如果没有自由而公开的论辩”，又哪里会有真实呢？“在所有的自由中，我最需要的是知情、说话、凭自己的良知说话的那种自由”。

说理需要平等、理性地对待不同意见，这并不只是出于说理者主观意愿的宽宏、宽厚或宽容，而是由说理本身的话语特性决定的。说理不是科学论证，它讨论的是不确定的事情，不是确定的事情。“确定”，顾名思义，是不需要讨论的，即使在科学中，也不是什么都能确定的。

说理是向所有公众，而不只是对少数专门人士开放，说理说的是社会群体中许多人，而不只是专业小圈子里的专家们能听得懂的道理。说理提出的“看法”无论具有如何充分的理由，都只是一种具有“或然性”而不是绝对确定性的结论，因此，说理总是可以再说理的，说理是一个过程，不是最终结果。

说理不只是指思考和明理，而且还指用理由证明合理。因此，说服必须包括用理由——说得通，别人能接受的理由——支持自己的看法或观点。说理运用的“辩论”，这个词的拉丁词源原意是“银”。把意思说得清清楚楚，就像一块纯银，银器越打磨越光亮，可以投射出清晰的映像，或者像人们平时所说的“真理越辩越明”。可惜现在的许多“辩论”不仅是粗糙的，而且是不允许打磨的，有的照出扭曲的映像，有的根本就是混暗不明，有的语言甚至根本就是为了制造这样的效果。奥威尔说过，扭曲真实的语言“就像乌贼喷射出的墨汁”，它模糊了事实的轮廓，掩盖事实的细节。这样的语言是说理的天敌。

人们需要说理，因为说理比不说理更能找到真实和公正的东西，而真实和公正的东西在本质上来说是优于虚假和不公正的。一般来说，真实和公正的东西是比较容易证明而且比较容易说服人的。更为重要的是，人有足够的天生能力接受真实和公正的东西，这种能力就是“理性”。

学会适当愤怒

□马德

在一个人那里，他说得对的，你听了；他说得不对的，你从了。那么这个人，就可能对你为所欲为。

因为，你没有底线，他就没有原则。

强权是这么产生的，蛮横也是这么产生的。这个世间一切的居高临下，一切的欺辱，都是这么产生的。

没有适当的愤怒，就会丧失对方对你的敬重；没有坚守的立场，对方就会在你的摇摆里觉得有机可乘。

每个人都会在对方那里呈现两个你，一个是表面上的你，一个是骨子里的你。坏人，就是从骨子里的你那里，看到了软弱。

哪怕你真的软弱，也只把它展示给善良的人。因为，善良的人会疼惜你的软弱，或者，至少不欺侮你的软弱。而坏人不，他们会打这个世界上所有软弱的主意。

所以，学会使用你的拒绝权是多么重要。因为每一个拒绝本身，会含着立场，含着愤怒，含着你的凛然和不可侵犯。

在铿锵有力的拒绝里，让所有人看到：一个柔软的人该有的坚硬。

如今我们还需要大学室友吗？

□［美］戴维·惠勒　译　纪学军

斯宾塞·基斯林在南卡罗来纳大学读大一时，曾有糟糕的住宿经历。于是，当转学到南印第安纳大学时，他要求住一个单间。“单住的最大好处很明显——隐私，”如今已是大三的基斯林说，“而且，当我急需完成作业时，独住让我更容易集中精力。”

像基斯林这样的学生，想要更多个人空间，避免遇到糟糕的室友，单间是一条解决之道。大学宿管说，这叫“超级单间”，即足够两人住的房间，仅给一个人住。这是大学设施“军备竞赛”的自然结果——竞相修建更多空间奢华的设施。“超级单间”迎合了越来越多愿意埋单的学生。

一些公立和私立大学都在提供单间宿舍。北爱荷华大学就把一栋传统双人间宿舍楼改成了单间。该校住宿部执行部长葛林·格雷说，单间选项是我们吸引转校生的特色，我们越来越多的新生都是转校而来的。

单间仍未普及，但如果这种趋势蔓延开，未来的美国大学生都开始期待享有单间的话，四年的大学住宿经历将从此大不同。失去大学室友的长期后果会怎样呢？

“我认为没人质疑单间宿舍改变了且仍在改变着大学的社交活动，”基斯林说，“住单间，你会很容易切断社交生活。如果你一下课就回宿舍，你永远不会认识新的人或享受课堂以外的其他经历。”

“学会有效与人沟通是成年人工作和生活成功的一个核心因素，”迈阿密大学教授玛古达说，“在今天这个复杂的社会里，一个人必须批判性思考，多维视角地评估，平衡个人和他人的需求。”

很多与室友成为终生朋友的人也认为单间宿舍的趋势不妙。2001年毕业的哈里·弗兰肯菲尔德说：“作为一个独生子，宿舍生活帮我学会了如何与人相处。由于我与室友的友谊，我觉得我（在与人相处方面）还挺平衡。我必须学会克服冲突，学会为别人的成功喝彩。”

毕业后，弗兰肯菲尔德与室友远隔千里，仍保持联系，像很多大学室友一样，参加了各自的婚礼。他们每月还会通话两次。他认为那些从未有过室友的学生不仅会失去建立友谊的机会，还会错失一次特别的个人成长机遇。“我需要学会不那么以自我为中心和自私。这种经历也帮到了我的婚姻、职场和通常意义上的人际关系。有室友是件好事儿。”

学习不同的文化、打破成见，这是我们通过室友可以学到的重要一课。但学会与人共居一室，也要克服很多现实困难：室友打鼾，或者晚上喜欢开着窗，或者太邋遢。“室友就是教我们要包容、适应，”社会学家康利说，“在这个日益按需订制和数字化的世界，没有太多可以提供这种社交经历的活动了。”

即使是拥有了单间宿舍的基斯林，也建议在大学里至少跟人合住一次。“我仍相信这种大学经历的各种益处，”他说，“这会帮助我们习得一些重要的人生技巧，即便你没有与室友结成友谊，冲突管理的经验也会在未来帮到你。”

我哪里做得不对

□澜依

你有过“没人喜欢你”的感觉吗？我有时就有这样的感觉。我想，希望讨人喜欢是一件很自然的事情。我的意思是，谁不想结交朋友呢？但我纠结想让自己人见人爱，如果大家不这样对我，我就很容易为自己难过。

我有这么一大群朋友，在这个圈子里，有一个女孩总是和男孩混在一起。我常常感觉和男孩混比和女孩在一起玩更自在些。大多数情况下，男孩也觉得和我出去玩挺自在的。所以当男孩们和另外的女孩而非我出去玩时，我就会感到有些难过。

这事真给我造成困扰了。我在床上折腾，继而哭了起来。我问自己：“我哪里不对劲？为什么大家都不愿和我亲近了呢？我不够可爱吗？我不招人喜欢吗？”我想着大家不愿和我出去玩的所有可能的原因，比如：我个性强，太较真；我太实诚，说话太直。诚实是一种美德，但我最好还是管住自己的嘴。我想，要是我改改自己的脾气，大家说不定会更喜欢我。

在我哭过后的第二天，我决定试着变得可爱和文静——变成人见人爱的姑娘。可这就不是我了。最终我认为：大家有和别人交往的自由。我的这些男性朋友们没有选择留在我身边，并不是讨厌我，只是想和其他人出去玩。生活就是这样。

我猜我已理解：不是人人都该喜欢我，不是人人都该一直围在我身边。这并不意味着我哪里做得不对，也不意味着他们有何不妥，只是说人有不同。当然我在交朋友方面还有需要改进的地方，但我不必尝试和每个人成为密友，只需成为我应该成为的人就行了。

看得重　便拿不起

孙悟空自龙宫得了金箍棒，扬长而去。龙王大惊，说那金箍棒重一万三千五百斤，孙悟空怎能使得动？龟丞相答道：“我们使不动是因为那金箍棒是定海神针，是龙宫至宝，我们把它看得太重了，便放不开；而那猴子，只不过当它是根无足轻重的棍子，所以便拿得起放得下。”

你为什么喜欢靠边坐？

□北青

为什么大多数人在餐厅用餐时会选择靠窗、靠墙的位置？在一个开放的环形广场，为什么大多数人会选择坐在环形周边而不是中间？人多嘈杂的派对，为什么人们也会首先选择靠边的位置坐下或站立？

这是因为人的安全心理需要，要求自己要与他人保持距离，这在心理学上被称为“边界效应”。“边界效应”从何而来？那就要从我们的祖先那里寻找答案。远古人以狩猎为生，是天生的猎手，同时也是其他人的猎物。为了在狩猎的同时不被其他猎人发现，他们绝对不可以将自己暴露在一个空旷的环境中。如果背后靠着一座山、一棵大树，就不会从后面被偷袭，也有了一个看到猎物可以立即出动的据点。因此，“边界效应”在人类进化前就已经形成，这也是人类的一种生存本能。

“边界效应”理论在环境心理学中应用很广，特别是在建造广场等建筑物时，人的“保持距离”这个心理需求是要首先被满足的。满足了这个需要，人们才可以在有安全感的前提下放心就餐、游玩。“边界效应”还驱使我们坐在场地边缘，这给我们提供了纵观全场的视角，完美地满足了人们的“搜索”需求和“偷窥”欲望。人是天生的观察者，坐在公园的长凳上，我们总会不由自主地看走过的行人，不由自主地观察他们的谈吐、举止，观察他们与他人交流的方式，“搜索”并欣赏远处的帅哥、美女。不停地寻找另一半也是祖先交给我们的任务，这也是“边界效应”产生的另一个重要因素。

羡慕嫉妒恨，青春的小插曲

□兰若水

渐渐疏远的友情

女儿的发小，是我好友的女儿思思。从小学到初中，女儿的各方面都比思思优秀，所以她对思思特别宽厚温和，也很愿意帮助思思。

到了初二时，思思的爸爸去澳大利亚定居，不仅有澳币寄回来，思思的出国也提上日程。无形中，思思与女儿间的某种东西开始悄悄改变。

初三的某天，女儿满脸不高兴地回到家，恰好又遇到了思思妈妈来做客，她正津津有味地聊着去大使馆办手续的经历。女儿连“阿姨”都不叫，就直接进了她的房间。我与思思妈妈也没在意，在客厅里聊得正热闹。女儿又从房间出来，对着客厅大声喊：“小点儿声行不行？吵死人了。”

思思的妈妈见状便先走了。我想女儿肯定在学校遇到了不开心的事，正打算去问问时，她已经气冲冲地走了出来，大声说：“澳大利亚，澳大利亚，恨不得让天底下人都知道他们要去澳大利亚了。”

我不说话，只是上前牵住女儿的手，搂住她的肩。她靠向我的肩，哼哼唧唧地说：“真没看出来黄思思这么爱显摆，天天将澳大利亚挂在嘴边，好像她已经在那里了一样。今天放学时，我说起王力宏要来开演唱会了，她却说王力宏有什么好看的，她爸爸说悉尼歌剧院里每晚都有世界级的音乐会。”

我想了想，说：“思思确实是挺开心的，而且她特别关注澳大利亚的风土人情，自然会在聊天中谈及。”

女儿一个劲儿地摇头：“才不是，她就是显摆，就是显摆。反正我以后不跟她玩就是了。”

我笑：“其实我们每个人都免不了嫉妒别人。”女儿几乎是喊了起来：“才不是，我就不会嫉妒，谁嫉妒她呀。去澳大利亚又如何，外国生活压力那么大，好多高知也过得不好，他们一家，说不定还不如在国内呢。”

我叹了口气，没再说话。后来女儿果真与思思疏远了许多。

女儿初中的朋友

一年之后，思思去了澳大利亚，女儿也上高中，换了一批同学。

5月的一个周末，女儿高高兴兴地告诉我说，她与宿舍里几个同学要去和另外一所高中的几个男生见面，一起玩。她穿上最漂亮的米黄色连衣裙、紫色小皮鞋，兴致高昂地出去了。

看着她的背影，我发现穿上这条连衣裙的女儿，与穿校服的她简直是天差地别。连衣裙将她的身段、修长的颈部与精巧的锁骨表现得十分美好。我心里不由得有了隐约的期待，期待这样一次交往活动会让女儿的生活有些不同，能交到一个朋友，或认识一个让她倾慕的男生。因为女儿读文科，班里30个女生，5个男生，而女生们都觉得文科班的男生没有魅力。

可是，才晚上6点，女儿就一脸悻悻地回家了。推开家门就向我吐槽："哎呀，老妈，今天可算是认识了一个老朋友的新面孔。"

原来，中午，她与宿舍里的阿文、阿中约在车站见面。她们看见女儿的装扮也眼睛一亮，夸她穿那件裙子好看。3个人来到约定的碰面地点时，女儿意外地看见那群男生带来了自己初中的好朋友和和。他们说，和和听同班的男生说起要与女儿宿舍的女生见面，所以主动要求一块儿来。和和还不让男生们告诉女儿，就是要给她一个惊喜。

这真是一个大惊喜，女儿冲着和和而去，想象初中时一样抱住和和。可是，和和却意外地往旁边一闪，拥抱落了空，让她略微尴尬。女儿以为和和只是在开玩笑，并没有放在心上，又亲亲热热地拉着和和的手，想跟她说说分别之后的生活。然而，和和不仅从她手掌里抽出了手，而且十分冷淡。

女儿这才有所意识，和和今天不喜欢自己。但她内心的那点儿不痛快，被当天的好心情很快吹散了。

一群人决定去唱歌。和和始终都是郁郁的。女儿也没放在心上，与那几个男生很快打成一片，说得热闹极了。

结果没等大家唱上两首歌，和和便问女儿："你们学校的人准备什么时候走？"

女儿再也忍不下去，一下子就火了："我们没有人请你来的呀，要走也是你走。"和和立刻站了起来，大声问她班上的男生们："我想去看电影，你们去不去？"男生们面面相觑，完全不知道该如何面对这种突发状况，正在两难间，和和已经愤怒地冲出门外。

男生们只得分成两拨，一拨留下陪女儿她们，另一拨去追和和。

赤裸裸的羡慕嫉妒恨

没过10分钟，和和发短信给其中一个男生："重色轻友的家伙，原来你们就喜欢那种穿得招摇的坏女孩。以后绝交。"

男生想将这条短信删除，可阿文眼疾手快，立刻夺过来，看到了这条侮辱性质的短信，怒道："就这种人，你还跟她是朋友？你看她对你有半点儿朋友的样子没？她今天就是嫉妒你穿了一条漂亮的裙子，又嫉妒我们与她的同班男生聊得来，就一直摆着个臭脸在那里，后来还想赶我们走，真是太可恨了。"性格爽直的阿中还说："如果她在这里，我当场给她两个耳光。"

留下来的两个男生坐在那里，哭笑不得，他们不理解女生们这种细腻的心思。

于是，原本想玩的节目也没玩，他们早早散了。

女儿边说边长长叹气："初中三年，我与和和玩得还算好吧，现在她为什么变成这样了呢？"我笑笑："初中三年，她可能都没发现你今天的这一面吧：你的漂亮、你的亲和力，还有你与男生之间极易拉近距离的能力。”

女儿点头：“也是，当年，学习、家庭条件最好的就是她。所以，她在我们面前充满了优越感。”

我笑：“现在还是这样呀，她就读的高中学校比你的学校要好，她的家庭条件估计还是比你好。但人的生活是多方面的，在你们玩的场合，你们展示出来的服装搭配能力、知识的广度，还有性格上的优势，这些恰好她比不过你们，所以就羡慕嫉妒恨了。”

女儿也笑了：“可不是，赤裸裸的羡慕嫉妒恨。”

让它成为一道风景

我瞄瞄她，说：“反正我知道自己经常会对别人有这种羡慕嫉妒恨，所以我能理解和和，你呢？”

女儿叹口气：“我也有逃避或者表现极端的时候。比如别人家庭条件好而成绩不行时，我就抨击家庭条件太好的人没出息。这个看来是共性，有人的地方就有羡慕嫉妒恨，只不过表现方式不同而已。”

我静静地看着她。她果然脸红了，说起了思思。她说：“其实，与思思的疏远，现在想起来也是因为嫉妒而引起的逃避吧。”

她终于正视了这个问题，承认了对思思的嫉妒。

我欣慰地笑了笑，转移了话题：“那你会不会记恨和和？”

她笑：“看完她发的那条信息后，阿文、阿中都很生气，我反而一点儿也没生气，因为我想起了以前嫉妒思思时的那些感受，所以很明白她。她今天只是表现得太激烈了点儿，就像那时我对思思，其实也算是激烈了。”

我想了想，说：“你们都是因为之前在某个特定的环境里，一直处于优势，等换一个场合，突然发现原先不如自己的人在另一些方面很优秀，就导致心理失衡，导致激烈的行为；还有，人从一个平庸的环境到一个优秀的环境里，比如从初中到重点高中，身边强手如林，也会发现原本的优秀变得平常，有一些人就会失去自信，失去上进的动力。”

女儿点头如捣蒜，说：“妈妈，你说得很对，上了高中后，我发现自己什么都是中游水平，其实蛮沮丧的，学校里的活动都不愿参加。”

我看了看她：“发生今天这件事，你还沮丧吗？”女儿笑了笑：“好多了！”

从那之后，女儿确实自信了许多，加入了学校的文学社，还加入了服装搭配的社团，连月考成绩也上来了。她的班主任打来电话问：“我觉得近一段时间来，她自信开朗了许多，您是怎样开导她的呢？”

我回答：“我没有开导，只是她自己经历了一些事吧。孩子嘛，只要在她遇到某些事的时候与她聊聊天，她就会恍然大悟，领悟到属于自己的成长经验。”

其实，同性之间的羡慕嫉妒恨，导致某刻的心理失衡是常见的，对于青春期女孩来说尤为明显。对她们之间这种暗地里的“较劲”，如果父母能加以引导，心理的暗礁就会成为向上的动力。

和『神经病』住一个寝室

□吕丽峰

一大早，班长军焦急地打电话给我："吕老师，您快来李的宿舍吧，他正叫喊着要让宿舍××付出血的代价。"

"先让××离开宿舍，同时看紧李！"简单交代完毕，我飞奔到男生宿舍，一路上心怦怦地跳着。

李昨天才刚刚复学，他因抑郁症两次住院治疗延迟了毕业，和他一届的学生早已走向工作岗位了。昨天早上，我和班主任带着他走进新的班级，一切都很正常。我还特意把自己的手机号留给李，交代他，有问题，任何时候都可以跟我联系……

终于看到李了，他眼睛通红，不停地挣扎着，愤怒的心情扭曲着面部的表情，就像一只被激怒的野兽。班长军紧紧抱住他，身边还围着几个高大的男生。

看到我的到来，李冲我喊叫："老师，他才是神经病！老师，他侮辱我，我必须让他付出代价！"好可怕！我握着李的手，安慰着："坐下，坐下，慢慢说！"也许是对老师习惯性的信赖，李的情绪稍微缓解。原来，同宿舍的××以为李不在宿舍，站在宿舍门口嚷着班里来了一位神经病！这个神经病长得如何如何。正在床上忙乎的李听到后就爆发了。

在我的调解下，那个学生给李发来了道歉的短信。李看看短信，一言不发。

对李的过去，我知道一些。他平常就比较沉默寡言，容易冲动，没有朋友，也不参加集体活动，学习成绩起伏很大。这次复学归来，他家人只希望他完成大学生活。

今天晚上无论如何不能再安排李住在原来的宿舍了。万一出事呢？先让他一个人住？他一个人住也不放心呢！可是又有哪个学生愿意陪他呢？军说："吕老师，我陪李住吧。他其实没有大家想象的那么可怕！今天的事不怪李，他只是反应强烈罢了！"李听着班长的话，抬头看了军一眼。

李就这样一直跟着班长军。军走到哪里，他就跟着去哪里，像个忠诚的影子！那间宿舍就安排他们两人。两周后，我找李聊天。难得见到李微笑的表情。"老师，军经常叫我'老李，该吃药了'，'老李走，自习去！''老李，操场见！'一个人的真诚你是能感觉到的。"李的言语轻轻的，没有丝毫波浪起伏，和上次我看到他的情景判若两人。最后，他拍着自己的胸膛说："从未有同学这样对我，很多人都觉得我有病。老师，我是个正常的学生！"

其实，李是个可怜的学生，家乡偏远，经济困难，但他很有追求，非常努力。他曾经是专业学习成绩最优秀的学生，也曾经一个学期全部课程未通过。也许是性格的缺陷，以前李木讷而寡言，两次患病，彻底击败了他的梦想，他说，拿不拿毕业证都无所谓了，就想回来继续过大学生活。

我敏感地觉得也许班长军改变了他的一些观点与想法。

我给军打电话，赞叹在他的帮助下，李改变很多。军谦虚地笑着："吕老师，任何一个有良知的人都会这样！李很聪明，我不会做的题，他翻翻课本就能给我讲解！这样聪明的人，怎么会没有希望呢？"

还是有人会说那个班长怎么还和神经病在一起住啊？那个班长是不是在作秀啊？别人的评论像偶尔的沙尘暴，风暴过后，蓝天依旧。军还是经常性地邀请李做这做那，李还是不亦乐乎地跟着军忙来忙去。

学期末考试结束后，李的考试分数惊人地排在班级第一名！班级一下子沸腾了！军是功臣，很多同学一下子改变了对军的看法，他绝对是在真诚地帮助一个学生，而不是在简单地作秀，再说，作秀能持续一个学期吗？

军乐呵呵地跑到办公室找我："吕老师，太逗了，李那家伙听说自己的成绩后，一个人钻到宿舍，把我柜子翻了个遍，找出我所有的脏衣服、脏被单，统统洗了一遍。哈哈。"也许这就是李表达感激的方式吧？对于朋友的真诚帮助，任何言语都无法形容。

大年初一的中午，军给我打电话，语无伦次："吕老师，您猜谁来我家了？李的爸爸带着李，拎着两只柴鸡，还兜着一包柴鸡蛋。真不知道说什么好。"

我不知道李和家人是经历怎样春运买票的艰难，带着万般的感激之情走进军的家中。

大四的第二个学期，作为班长的军很快找到理想的工作，单位要求军去实习。

军有点儿不放心李："吕老师，如果我去实习，就没有人提醒李吃药和学习了。我有点儿不放心。"我也不放心，李毕竟还是在服药的状态，如果又恢复一个人的状态，他会不会又旧病复发呢？

后来，军说："我交代几个同学每天主动到李的宿舍走走，聊聊天，慢慢地让李适应，晚上再回去开导他。"明显地看出李的失落，同学们反映，军白天去实习，李经常白天待在宿舍，很少出屋，军安排的学生在不同的时间点走进李的宿舍，装着无所谓的样子和李聊上几句。

时间转瞬即逝，一个月很快过去了。李突然主动走进我的办公室："吕老师，我觉得自己正常很多了，哈哈。"他自嘲般不自然地笑着，"我也想去实习，找找工作。"

最后，是军主动推荐了李，单位给李一个实习的机会。

几年过去了，听说军已经跳槽到一家更好的单位，李还在军当初介绍的单位，工作努力，领导特别认可。他现在的工作圈子里，也许没有人知道，他曾经是一个被重点关注的学生，曾经没有一个朋友。

青春期的那颗朱砂痣

□侯拥华

那年我在一所乡村中学读初中二年级，因为结识太多混日子的死党，整个人几乎疯掉了。于是我学业一塌糊涂，几乎所有科目都亮起了红灯。

那时，旷课、逃学、打架，和老师顶嘴几乎成了我校园生活的全部。为了管教我，班主任决定把我孤立起来，并告诫班里其他的学生一概不许理我，我的座位由前三排，一下子移到了最后一排的一个死角。我成了一个无人理会的孤家寡人，每日，无聊的时候，只能与墙壁默默交谈。

那天，班主任贾老师领进来一个瘦瘦的女孩子，对大家说她叫江南，新转来的。我抬头望了望她，然后用玩世不恭的目光盯了她一眼就不再理会了。不可否认，她是一个十分漂亮的女生，她的洋气长相与装扮立刻把她与班里那些丑小鸭区分开来。可是，这又与我有何相干呢？

可是，我错了。因为座位刚刚调过的缘故，班主任只好把江南安排在我旁边的空位坐下来。江南的到来让我立刻不自在起来，尤其是和一个美丽的女生坐在一起，让我芒刺在背，坐立不安。

据说，她的成绩超好，从市里一所重点中学转学来的。这样的情况让我汗颜。

第一次因为这样一个特殊的女孩子，我开始有了几分收敛。第二天，我偷偷换洗了干净的衣服，并理了短发，还第一次破天荒地把上课用的所有资料带齐。在那个偏僻的角落里，第一次听她用优美的普通话回答问题，第一次看她把一本钢笔字帖放在书桌上练习书法，心中竟然有了几分莫名的激动。

可是，仅此而已，仅此而已。我依然是老师黑名单上的坏学生，依然没有一个朋友。

“喂！你的画蛮特别的。”自习课上，她轻拍我的手臂，指着我在数学课本上的涂鸦笑着说。

“有什么特别的，垃圾。”我虎着脸看都没看她。我的回应令她有些吃惊，她呆呆地看我一眼然后不作声了。

她的到来让班里那些调皮的小男生找到了新的捉弄对象。下课铃声刚刚响过，她的座位周围

 表面上张牙舞爪，心里其实深深呵护着一个青涩而脆弱的起点。——龙应台

立刻围满了各色各样的男孩子。他们大喊大叫吵翻了天，而她红着脸低下头不去看他们。我看不过去，瞪着眼一挥拳将他们全部赶跑。

上课的时候，她偷偷递过来一张字条：谢谢你！而那张字条，让我的心有了温暖的感觉。

从此，我开始装模作样地听课和写作业。只是因为基础太差，分数多数在60分以下徘徊。她把她的课堂笔记拿来给我看，并指着画有标记的地方说，这些题做会了考个及格分应该没问题。

果然，在她的帮助下我的成绩突飞猛进，月考的时候，竟然有两科突破了60分。拿到卷子的时候，我尽量克制自己不要露出自得的样子。江南却笑着对我低声说："你真是个天才，稍一努力成绩就上来了，真羡慕你。"我冲她笑笑，露出感激的神情。

这时，她偷偷塞给我一张字条。我打开看，上面写着：加油，你一定行！望着她明亮的眼睛，我心里有说不出的感动。

因为她的鼓励，那些苦涩艰难的学习有了几分乐趣。我甚至放弃课间出去"放风"的机会，坐在座位上埋头苦读。第一个学期结束的时候，我竟然考进了班级前二十名的行列，这让所有任课老师大跌眼镜。就这样，我由一个糟糕透顶的坏学生实现了华丽转身。升至初中三年级的时候，我的成绩几乎和她并驾齐驱，成了令人羡慕的好学生。

那段日子，我发现自己的人生重新有了意义，甚至感觉自己成了一个发光体，整日充满了能量。

初三下学期，每个人都在为中考拼命学习的时候，有一天，我却听到了江南要转学的消息。班主任贾老师站在讲台前对大家说，因为江南父亲工作变动的缘故她已经转学离开了。那天，我坐在没有江南的教室里，在恍惚之中度过了我初中生活中最为难熬的一天。

江南走的时候没有说一句告别的话。我唯一保存下来的是她留给我的两张字条，一张写着：谢谢你！一张写着：加油，你一定行！

带着她的鼓励，我继续努力前行，进入重点中学并顺利考上大学。

江南成了我青春期里的一颗朱砂痣，让我刻骨铭心。青春期里那种懵懂的感觉真好，足以激励一个失足少年重新站起，不断前行。

可是我知道，那种美好的感觉并不是爱恋，而是，一个青春对另一个青春最美的祝福，就像一棵树望着另一棵树一起成长那样美好。

张爱玲：我们都会遇到对手

□张爱玲

我7岁上小学。记得当时我们的教室很大，稀稀落落地坐着20多名同学，梳辫子的只有7个。老师看了看那怯生生的“半边天”，先让大一些的琴做了学习委员，却选不出文艺委员来。后来老师慧眼识珠，发现我嗓门儿大又挺大方，便委任了我。

老师们都很愿意做我们的班主任，理由极简单：学生少，操心事少；女生少，操心事更少。所有的班主任也都说我们班的女生最友好，总是和和气气的。他们却不知道，女孩子天生会掩饰。其实，文艺委员与学习委员格格不入呢！

我不知道嫉妒心是何时潜入我体内并随着身体一天天长大的，反正我开始嫉妒琴，正像琴一直嫉妒我——因为我们的成绩太相近了，每次读完考试分数，老师如果表扬女生，常常会表扬我们俩或者我们其中的一个。势均力敌就让我们对彼此有了敌意。琴先拉帮结派，她拉着那五个女生课间高高兴兴地玩，放学亲亲热热地走，我形单影只地待在操场或闷头回家时，恨琴恨得咬牙切齿。

有一天傍晚，我和高年级的同学玩跳格子，跳到天黑我才想起来书包早被锁在教室里了。我急得团团转时，发现教室门的玻璃刚好坏了。我突然想到琴，说不定就是她偷偷把门锁上的，因为那天是她值日。我拿不出书包做不成作业自然要挨老师的训，她早就盼着这一天呢！旧恨新仇加在一起，我忍无可忍，我想到了报仇。我一回身看到讲台上有一截粉笔头，还是给她起一个绰号骂她一下吧！少年时代给人起的绰号往往并无道理，想了半天胡乱起了一个，借着教室里最后一点儿微亮的光，写在琴的书桌上。写完后，我跳出教室就把这件事丢在脑后了。

第二天早自习我一进门，琴正在骂人，看到我音量提高了一倍。我知道我的报复手段不那么光明正大，而且惹了麻烦。最麻烦的不是在学校，琴知道老师要来了便早早住口；最麻烦的是在路上，琴用她的骂声对我实行围追堵截，我像灰溜溜的小老鼠，

这是一个高度竞争的社会，没有资格走的人最好不要走，否则要回头这个位置已经被人占去，再也没有空隙，闲时闹意气，一点儿用处也没有。——亦舒

琴成了打鼠的英雄。

琴很能骂人，指桑骂槐、破口大骂全会。在她的骂声中，我来不及想自己的愚蠢，原有的嫉妒却变成了完完全全的恨。

上五年级时新来了两名女生，其中就有我的表姐，她为了考入市重点中学特地从林区转来重读。加入了新成员，“半边天”不但没“多云转晴”，反而“阴云密布”了。表姐的成绩开始遥遥领先，琴很不服气，私下里便说她是重读生。话被传过来，表姐便立场坚定了，女生阵营里从此有了两个帮派，彼此虎视眈眈。

我们常在一起挖空心思贬低对方，以示敌弱我强。有一天发现琴“长着满脸横丝肉，一看就不像好东西”，令我们狠狠开心了一阵子，尤其是那常形容坏人的“横丝肉”，让我出了许多怨气。

我们（包括琴）都以为自己很聪明，所作所为理所当然，但发布考中学的成绩时大家都傻了：老师认为最有希望的几个同学，甚至包括表姐，都没有考入那所我们向往已久的重点中学。

也许是因为那次惨败，琴比我们先长大了。有一天陪妈妈逛街，远远看到琴，我早早扭过头去，却听见琴问：“大娘，上街啊？”

妈妈说：“嗯。琴，你有时间到我们家玩吧。”

“哎。”

我等琴走远了就问：“妈，你理她干吗？你不知道我俩不好吗？”

妈妈瞪了我一眼：“她到底是比你大两岁，懂事了，人家想和你和好。”

“我才不和她和好呢！”

虽然妈妈开导了我半天，但我总忘不了琴的那些恶骂，几次碰到她探寻的目光时，都以冷漠相拒。

多年以后我慢慢聪明过来：无论在哪儿，无论做什么，我们都会遇到对手。我们太喜欢把对手列为敌人，太喜欢嫉妒甚至诽谤。一个人的真正长大，却是从真诚地欣赏对手开始的。

那些事儿，你知道吗？

别让绰号成为攻击他人的软暴力

中小学生对哪种不文明行为最深恶痛绝？不久前，在沈阳市教育局的一次调查中，沈阳的中小学生给出了他们的答案：起绰号嘲笑同学的缺点名列榜首。

“二饼”“缺心眼”“土掉渣”“死鱼眼”……说起自己给同学起的绰号，三年级的小明如数家珍。小明说，他给同学起外号的灵感都来源于他妈妈。妈妈经常骂爸爸缺心眼，说邻居阿姨新买的衣服土掉渣。但是喜欢给同学起外号的小明也有个难听的外号叫“死猪”，因为小明考试总不及格，老师说小明是“死猪不怕开水烫”。

年龄小、心理承受能力差的中小学生心智发展尚不健全，带有嘲笑性质甚至是侮辱性质的绰号，可能会成为他们成长时期难以释怀的创伤。特别是关于长相、身体、装扮、行为、家庭状况方面的缺陷和弱点的嘲笑，不经意间就成为孩子心灵发展最早的伤害，刺痛了他们内心最敏感、最脆弱的部位，甚至这种伤害会影响其心理健康，所以同学们对取绰号这种行为要格外注意，别让绰号成为攻击他人的软暴力。

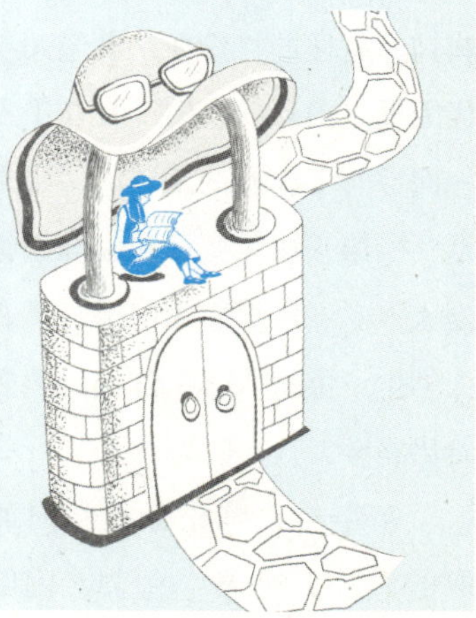

每个女孩的成长路上都有一个姐姐

□林特特

一日，女友陈松提起她年少时的偶像——她父母所在工厂的厂花。

厂花姓甚名谁，陈松已经忘记，只记得她留着披肩发，爱穿白衬衣，总在领端别一个蓝色的胸针。这样的打扮在20世纪90年代无疑是出众的，何况又在千人一面穿着工作服的工厂。“她是谁？”第一次见到厂花，陈松惊为天人。“厂里新来的播音员，大学生，上海人。”陈松的妈妈给出答案。

多年后，陈松分析那时妈妈的语气，艳羡中夹杂着隐隐的酸，这也代表了厂里的女人对厂花的基本态度。厂花和她们有太多不一样：她说话总是轻声细语，走路时步伐小，体态轻，背极挺拔；厂里的女人说话粗声大嗓，走路大步流星，立着三秒便不自觉驼下背——包括陈松的妈妈。

一日，陈松在厂里的浴室洗澡，近距离见到厂花。只见她自一个椭圆形塑料瓶中挤出些乳白色、像奶一样的东西涂在身上，过一会儿又轻轻洗去。“其实就是沐浴乳，”陈松对我笑着说，“但当时很震动，在我的世界里，没见过这么精致的女人。”

又一日，陈松被所在的厂办中学推选参加区里的演讲，校长找来厂花辅导她。吐字、断句、眼神、手势……厂花无不拿捏到位，她在讲台做演讲示范时，“出口成章，美且自信”。陈松完全被征服，她问：“姐姐，你怎么会这么多？”“哈，上大学时，我是学校辩论队的。”

多年后，陈松回忆起儿时，总恍若置身于一幅三维立体画中——轰隆隆的机器声、高大的厂房，穿蓝色工作服的工人们穿梭忙碌着。

她原本要置身于其中一辈子——厂里的孩子成长轨迹大多相似，厂办小学、中学、技校，子承父业，留在工厂工作，只有极少数人考上大学，走出厂外。

陈松便是极少数中的一员。

但14岁之前，除了偶尔语文课会被老师叫起来朗读作文外，没有任何迹象显示她与“大学”有缘，直至厂花出现。

“她是我的第一个偶像，在闭塞的少女时代给我启蒙。女人，除了我身边的那些，还有其他的可能性；世界，除了那个千人大厂，还有上海、大学、辩论队……”陈松感慨地说，“在我决定成为什么样的人时，我选择了她。”

厂花只在工厂待了两年就走了，但她留在陈松心中很久。

“我曾模仿厂花走路，学她

 最尴尬的就是：每次都会高估自己在别人心里的位置。——谚语穿白衬衣，还用牙膏努力把球鞋的边刷白——我努力和周围的人不一样，只和她一样。”

“有一首歌《长大后我就成了你》，我当时就梦想长大后成为厂花，所以，尽可能复制她的一切。”

陈松的新书勒口处有她的自我介绍，浓缩了昔日厂花身上的关键词：“毕业于上海××大学”“做过电台主持”……

我想，这便是她所说的复制。

“如这个女孩复制我。”陈松给我看一封读者来信，这也是她和我提起厂花的缘起。

信来自云南。

“陈松姐，我从中学时代就喜欢你，我能背诵出你所有小说中所有人物的名字。

“高考前，暗无天日，只有躺下来读你的小说，看到那些温暖的故事，才觉得成人世界有值得向往的地方。

“我生活在一个县城，周围的人都按部就班地生活。我的父母希望我考公务员，或在一个事业单位工作，然后结婚、生子、老死……看了你的文章，我才知道还有一种活法，所谓读万卷书、行万里路，从拿到第一份工资起，我就学你将所有的钱和时间用在路上。

“大学填志愿，我通篇填的是哲学，因为你是学哲学出身。后来在公司做文案，业余总是给报纸杂志投稿，这都是学你。

“男友送我的定情之物是一块男式手表。你曾不止一次在文章中说，女生最美的首饰是戴男式手表。

“记得你在文章中提过爱喝普洱茶，这也成为我的习惯。随信附上一包普洱茶，聊表谢意，最终选择昆明作为栖居地，缘于你把这里描写得太美好，我向往它，如我年少时向往你。

“我成为今天的我，你的影响功不可没。

“……”

“看来，你对她的影响，如厂花对你的影响。人，除了她身边的那些，还有其他的可能性；世界，除了那个小县城，还在纸上、路上……”我模仿陈松的话为来信下结论。

陈松没理我，她在送给来信者的新书上，题写祝词：

每个女孩的成长路上都有一个姐姐。更或许每个人年少时都有一个偶像，象征美好，象征希望，在你身量未足时，诱惑你踮起脚尖去够到你想要的那个自己。

那些事儿，你知道吗？

交谈的最基本准则

□卢思浩

不要总揭别人的伤口，说话那么冲，给身边的人泼冷水还一副“我这是为你好”的神情。会不会说话和阿谀奉承是两码事，基本的尊重一定要有。交谈的最基本准则就是平等，而不是一副带着优越感的样子，哪怕是朋友也一样。在我看来朋友相处的基本点有三：准时、平等和真诚。

韩寒：一次告别

□韩寒

也许很多人不知道，我在小学的时候是数学课代表。后来因为粗心和偏爱写作，数学成绩就稍差一些。再后来，我就遇上了我的初恋女朋友，全校学习成绩前三名的Z。Z是那种数学考卷上最后一道压轴几何题都能用几种算法做出正确答案的姑娘，而我还是恨不得省去推算过程直接拿量角器去量的人。

以Z的成绩，她是必然会进市重点高中的，她心气很高，不会为任何事情影响学业。我如果发挥正常，最多也是区重点。我俩若要在同一所高中念书，我必然不能要求她考差些迁就我，只能自己努力。永远不要相信那些号称在感情世界里距离不是问题的人。没错，这很像《三重门》的故事情节，只是在《三重门》里，我恣意胡编了一下，把这感情写成了女主人公最后为了爱情故意考砸去了区重点，而男主人公阴差阳错却进了市重点的琼瑶桥段。这也是小说作者唯一能滥用的职权了。

在那会儿，爱情的力量绝对是超越父母老师的训话的，我开始每天认真听讲，预习复习，奋斗了一阵子后，我的一次数学考试居然得了满分。

是的，满分。要知道我所在的班级是特色班，也就是所谓的好班或者提高班。那次考试我依稀记得一共就三四个数学满分的。当老师报出我满分后，全班震惊。我望向窗外，感觉当天的树叶特别绿，连鸟都更大只了。我干的第一件事就是借了一张信纸，打算一会儿给Z写一封小情书，放学塞给她。信纸上印着“勿忘我”“一切随缘”之类土鳖的话我也顾不上了。我甚至在那一个瞬间对数学的感情超过了语文。

之后就发生了一件事情，它的阴影笼罩了我整个少年生涯。记得似乎是发完试卷后，老师说了一句：“韩寒这次发挥得超常啊，不符合常理，该不会是作弊了吧。”

同学中立即有小声议论，我甚至听见了一些赞同声。

我立即申辩道：“老师，另外两个考满分的人都坐得离我很远，我不可能偷看他们的。”

老师说：“你未必是看他们的，你周围同学的平时数学成绩都比你好，你可能看的是周围的。”

我反驳道：“这怎么可能，他们分数还没我的高。”

老师道：“有可能他们做错的题目你正好没看，而你恰恰做对了。”

我说：“老师，你可以问我旁边的同学，我偷看了他们没有。”

老师道：“是你偷看别人，又不是别人偷看你，被偷看的人怎么知道自己被人看了。”

我说：“那你把我关到办公

室，我再做一遍就是了。”

老师说：“题目和答案你都知道了，再做个满分也不代表什么，不过可以试试。”

以上的对话只是个大概，因为已经过去了十六七年。在众目睽睽之下，我就去老师的办公室做那张试卷了。

因为这试卷做过一次，所以一切都进行得特别顺利。但我唯独在一个地方卡住了——当年的试卷印刷工艺都非常粗糙，常有印糊了的数字。很自然，我没多想，问了老师，这究竟是个什么数字。

数学老师当时就一激灵，瞬间收走了试卷，说：“你作弊，否则你不可能不记得这个数字是什么，已经做过一次的卷子，你还不记得吗？你这道题肯定是抄的。”老师还抽出了我同桌的试卷，指着那个地方说：“看，他做的是对的，而在你作弊的那张卷子里，你这也是对的，这是证据。”

我当时就急了，说：“老师，我只知道解题的方法，我不会去记题目的。”说着顺手抄起卷子，用手指按住了几个数字，说：“你是出题的，你告诉我，我按住的那几个数字是什么。”

老师自然也答不上来，语塞了半天，只说了一句“你这是狡辩”之类的，然后就给我父亲的单位打了电话。

我父亲很快就骑车赶到，问老师出什么事情了。老师说：“你儿子考试作弊，我已经查实了。”接着就是对我父亲的教育。我在旁边插嘴道：“爸，其实我……”

然后我就被我爹一脚踹出去数米远。父亲痛恨这类事情，加之单位里工作正忙，被猛叫来了学校，当着全办公室其他老师的面被训斥，自然怒不可遏。父亲骂了我一会儿后，对老师赔了不是，说等放学到家后再好好教育。我在旁边一句都没申辩。

老师在班级里宣布了我作弊。除了几个了解我的好朋友，同学们自然愿意接受这个结果，大家也没什么异议。没有经历过的人恐怕很难了解我当时的心情。我想，蒙受冤屈的人很容易产生反社会心理，在回去的一路上，15岁的我想过很多报复老师的方法，有些甚至很极端。最后我都没有做这些，并慢慢放下了，只是因为一个原因，Z，她相信了我。

回家后，我对父母好好说了一次事情的来龙去脉。父亲还向我道了歉。我的父母没有任何权势，也不敢得罪老师，况且这种事情又说不清楚，就选择了忍下。父母说，你只要再多考几个满分，证明给他们看就够了。

但事实证明这类反向激励没什么用，从此我一看到数学课和数学题就有生理厌恶感。只要打开数学课本，就完全无法集中注意力，下课以后，我也变得不喜欢待在教室里。当然，也不觉得叶子那么绿了，连窗外飞过的鸟都小只了。

之后我的数学再也没得过满分。之所以数学成绩没有一泻千里是因为我还要和Z去同一所高中，且当时新的教学内容已经不多。而对Z的承诺，语文老师因为我作文写得好所以对我的偏爱，以及发表过几篇文章和长跑破了校记录拿了区里第一名都是支撑我信心的来源。好在很快我们就中考了。那一次我居然数学成绩……对不起，不是满分，辜负了想看励志故事的朋友。好在中考我的数学考得还不算差，也算是那段苦读时光没有白费。

一到高中，我的数学连同理科全线崩溃了。并不是我推卸责任，也许，在我数学考了满分以后，这故事完全可以走向一个不同的结果，依我的性格，说不定有些你们常去的网站，我都参与了编程，也许有一个理工科很好的叫韩寒的微博红人，常写出一些不错的段子，还把自己的车改装成赛车模样，又颠又吵，害丈母娘很不满意。

在那个我展开信纸打算给Z报喜的瞬间，我对理科的兴趣和自信是无以复加的。但这居然只持续了一分钟。一切都没有假设。经历此事，我更强大了吗？是的，我能不顾更多人的眼光，做我认为对的事情。我有更强的心理承受能力。但我忍下了吗？未必，我下意识把对一个老师的偏见带进了我早期的那些作品里，对几乎所有教师进行批判甚至侮辱，其中很多观点和段落都是不客观与狭隘的。那些怨恨埋进了我的潜意识，我用自己的那一点儿话语权，对整个教师行业进行了报复。在我的小说中，很少有老师是以正面形象出现的。

所有这些复仇，这些错，我在落笔的时候甚至都没有察觉到。而我的数学老师她是个坏人吗？也不是，她非常认真和朴实，严厉且无私，后来我才知道，那段时间，她的婚姻生活发生了变故。她当时可能只是无心说了一句，但为了在同学之中的威信，不得不推进下去。而对于我，虽然蒙受冤屈，它却改变了我的人生轨迹，我把所有的精力都花在了那些更值得也更擅长的地方，我现在的职业都是我的挚爱，且我做得很开心。至于那些同学们，十几年后的同学会上，绝大部分人都忘了这事。人们其实都不会太把他人的清白或委屈放在心上。

十几年后，我也成为了老师。作为赛车执照培训的教官，在我班上的那些学员们必须得到我的签字才能拿到参赛资质。坐在学员们开的车里，再看窗外，树叶还是它原来的颜色，飞鸟还是它该有的大小。有一次，一个开得不错的学员因为太紧张冲出赛道，我们陷入缓冲区，面面相觑。学员擦着汗说："教官，这个速度过弯我能控制的，昨天单人练习的时候我每次都能做到的。"我告诉他："是的，我昨天在楼上看到了，的确是这样。"

过去的，别再遗憾；未来的，无须忧虑；现在的，加倍珍惜。——谚语

网络安全

青春不“迷网”，玩转E时代

意林剧场　看理科宅男如何改变世界——《社交网络》

2003年秋，哈佛大学。恃才放旷的天才学生马克·扎克伯格被女友甩掉，愤怒之际，马克利用黑客手段入侵了学校的系统，盗取了校内所有漂亮女生的资料，并制作名为“脸谱网（哈佛版美女评选）”的网站供同学们对辣妹评分。他的举动引起了轰动，一度令哈佛的服务器几近崩溃，马克因此遭到校方的惩罚。正所谓因祸得福，马克的举动引起了温克莱沃斯兄弟的注意，他们邀请马克加入团队，共同建立一个社交网站。与此同时，马克也建立了日后名声大噪的“脸谱网”。经过一番努力，脸谱网的名气越来越大，马克的财富与日俱增。然而各种麻烦与是非接踵而来，昔日的好友也与他反目成仇……

经典台词

或许你以后在电脑行业会大有作为，你一辈子都会觉得，女孩子不喜欢你是因为你是书呆子，但我真心地说，你错了。那是因为你是个浑蛋。

如果你们觉得你们是脸谱网的创建者，那你们得创造出一个脸谱网来。

时尚永远不会玩儿完。

不是造了把漂亮椅子就欠了所有造椅子人的钱。

我谁也不讨厌。

把the去掉，只留脸谱网。

久宅电脑前，当心社交恐惧症

□陈秀梅

网络成瘾又称病态网络使用，是一种冲动性地过度使用网络，并因此导致明显的社会、心理功能损害的现象，指的是因重复对网络使用所导致的一种慢性的、周期性的、无法自拔、无力控制的着迷状态。患者常常表现为自我封闭、情感淡漠、人际交往能力显著下降、严重依赖虚拟世界、厌恶现实世界，并不同程度地存在抑郁、强迫、偏执等不良心理状态。

长时间上网会使人迷失于虚拟世界，自我封闭，与现实世界产生隔阂，不愿意和人面对面交流。久而久之，必然会影响正常的认知、情感和心理定位，甚至可能导致其人格的异化，尤其不利于年轻人健康人格和正确人生观的塑造。

严重迷恋网络还可能使人产生精神上瘾症状。一旦离开网络，他们便会产生心理问题和疾病，常常表现为在日常生活中举止失常、神情恍惚、胡言乱语、性格怪异。

社交恐惧症是神经症的一种，表现为社交中的紧张局促，常伴有回避行为，不愿见人。有的社交恐惧症患者更离奇，他（或她）感到别人的目光“特别凶恶”“寒气逼人”，使他（或她）特别恐惧；另有一些人则认为自己的目光会伤害别人，因而不敢看人。严重者甚至孤立自我，拒绝与外界发生任何社交关系。

下面的一些自我疗法对社交恐惧障碍者会有帮助，认为自己深深陷入“网”中的青少年朋友不妨一试：

1. 学会正确认识自己，愉快地接纳自己，以自我评价为主，正确对待他人的评说。不否定自己，不断地告诫自己“我是最好的”“天生我材必有用”。

2. 不苛求自己，能做到什么地步就做到什么地步，只要尽力了，不成功也没关系。

3. 不回忆不愉快的过去，过去的就让它过去，没有什么比现在更重要的了。

4. 友善地对待别人，助人为快乐之本，在帮助他人时能忘却自己的烦恼，同时也可以证明自己的价值存在。

5. 找个倾诉对象，有烦恼是一定要说出来的，找个可信赖的人说出自己的烦恼。可能他人无法帮你解决问题，但至少可以让你发泄一下。

6. 到人多的地方去，让不断过往的人流在眼前经过，试图给人们以微笑。

7. 锻炼人际交往中的亲和力，在社会交往中，让自己坦然、真诚、自信，充满生命的活力，充分展示自己的人格魅力。

8. 努力在日常生活中积极自主，潇洒自在，为自己寻求快乐，需知焦虑、烦躁、恐惧等消极情绪对于解决任何问题都无济于事，要学会心平气和、乐观、勇敢、自信，这些都是克服社交恐惧的精神良药。

当戒除了网瘾并能够平等地看待自己和他人，能够放弃对别人的敌意时，社交恐惧症也就迎刃而解了。因此，网瘾少年一方面要加强社交技能的学习和强化，另一方面要通过药物治疗克服社交时的紧张、恐惧及躯体不适，轻松地面对各种社交场合，克服回避行为。这样就会进一步增加自己学习社交的机会，形成一个良性循环。

小心社交网络变成你的毒药

□［奥］多丽丝·奈斯比特

你的私人生活一旦放上网络，就不容易被彻底删除，它可能比“洗文身”还难。

3个月前，我们以前的助理法比安及其未婚妻玛丽丝开始了一段了不起的冒险。他们把一直以来的梦想变成了现实：在正式进入家庭生活之前，来一次“环游世界”。

整个行程中，他俩虽没有其他旅伴，却从不孤独——因为有互联网。每分钟，他们都可以在“Life Track（苹果系统中一个记录生活点滴的应用）”上被实时查询到；通过阅读他们的博客，我们可以看到他们沿途拍摄的一张张照片。

我一直关注着他俩的行程，这是件很享受的事。但他们的这种分享是有选择性的，他们知道，务必要保护好自己的隐私。

他们这么做，有合理的理由。因为你的私人生活一旦放上网络，就不容易被彻底删除，它可能比“洗文身”还难。

在网上公开自己的信息是一回事，公开其他人的信息则是另一回事。如果网络被用来宣泄怒火或只是为了好玩，那它就会成为一种伤人武器。说长道短、道听途说，原本就够糟了，网络又将其上升到一个新的层面，在最坏的情况下，它甚至能夺人性命。

2009年，一个英国女孩因网络恐吓而自杀；2012年，在荷兰，一个20岁的年轻人在社交网络上遭威逼后自杀；在罗马尼亚，一个13岁的男孩因在校园及脸谱网上被恐吓，卧轨身亡；在加拿大温哥华，15岁的阿曼达·托德，用74张写满话语的小卡片在互联网镜头前寻求帮助——她遭受了校园及网络胁迫。最后她还是自杀了，“我没有任何人帮助，我需要某个人”，她最后的呐喊没有得到应有的回应。

互联网是分享人们积极经验的极好的平台。它是客观的，因为它只是一个平台，同时接受正面和负面的信息，并通过同样的渠道传播出去。

但如何负责任地使用它，要看我们自己。传播负面的八卦消息，并非儿戏。这会给伤人者和被伤者双方都留下深深的伤痕。你能对自己所做的事负责，却不能管控别人。那么，该如何保护自己？

第一，不要在网上公开你的电话号码、地址和其他私人信息。第二，往网上放自己的照片和视频时，一定要慎重。第三，造谣中伤永远都是严重的事，如果你被恐吓了，要尽快告诉你信任的人，如父母、老师、好朋友。第四，对这种诽谤或恐吓的信息，不要回复，因为争辩只会把事情弄得更糟。第五，尽快屏蔽信息发送者。几乎所有的社交网络都有此功能。

我们每一个人，既可以像法比安和玛丽丝那样积极地进行网络交流，也可以无知、大意地去上网，当然还可能故意用网络去伤害他人。社会复杂，包罗万象，而社交网络是社会的一部分，因此对这个新的社会，我们必须认识它。

中小学生网上自护十招

□佚名

网络是把双刃剑，一方面其已成为现代生活不可或缺的部分；另一方面，一旦上瘾后就像吸毒者，要戒毒，难度很大。网瘾，防范为上。中小学生自控能力差，是网络成瘾高发人群，父母应当注意引导，教会孩子网上自护。小编在这里给您支招：

1.没有经过父母同意，不要轻易把自己及家庭中的真实信息在网上告诉别人。

2.如果要与网友见面，必须在父母的同意和护送下，或与可信任的同学、朋友，最好是自己的长辈结伴而行。

3.时常进同一个聊天室。在聊天室中，如果发现有人发表不正确的言论，应立刻离开，自己也不要散布不正确的言论，或攻击别人。

4.不要在聊天室或网络论坛上散布对别人有攻击性的话语，也不要传播或转发他人那些违反中小学生行为规范甚至触犯法律的内容，网上网下都得做守法的小公民。

5.尽可能不要在网上论坛、网上广告栏、聊天室上公开你的电子邮箱地址和QQ号码。

6.如果你有多个电子信箱和QQ号码，尽可能设置不同的密码。

7.如果收到垃圾邮件，应立刻删除。

8.“儿童不宜”的网站，不要进去。即使不小心进去了，也应立刻离开。

9.如遇到网上有人刻意伤害你，应立刻告诉家长或老师。

10.适当控制上网时间，一般每次不要超过1个小时，每天不要超过3个小时。

那些事儿，你知道吗？

如何保证微信安全

1. 使用微信“找附近的人”功能后，若不希望别人通过这个功能把你“定位”，就要注意退出这一项时“清除我的位置信息”，避免持续地曝光。

2. 在设置项，关掉“允许陌生人看10张照片”的隐私设置，避免陌生人利用你的照片进行犯罪活动。

3. 在隐私设置里关闭“把我推荐给QQ好友”“通过QQ号搜索到我”“通过手机号搜索到我”的功能，其他人只能通过微信号找到自己。

4. 开启“加我为好友时需要验证”功能，类似QQ好友验证，避免不必要的骚扰。

5. 加好友后立即修改好友备注，免得别人下载了好友头像、换个相同的名字来冒充好友身份，真假难辨。

6. 不要轻信陌生群友，在微信聊天中尽量不谈及资金、财产等重要事宜。

摆脱不良网站的泥沼

□安佳

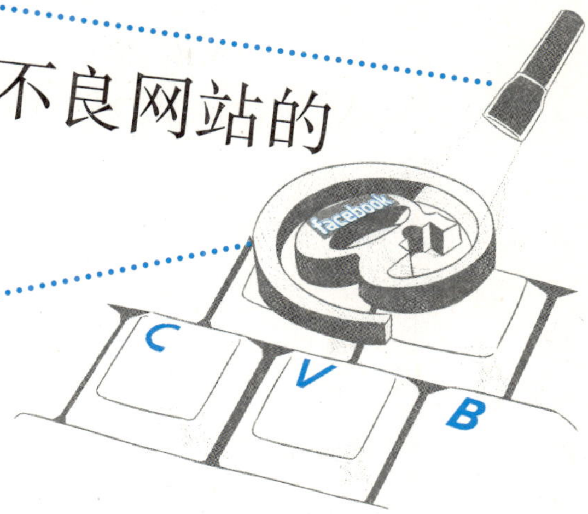

涉世不深、性格开朗的14岁少年晓东，因为一时好奇，打开了一个不良网站。从此，这个阳光少年就深深地陷入其中，性格渐渐变得阴郁和少言寡语，学习成绩也直线下降……

青少年好奇心强、接受新事物快，但是缺乏分辨和自控能力，很容易对不良网站极度迷恋，无节制地花费时间和精力，最终导致嗜“黄”成瘾，不仅给他们的身心健康发展带来严重危害，而且严重影响了他们的学习和生活。互联网上不良信息的泛滥，已经成为一种新的社会公害。

近日，公安部新闻发言人武和平透露，被抓获的青少年当中，有近80%的人通过网络受到诱惑，这些人因为沉湎于网络，或者受到不良信息的侵蚀，作案甚至作大案，进行诈骗、强奸、抢劫、抢夺的犯罪比例非常高。

同时，由于不良网站上带有大量的木马病毒，所以容易导致个人信息泄露、网银安全也受到威胁。

为了保证自己能够在一个健康、积极的环境中成长，青少年必须摆脱不良网站的泥沼。

用正确的知识来满足你的好奇心

处在青春期的中学生，生理上趋于成熟，但心理还不成熟，因此觉得异性存在神秘感。在这种心理驱使下，极易受不健康的网站和游戏的诱惑而不能自拔。如果你有这样的困惑，可以向老师和家长求助，如果羞于启齿，可以通过正规的网站来了解生理知识。

了解不良网站的危害

有些网站为了吸引眼球，提高点击率，会放一些刺激性的内容，很多都是与科学事实不符的，要学会辨别，不要上他们的当。沉迷不良网站，对青少年身心的健康发展有严重的危害，甚至会让某些意志薄弱的人走上违法犯罪的道路，毁了自己的一生。

严格控制自己的上网时间

这个办法适用于那些自制力差的青少年。可以请家长来协助自己，限制自己每天的上网时间。

例如每天在完成学习任务的前提下，上网半个小时，周末可上网一个小时。如果违反规定，则断网一个月。

增强体育锻炼

青春期的中学生精力旺盛，如果每天坚持锻炼身体，一来可以强身健体，二来可以消耗掉多余的能量，有助于帮助自己减少。

培养自己的兴趣

在课余时间发展一些健康有益的兴趣，如写作、绘画、书法、弹琴、读书等。当你把多余的经历都放在了兴趣上，自然就不会关注那些无聊的网站了。

除了不要沉迷于不良网站之外，青少年还应该注意的是，也要远离一些“软侵害”，如低俗信息，打“擦边球”的展览和演出等。在不接受不良信息、不浏览不良网页的同时，也要做到不传递不良信息，为自己的安全保驾护航。

网络，校园暴力新战场

□周永静

四个孩子的悲剧

13岁的亚力克斯很聪明，成绩好，身边总有一群志同道合的朋友，每天都花上一些时间在卧室里上网聊天。由于亚力克斯看上去比同龄人个子小，他的父亲常常教他一些拳脚功夫用于对抗欺负他的人。可是父母万万没有想到，对亚力克斯而言，最大的威胁不是身体上的。

一个月以来，在父母不知情的情况下，弗吉尼亚州切萨皮克小学的一群女孩，利用网上即时通信工具不断地嘲笑他。女孩们笑话他的体型，向他提出挑战，强迫他做一些不可能完成的体育运动，如在规定的时间里绕学校跑步，或者跳过一条沟渠。亚力克斯的母亲说：“她们不断挑衅他，‘你敢自杀吗？’这些孩子们只是觉得这样捉弄人很有趣。”可是亚力克斯却极其认真。去年6月的一个下午，独自在家的亚力克斯从床底拿出了祖父的老式手枪，装上子弹，结束了自己的生命。他把电脑中所有的文件都删除了，只留下一条信息，“想要得到尊重的唯一方法就是死亡。”

无意中听到几个女孩的谈话后，父母才察觉到，是这种网上欺凌的行为夺走了自己孩子的生命。从前，如果发现儿子被欺负，母亲只会说：“回家就没事了。”可是现在这个保护伞的作用似乎完全消失。

网上欺凌行为对孩子们的影响不可小视，其结果是被欺负者成绩急剧下降，不得不求助于心理医生，严重的甚至要求转学。纽约的乔安娜深受此害，迫不得已从一所私立学校转到了一所公立学校继续学习。“去年2月，我在网上和一个好朋友聊天，我们因为一个家伙发生了一点儿小争执，”乔安娜说，“第二天，她把我们谈话的内容都打印出来，给一群女孩子看，内容却有所改动，看起来好像是我说了这些女孩们的坏话，而她们也都相信了。”一次足球课上，那些女

孩围住了乔安娜，威胁要打她，直到乔安娜决定转学。现在乔安娜已经很少用网上即时工具聊天了，“如果要聊天，妈妈都会站在旁边，确保没有意外发生。”

研究年轻人行为倾向的教育公司MindOh！曾经对青少年网上欺凌行为做过深入的调查。研究发现，男孩和女孩的网络欺凌行为不尽相同：女孩们通常是心理上的攻击，而男孩们则多用身体威胁的手段。女孩们常常会联合她们的死党一起对付某个人，比如制造谣言，“你知道某某很不安分吗？”用不了多久，谣言就会满天飞。

今年16岁的夏洛特是个身强体壮的女孩。三年前，她不幸成为了“好朋友”丽兹的攻击对象。这两个小伙伴为了夏洛特的男朋友发生了争吵，丽兹开始在网上散布有关夏洛特的谣言。不久，一个邻近镇上的陌生人在网上和她聊天，说她是个“坏女

孩”。夏洛特开始半夜哭泣，睡不着觉，情绪十分低落。直到夏洛特的母亲把聊天记录打印后送到学校，情况才有所收敛。

网上欺凌的行为甚至有愈演愈烈之势。14岁的杰拉尔德·约瑟夫是非裔美国人，有一个女孩和一个男孩经常取笑他，杰拉尔德忍受不了，在同学们常光顾的一个网站上开始了他的报复行动，一时间，同学们中间流传着“那个女孩生活很乱，男孩是个同性恋”的说法。现在，这个瘦小的男孩承认了自己的错误，“我或许不应该这样做，但是网络似乎是最简单的方法。”

全天24小时网上欺凌是“校园暴力族”中的新成员，与孩子之间的打斗或威胁不同，即时通信工具、照相手机、网站、聊天室、短信息和博客已经成为主要的手段。在MindOh！公司对5500名青少年所做的最新调查中，将近80%的青少年承认他们曾经看到别人或是自己散布过类似的流言蜚语，超过半数的人曾经访问过一些取笑伙伴的网站。

究竟这种网上欺凌行为与旧时学校操场上的恶霸行为有什么不同呢？从时间上说，从前校园暴力只可能发生在孩子们在校的时间，但是网络技术把这种恐怖扩展到了全天24小时。由于欺凌弱小者隐匿了自己的身份，他们可以肆无忌惮地对任何人进行攻击。当恶性谣言张贴在网上后，影响力不可低估。

其实，网上欺凌行为并不是真的无迹可寻，通过网络追踪的方法，还是可以让“魔鬼”现出原形。但是孩子们对于这方面的意识淡薄，也是导致悲剧发生的原因之一。

去年春天，在新泽西州的沃伦郡，警方以骚扰他人的罪名起诉了6个八年级学生（四男两女），其中4个孩子不仅嘲笑同学的体重，而且在网上恐吓，并扬言“我要用烤肉叉子刺穿你的脑袋”。审判的结果，这6个孩子被判处社区服务和留校察看。当被警察逮捕时，“那些孩子都说，‘我不知道会发生这样的事情。’”沃伦郡教委主管詹姆斯·克里斯费尔德说：“他们觉得在即时通信工具上聊天是保密的，而且不会留下任何记录，他们错了。”

对抗网上欺凌行为，不仅需要学校和学生的配合，同时家长在其中也扮演了十分重要的角色。马萨诸塞州卫斯里私立学校的资深教师劳伦·科隆恩创办了网络安全俱乐部，帮助家长和孩子们了解必要的网络安全知识，更切实地保护自己。科隆恩认为，当孩子们一步步被网络吞噬的时候，家长们却由于无知而无动于衷，只有真正关心孩子们成长生活的才是称职的家长。尤其在被同学欺负的时候，如果缺少父母的保护和安慰，情况会变得更糟。

『赞一个』泄露你的隐私

□韩晓晨

在微博上“赞一下”感兴趣的消息，或是在论坛里顶起中意的帖子，似乎已经成为最偷懒的网络互动方式。近来的研究却发现，当人们在社交网站上大发好感时，往往已经将自己的政治倾向、宗教态度、婚姻状况等信息暴露了。

英国剑桥大学心理学家米加尔·科辛斯基表示，基于“赞一个”的数据可以做出非常精密而个体化的预测，“人们在网上叫好时并没有意识到，自己其实是在暴露非常私密的信息”。

“脸谱”的广大用户“可圈可点”的范围大到一项公共政策，小到一部电影或邻居晒出的猫咪照片。在此项研究中，调研对象已经挂在网上的赞好信息多达人均68次。研究者利用人口统计、行为问卷和心理学测验获得关于网络用户的数据，并将这些数据与他们的网上“赞好”进行分析比较，以确定是否可以仅依靠用户的赞好模式预测其个人信息。

结果显示，尽管并非百发百中，但通过“赞一个”得出的预测在很多方面的精度堪比个人测试。

比如，研究者发现，如果一位用户对美国得克萨斯州奥斯汀市、电影《绝地奶霸》和“恋爱只是两个人的事，与他人无关”的论调竖起大拇指，再联合其他几个赞好项目，便可得出该用户“嗑药”的结论。相应地，如果有人“赞”了游泳、奥利奥碎屑冰淇淋和“脸谱”网站上名为“穿着袜子滑地板”的网页，他就不太可能服用禁药。

至于数据模型的预测精度，研究者表示，通过赞好信息的组合预测用户倾向民主党还是共和党的准确率可达85%，判断其是黑人还是白人的准确率可达95%。

“脸谱”公司公共政策经理弗雷德里克·沃伦斯则认为，利用公开的赞好信息分析用户及其需求并没什么可大惊小怪的，营销专家和社会科学家从很早以前就开始使用网络信息预测使用者的个人特质了。实际上，网络用户大大方方晒出来的赞好信息已经为一些点对点的精确营销创造了商机。

尽管如此，美国纽约大学信息法律研究中心主任海伦·尼森鲍姆还是提醒人们在公开表态时多留个心眼儿：“很多人在同意提交某些信息时，并没有想到旁人从这里面能推测出什么。”

 征服世界，并不伟大，一个人能征服自己，才是世界上最伟大的人。——谚语

用什么方式记密码最好

□吴双

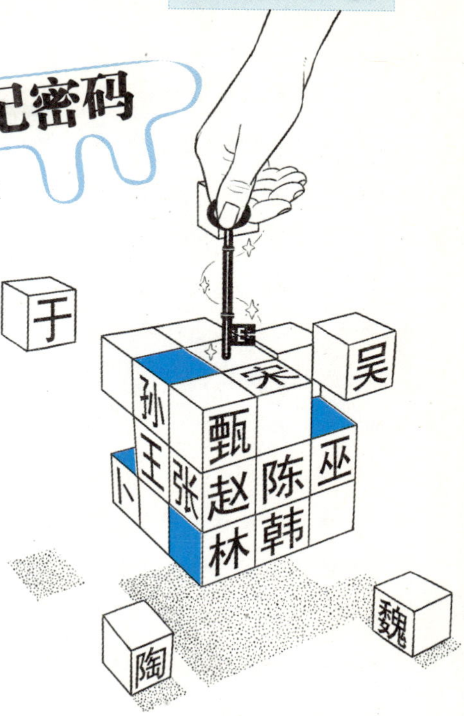

用什么方式记密码最好？这是一个永恒的问题。在知乎上，有很多记密码的达人，他们会告诉你该怎么巧妙地记下自己的密码。

文艺诗词版

金城七：当年中国软件开发联盟密码泄露，你们还没有注意到程序员的逆天破密码能力吗？

密码：Tree_0f0=sprintf("2_Bird_ff0/a")。

解释：两个黄鹂鸣翠柳。

密码：csbt34.ydhl12s。

解释：人生自古谁无死。

密码：while（1）Ape1Cry & & Ape2Cry。

解释：两岸猿声啼不住。

匿名用户：床前明月光，疑似地上霜，取首字母就是cqmygysdss，后面加一串你喜欢的数字，或者你喜欢的一条座右铭，取首字母，或者是一句话，如我要一个打十个，wyygdsg@#31233321（一串数字）。

理工科版

何足道：用化学方程式的数字前缀再加一点儿其他元素，如浓硝酸与铜：14122+×××。

或者直接用一些简单的化学方程式，如：2Na2H2O2NaOHH2。

有机物密码，如甘氨酸：NH2CH2COOH。

还可以用元素的核外电子排布式，如铜：1s22s22p63s23p63d104s1。

季小华：选一个喜欢的名人名字+自己的幸运数字+最喜欢的一句歌词每个字的首字母，顺序可打乱，这样就能衍生出6个密码了。

例如：MJ（Michael Jordan）+17（幸运数）+zmdbsxyt（最美的不是下雨天），最终密码就是MJ17zmdbsxy。

记了也是白记版

匿名用户：我习惯把密码都记在日记本上，可是有次不小心弄丢本本了。然后就……

loreley：我要是能记住什么复杂的方法，我也不至于和密码相爱相杀两相厌烦。更作死的是，我还喜欢改密码，所以我脑子里乱七八糟的密码不要太多。曾经试过：1.网站如京东的就用京东的拼音加数字（当天改完后又登录结果又忘了，重复3次后放弃）；2.又或者写一句诗（这个很不靠谱，前一天喜欢姜夔，后一天喜欢蒋捷）；3.好友说让我设置成同一个，处女座表示没有安全感。现在，我把密码都写在手机里，然后要先输入密码才能看到里面的密码。我这样笨笨的，但是只要记一个密码就够啦，而且这个密码好友也知道。至于安全性，我也只能常改改了。

RanX：像我这样与密码斗争了半辈子的人，写下来是最好的办法。前提是你要记得写到哪儿了。

知乎大力丸：我一开始认为，最简单和最单一的密码其实是最好的，只要做到不要太无脑就行，所以当初所有的密码我都采用×××（本人名字）×××（本人生日）、×××（还是名字）×××（妈妈生日），后来我发现不同账号间的密码区别我全记错了，所以我以前用的密码都是以三个字为基准：大力丸，比如我的豆瓣密码就是doubandaliwan，微博就是weibodaliwan，这样虽然烦琐，但是大力丸是我永远也忘不掉的，很好用。

二维码还能这样用

□秦筱

★担心食物不够安全？拿出手机扫一下，一盒牛奶或一瓶食用油的原料产地、出厂日期、含不含转基因成分，甚至包括用户的评价都清楚呈现出来，妈妈再也不用担心食品安全问题了。

★纸质说明书可以退出历史舞台了。只需扫描印在产品上的二维码，便能获得电子版的使用说明，简单又环保。

★二维码将变成大型商场的“标准配置”。你或许常常在迷宫般的Shopping Mall（超大规模购物中心）中找不到那个传说中位于“LG-15”的餐厅，也不知道哪个品牌在搞促销，而在不久以后，扫扫随处可见的二维码，便能得到商场内部的导航地图，连各家商铺的打折活动、餐厅的团购信息，乃至免费的Wi-Fi密码都能一并获取。

★再也不用偷偷地在试衣间记下货号然后回家网购了。你可以光明正大地掏出手机，扫描标签上的二维码，在线下单，享受“全网最低价”——当然，前提是商家要和淘宝这样的电商合作。

★在报纸、杂志、公交站牌的广告里附上二维码，扫一扫，就能跳到商家旗舰店或商品页面直接购买——从前，广告只能唤起人们的好奇心和购买欲望，不能直接转化为销售；而现在，平面广告可以变成网购的直接入口。

★二维码不是诱惑你不断花钱的“苹果”，它会给你带来真正的便利。在快递单上签名、打开电脑确认收货、评价打分的一套烦琐流程也将在手机上得到简化。扫描包裹上的二维码，系统便自动转到收货和评价页面。

★马云携手许家印只是“很大一盘棋”的第一步，未来，他们可能会在每一位在球场上飞奔的球员的球衣上印上二维码，只要他表现得好，现场和电视机前的球迷们拿起手机扫一扫，就能当场“打赏”自己的偶像。

★二维码还可以玩社交。在同一个场所办公或常常购买同一类商品的人，往往有相似的需求和生活圈。二维码不仅可以为商家收集数据，还可以为他们提供类似“摇一摇”或小游戏等社交入口，让“网购族”通过扫码找到身边拥有共同购物习惯的人。

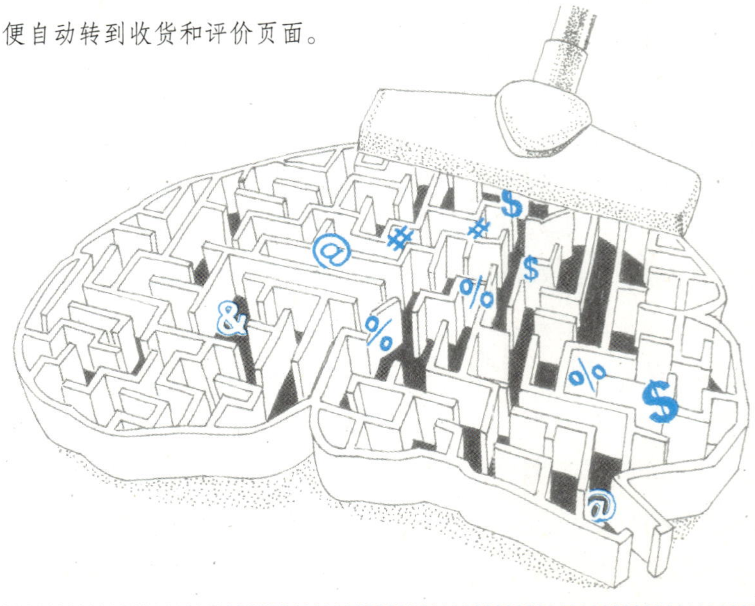

路是自己选的，所以即使以后会跌倒，会受伤，也都要学会自己承受，自己疗伤。我们都是这样，学会长大的。——谚语

那些被APP毁掉的人类本能

□暖暖

审美能力

不管男女，手机的相册里总是少不了自拍的大头像，发不发布是自己的选择，可从来没拍过的或许不多。三十度角俯拍、右下或是左上异常出现的光线总能让你看起来更美，尖下巴、大眼睛、微微嘟起的嘴唇，不管你是年龄个位数的孩子，还是三四字开头的轻熟女，看起来都像个大头娃娃。

这其中还有美图秀秀这类利器。如果说PS（图像处理软件）还是传统的人工收割，可以选择最终的效果，那么，美图秀秀就是一个大型联合收割机，只要它开过去，不管什么农作物统统收入囊中，最终变成一片平地。美图秀秀修出来的图片，亲爹亲妈想要从众多图片中找出自家孩子，也是极其困难的，这丢掉的就是个性，毁掉的是差异。

“宇宙美少女蝴蝶公主”那极似《葫芦娃》中蛇妖的造型的确“惊艳”，可谓其中脱颖而出的极品。漂亮姑娘们都像是一个模子里刻出来的，我们集体患上了“失忆症”，越想与众不同就变得越平庸，因为“美”被统一定义了。

交流能力

交友的时候摆弄手机，高居被拒绝理由榜首位置，足以证明我们是嫌弃这种行为的。但是当放下手机时，你还依然能侃侃而谈，可以像在网络外衣下一样“指点江山”吗？所以像“小黄鸡”这样的智能机器人才越发受欢迎，没有逻辑的问答满足了我们对交流的渴望，可它又不像真人一样那么挑剔你的语言，不管你说什么，它都能自然地消化。但面对一个陌生人，大概是交代了名字、爱好之后，就开始沉默了。

手机让我们变得异常忙碌，只要一有闲暇，掏出手机马上就可以进入自己的世界。虽然线上交流也是一种交流方式，手机让你随时都能找到天南海北的朋友，但感情也在慢慢淡化，感觉朋友们一直都在，可以淡化思念和依赖，而你熟悉的只是那个手机里的他。智能手机让我们大脑独处的时光变少了，它铺满了我们的碎片时间，让我们懒得思考、懒得交流。

思考能力

曾经追忆高考的青葱岁月时，吐槽那时能做三角函数，背化学元素表，知道小孔成像等等，而现在自己就是个文盲，都是时间惹的祸。曾几何时，我们到陌生的地方也能摸索找到要去的旅游景点，知道做饭的时候要放多少盐，看电影的时候能够自己判断是不是喜欢，出门判断该穿棉袄还是半袖，熟记最亲的朋友的生日。

可现在这些看似简单的事情，不去请教一下专门的APP

（应用），似乎就没有这种决断力。发发狠多放半勺盐不会毁了一锅汤的，就算分不清东西南北，动动嘴皮子也能找到路。但是现在你拒绝思考，因为你知道不去做也会有手机帮你做到，人的惰性真是可怕。

你的隐私

手机的确是很智能，APP们可以独立于你之外做自己的思考。如果你不是技术控，你大概不知道什么是“云”，不知道安卓系统APP要求确认授权是在做什么。在这些APP中有你的相片和通讯录等个人信息。突然有一个陌生人传给你一张只有你自己私享的个人照片，是不是让你寒毛也能竖起来？因为你的手机泄了你的密。

有人通过王珞丹微博上的几张自拍照，就可以找到她家的准确地址，如果碰上有心人，对方也可以很清楚地获知你是不是出差不在家，甚至你今天晚上是吃的米饭还是喝的牛奶。这或许就是享受便利必须付出的代价，你手边的这个玩伴或许已经超出了你的控制。

那些事儿，你知道吗？

己所不欲　勿施于人

□杨荟琳

在网络上逛“贴吧”时，你是否曾经遇见过“若不转发，便死全家”的“诅咒帖”；打开微信时，是否因为收到这类诅咒信息而恼羞成怒；遇到此类信息到底是置之不理，还是迫于压力转发？

古话说，己所不欲，勿施于人。试想，如果自己收到这类诅咒信息都不寒而栗，其他人也会觉得不舒服。朋友圈、QQ好友、电话联系人，大多都是自己熟悉或亲近的同学、朋友，千万不要因为转发了一条短信而造成双方的不愉快。

在自媒体时代，每个人不仅是信息的接受者，也是信息的传递者。因此，大家一定要担当起传播正能量的社会责任，切勿随波逐流，不加分辨地追随始作俑者一起转发。

谣言止于智者。转不转发，主动权其实在自己手上。因此，即便当诅咒信息像“多米诺骨牌”一样向我们涌来时，我们依然可以自由选择——或置之不理或直接删掉。

改变世界的18岁女孩

□佚名

艾莎·卡瑞是美国加利福尼亚州萨拉托加市的一个女孩，和很多追赶时髦的年轻人一样，还在读初中时，她就喜欢拿着一部时尚手机，戴着漂亮的耳塞，听着流行音乐出入校园。

平时，艾莎·卡瑞也喜欢下载一些诸如《越狱》《功夫熊猫》《钢铁侠》之类的电影并将其存在手机里，和同学一起观看。可很多时候，她才听了不到一个小时的音乐，或刚刚看了不到1/4的电影，手机就没电了，这让她很是烦恼。

于是，扫兴的艾莎·卡瑞不得不将手机再次充电。可令她无法忍受的是，每次给手机充电，都要经过3个小时以上的漫长等待才能充满。艾莎·卡瑞开始抱怨手机充电器研发技术的落后：手机制造技术都发展这么多年了，竟然还没有研发出一种快速充满电的手机充电器。这时，艾莎·卡瑞突然灵光一闪：自己为什么不去发明一种超级充电器呢？如果自己真的发明成功了，这种超级充电器必定会大受欢迎，而且，说不定还会因此而改变世界呢！想到这里，她兴奋极了。

随即，艾莎·卡瑞开始上网搜集有关充电器的知识和制造充电器的一切资料。很快，她就找到了问题的原因：目前市面上普遍使用的手机电池都是锂电池，因此，在储电时需要进行能量形式的转化，而这个过程往往十分耗时，从而导致充电时间漫长。所以，要想提高充电的速度，必须找到一种不需要能量形式转化且储电量大的充电材料。问题是用什么材料才能做出这种储电量超强、充电又超快的充电器呢？

在查阅了大量的资料均无进展的情况下，艾莎·卡瑞毫不气馁，继续研究。即使在平时，她也不忘利用一切机会，不断向老师和同学请教。没想到，她不但得不到支持，还遭受了很多同学的冷嘲热讽。大家都嘲笑她是异想天开，甚至背地里骂她是个“疯子”，可艾莎·卡瑞觉得自己的想法并不是天方夜谭，她坚信“有志者，事竟成”。

功夫不负有心人。一个偶然的机会，艾莎·卡瑞从一篇科技文章中了解到了纳米技术。文章介绍说，当达到纳米级以后，物质的性能就会发生突变，出现特殊的性能。为此，文章还以一个日本科学家的实验为例，说他在用铁钴合金做磁性材料时，因为把它做成了纳米尺度，使得它的磁性比原来高出了1000倍。看到这一信息后，艾莎·卡瑞异常兴奋，决定应用纳米技术对充电器的制作材料进行一番更深入的改进。经过无数次的试验，艾莎·卡瑞最终发明了一种以石墨烯为主要材料的超级手机充电器。实验证明：用这种充电器充电，能在短短的20秒之内，将一块电量为零的手机电池充满电。这意味着，需要数小时才能为手机充满电的历史将要一去不复返了！更难能可贵的是，这种超级充电器不但体积非常小，携带方便，而且具有储电量大、电量保存时间长等特点，使用户和他们的设备摆脱对电源插座的依赖。

2013年5月，凭借这个具有革命性意义的发明，艾莎·卡瑞一举夺得了“英特尔基金年轻科学家大奖”和5万美元的奖金！目前，世界著名的谷歌公司已和艾莎·卡瑞取得了联系，正在商谈合作生产此项新产品的有关事宜。届时，产品一经推出，必将改变整个世界的充电器市场。

当记者问她为什么能够取得如此巨大的成功时，18岁的艾莎·卡瑞说：“相信自己。”

数字时代的成长之惑

□［美］马特·里切特 马利亚·沃兰

高中最后一年开学前一天，维沙尔·辛格面临着一个艰难的选择：卧室书桌上摆放着一本书和一台电脑，该选哪个？

维沙尔是美国加利福尼亚州雷德伍德市伍德赛德高中的一名学生，今年17岁，人很聪明。本来这个时候他应该已经完成了暑期的阅读作业，即读完库尔特·冯内古特的《猫的摇篮》，但在这两个月假期的大部分时间里，他基本都在浏览脸谱网和YouTube（世界上最大的视频网站），所以这本书被勉强读了43页。

那天，维沙尔并没有拿起《猫的摇篮》看，而是选择点开了YouTube网站。"通过YouTube了解这部小说的全部故事只需要6分钟。"他解释说，"看书太费时间，我更喜欢即刻得到满足的感觉。"

一直以来，孩子们总是会面临各种让人分心的诱惑。对于成长在数字时代的孩子来说，电脑与手机无时无刻的刺激是一项新的挑战，这令他们难以集中精力专心学习。研究人员表示，这样的刺激带来的隐患在于，尚在发育的大脑习惯了总是不断切换任务的行为，结果孩子们就会变得无论做什么事情都难以集中精力。

"（孩子们的）大脑不是被鼓励去专注当前事务，而是被鼓励将注意力转移到下一件事上。"马萨诸塞州波士顿市哈佛医学院的迈克尔·瑞奇教授说，"令人担心的是，如今我们抚养长大的这一代孩子整天都对着各种电子屏幕，他们大脑的运作方式将会变得不同。"

2.7万条短信

14岁的阿莉森·米勒每个月总计要收发2.7万条短信。不论是在课间、足球训练结束后、上学和放学乘车期间，还是在平时学习的时候，这名伍德赛德高中的学生都会发短信。不过，这样的一心多用是有代价的——米勒抱怨说，一心多用导致她成绩下滑。

"我正在读一本书，想要完成我的家庭作业，这时我收到一条短信，于是我放下书，拿起手机回复短信。"她说，"等20分钟过后，我才意识到，我忘记做作业了。"

维沙尔很容易因电脑分心，但在电脑方面有很高的天赋。在读11年级时，他突然迷上了数字电影制作，因制作微电影在朋友和老师中间小有名气。

他也玩电子游戏，每周玩10

个小时，并且例行公事般地于凌晨两点在脸谱网上更新状态，甚至在上学日的晚上也不例外。

有好几位老师都说，维沙尔是他们教过的最聪明的学生之一，只是他们不明白为何有些事情在他身上说不通。上学期，维沙尔的英语得了D+，代数得了F，平均学分才2.3分（他的影评得了A）。

伍德赛德高中的校长大卫·赖利之前一心想让他的学生学习21世纪的科技，但他现在也认识到了维沙尔所面临的问题。

“他困在了两个世界之间。”赖利说。这两个世界一个是虚拟世界，一个是现实世界，而后者是有实实在在的要求。

应对措施：休息片刻

神经科学家一直在研究像维沙尔这样总是泡在网络里的人群。他们的研究表明，大脑需要不时地休息一下来消化信息，梳理各种概念之间的关联。这就可以解释为什么许多沉迷于数字世界的青少年比以往更加难以专心做作业，更加不容易分清事情的轻重缓急。

“休息之于大脑，就像睡眠之于身体。”哈佛医学院的瑞奇评论说，“但现在的孩子大脑总是处于亢奋状态。”

瑞奇并不是建议孩子抛开他们的手机和电脑，他认为手机和电脑是参与现代社会竞争并获得成功的必备利器。对于这些工具，他只是建议孩子们应该更加均衡合理地去利用。

维沙尔的英语老师马西娅·布隆德尔对科技带来的变化持悲观的态度。她现在要求学生在课堂上大声朗读，因为很多学生独自做阅读作业时无法保持注意力。

“靠看YouTube视频、发短信和写缩略词堆砌的邮件是写不出好文章的。”布隆德尔对她的学生说。

这就提醒孩子们必须不断地做出选择：是选择电脑游戏，还是选择家庭作业？是选择一时痛快，还是选择投资未来？

那些事儿，你知道吗？

微博上瘾可能使大脑病变

□荀焱

普通微博控与微博成瘾者的关系，就像亚健康与生病一样，虽然也对健康有影响，但还不到病变的程度。微博控也存在着上微博时间过长、占据大部分业余时间等问题，但对个人生活的影响不像成瘾者那么严重。

一旦到了上瘾的程度，和酒瘾、毒瘾等上瘾行为类似，微博上瘾也很可能使大脑发生器质性病变。治疗起来要将心理干预、行为控制与药物治疗相结合。

其实，无论微博成瘾还是微博控，找到自己之所以沉迷微博的内因才是最重要的，比如有的人上微博着重于展示自己，而有的人着重于互动。找出不同的动机，才是摆脱微博上瘾的根本方法。

不过，想要戒掉“微博瘾”或者使自己不再“控”微博，最主要的还是自身意识到过度上微博是个问题，否则，任何治疗方法都是无用的。

征服全球计算机大赛的“问题少年”

□熊玲

沉迷游戏的“坏孩子”

1990年，陈星在湖北武汉出生，他上面有两个姐姐。父母一直忙于生意，无暇顾及三个孩子的教育。

从小学起，陈星就跟在大孩子身后，长时间泡在游戏厅里，初中时接触电脑后，他玩网游染上网瘾，只要一开电脑，他可以几天几夜不出门。

陈星的网瘾让父母忧心忡忡，可又对他无计可施。初中，他因为打游戏旷课，被迫转学两次。中考落榜，家人安排他在新洲一所普通高中就读，他屡教不改，高一读了半个学期又被学校劝退。陈星早已是亲戚口中的“混世小魔王”，父亲在人前抬不起头，回家后便大动肝火，抄起棍子就揍他，陈星总犟着一动不动。

母亲日渐意识到问题的严重性，决定换个方法治他，对他说：“最近我和你爸商量了很久，或许我们对你管得太严了，要不给你自由，你自己出去打工？”陈星一听，顿时来了兴致：“我正好不想读书了，打工有什么难的，比读书强多了。”

辍学打工不容易

母亲替陈星找了一份在物流公司搬货的工作。凌晨4点，外面漆黑一片，陈星睡眼惺忪，迷迷糊糊地出门。来到仓库，抬头看到堆了两层楼高的货物，他彻底清醒了过来。他爬上高高的货架，卷起袖子，弯下腰，托着箱子的底部，咬着牙，使出吃奶的劲儿往上抬，可重达30公斤的箱子纹丝不动。他皱了皱眉，想立马撒手不干，可夸下海口却灰溜溜地回去，太没面子了。他只好挑稍小的箱子搬，将手推车堆满，运到仓库外，抬上货车，来回两次，便吃不消了。等到下午4点下班，他瘫坐在货架边不愿动弹，低头看看手上磨出的血疱，第一次体会到打工的艰辛，开始后悔——放着学校的好日子不过，跑这里来逞什么能。

干了半个月，陈星每天累得吃不下饭，整整瘦了一圈。当他看到别人背着书包上学，心里由衷地羡慕，他终于低头向母亲认错。母亲不肯就此作罢：“你不是说‘自己选择的路，跪着也要走下去’？”陈星哑然，母亲又给他台阶下，换了一份轻松很多的电脑维修工作，“喜欢玩电脑，先学怎么修吧。”做了半个月学徒，陈星学到了许多计算机知识。

陈星回到家踟蹰良久，扭捏地跟母亲开口：“妈妈，我想回学校上学。”母亲早就预料能达到这样的效果：“回去了读不下去岂不是白折腾？我们协商好，如果你自己再放弃，就回去当搬运工。”陈星说：“没问题，拜托给我最后一次机会。”苦苦央求了好几次，母亲才答应下来。

2009年，陈星进入职业中学就读计算机专业。

 自己打败自己是最可悲的失败，自己战胜自己是最可贵的胜利。——谚语

游戏迷变成技术控

转变不是一朝一夕能完成的。开学第四天，班主任发现他去网吧将他抓了回来。陈星懊恼，这可是最后一次机会，想到要回仓库搬货，他害怕了。

母亲得知此事后，并没有立马追究。而是装作不知道，拜托老师给他机会，多观察和鼓励。

陈星倒是急着改变，想让老师改变对他的看法。学校的机房软件限制上网时间，他发挥小聪明，在图书馆查阅书籍，慢慢摸索研究后突破了限制，能够自由上网。班主任知道后没生气反而表扬："纪律必须遵守，不过你能自己破解程序值得表扬，继续加油。"

陈星受到鼓励后，开始钻研各种软件，学习的主动性提高了，玩游戏的时间也逐渐减少。

老师将陈星的转变看在眼里，任命他为计算机组组长，带领同学负责校内的计算机维护和网络建设。

他白天上课，晚上躲进机房，研究深奥难懂的计算机专业书籍。同学给他带来饼干，他就着矿泉水凑合当晚饭后，又接着学习，针对问题翻阅资料，上机操作实验。他把机房当寝室，整宿地研究，把玩游戏的劲头全用在学习上。仅仅半个月，他就把3本计算机专业书学完了，而一般同学一个月都学不完一本。他完成了任务，连学校的服务器顺便也组装完成。这些技术，对于新手来说是高难度的，他的表现自然得到了老师的肯定。

高二开始，陈星进入学校计算机竞赛班。老师对他越来越器重，带他参加各类计算机竞赛，获得了不少奖项，他渐渐从游戏迷变成了技术控。

网瘾少年荣获世界冠军

陈星的转变让父母打心眼儿里高兴，2011年5月，陈星报名参加了MOS比赛。

MOS是"全球信息化核心技能大赛"，被誉为办公软件领域的奥林匹克。

美国圣地亚哥总决赛，分为上机答题和案例解析两个部分，共有100分钟，而陈星仅用了25分钟就完成了所有的任务。

在众人的掌声和推搡下他走上颁奖台，还是一脸难以置信，拿到奖牌后他才露出喜悦的表情。这次赴美代表团只有3名学生，而陈星是唯一一个高中生，他作为年龄最小的选手，为中国代表队夺得了首个冠军。

回国后，他一出机场就被围了起来，父母激动地跑上前抱着他，说："儿子啊，你可是争气了。"骄傲的笑容怎么也藏不住。第二天，关于他的新闻传遍全城。

亲戚们特地举办了庆功宴，对他直竖大拇指，一改往日的态度。陈星的计算机天赋得到认可，目前，陈星正在筹备留学。

在国内，像陈星这样的网瘾少年有2000多万人，每年因长时间玩电脑而猝死的青少年亦不计其数。孩子爱玩游戏，在家长看来就是不务正业。其实，适度玩游戏并非坏事，还能训练大脑的协调能力。而若能利用孩子的兴趣，让他们发挥所长，每个网瘾少年都有机会成为计算机专才。

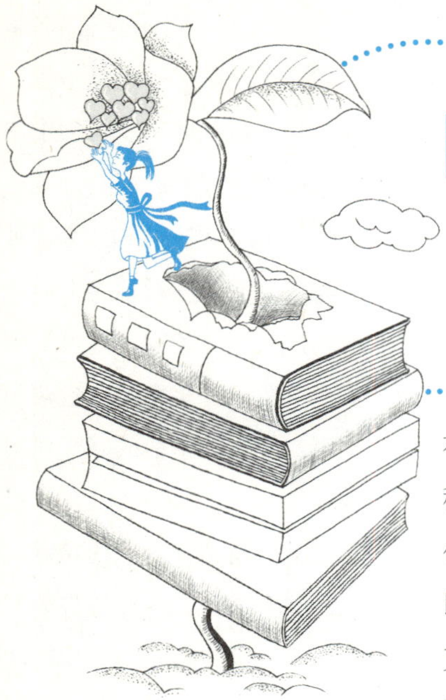

网络有多重

□汪去

网络有多重？这个问题乍一听，也许感觉有点儿难以理解，但是在英国一个名叫沃克的中学生的脑袋里，就装着这个古怪的问题。

沃克年龄不大，却是一个资深电脑迷，他经常和一些有着同样爱好的同学互发邮件，探讨一些电脑方面的难题。沃克是他们中间最喜欢钻研的一个，他也因此被大家当作这个圈子里的头号人物。

一个平时对他不服气的同学在邮件里说："沃克，你能称出因特网有多重吗？如果你能，我就服你。"

这本来是一句玩笑话，但是一向喜欢探索的沃克却开始苦苦思索：到底用什么方法，才能称出网络的重量呢？

这时候，他想起那个著名的称量灵魂的实验。20世纪初，有人让一位濒死的人躺在一个秤上，然后测量他死后体重的变化，结果发现，人在死后体重立即减少了21克。这个实验给了沃克一些启发，但是，问题也随之而来，他该把网络上的什么东西放在秤上？

很快，这个借鉴称量灵魂的方法来达到目的的想法就被沃克否决了。沃克称量网络的计划也一度搁浅，不过事情很快就出现了转机，一个全新的思路展现在沃克面前。

沃克在使用谷歌搜索查找资料时，无意中看到谷歌公司首席执行官埃里克·施密特的一句话："整个互联网有大约500万比特字节信息，而谷歌只占0.04%。"这本来是施密特用来激励自己公司的员工努力工作的一句话，但正是这句话，打开了沃克思维的闸门。

沃克想，计算机用一串串二进制的"1"和"0"来表示信息，每个"1"或者"0"就是计算机的最小数据单位——比特，而每比特的数据都是客观存在、有质量的，1字节有8比特。在他一筹莫展的时候，他的物理老师也给他提供了一个思路：一个电子的重量为2×10^{-30}磅，如果他能测试出一封电子邮件的重量，那么称量整个网络的重量也不成问题。

有了老师的指导，沃克满怀信心地开始了计算工作。他想，一封电子邮件的大小为50千字节，也就相当于包含409600比特，其中，大约有一半的比特是"1"，另一半是"0"，所以有204800个"1"的信息需要电容器来存储，于是总共需要大约80亿个电子，由此可以推算出，一封50千字节电子邮件的重量大约为1.6×10^{-20}磅。

计算出了一封电子邮件的重量，整个网络的重量也就一目了然了。最终，沃克通过全球的服务器台数和所需电力的总量，成功地计算出整个互联网的重量。这个来之不易的数据仅是50克，这是一个什么样的概念呢？也就是说，整个互联网的重量相当于一颗草莓的重量，而网络所包含的实际信息的重量却只有一粒沙子那么重。

沃克的这个发现，让那个起初不服气的同学目瞪口呆，叹服不已。而不久之后，一封来自英国当地最权威的科学杂志的信函，证明了沃克的这个发现并不是异想天开，而是一个对互联网和科学界来说都十分了不起的贡献。

一个人能够、或者说敢于原谅他人，是强者才有的能耐，是能者才有的美德。不管这是不是一种自找台阶自我平衡的阿Q精神。无论如何，学会宽容怎么说也是一种成熟的象征。——海岩

行为安全

行为有规范，不做“熊孩子”

意林剧场

你以为看到的越多，就越容易被欺骗
——《惊天魔盗团》

全球最优秀的魔术团队“四骑士”是一群拥有超凡智慧与胆量的现代罗宾汉，运用魔术才华，劫富济贫，同时他们也被FBI（美国联邦调查局）盯上，炫目的魔术表演背后到底有怎样的玄妙机密？

经典台词

因为你认为你看到的越多，你就越容易被骗。因为什么叫看到？你是在看，但是你真正在做的是想解释它，寻找原理。

魔术是什么？魔术是错觉。但是错觉是为了给人带来快乐、娱乐和灵感。这与信仰、信念、信任有关。脱离了这些属性，魔术就不再是一种艺术了。但是如果这些属性有了不正当的目的被用于谎言和骗局。为了一己私欲和欲壑难填的贪婪，这就不再是魔术了，这是犯罪。

中国式过马路，你是否也在人群中

□杨帆

中国式过马路，是网友对部分中国人集体闯红灯现象的一种调侃，从2012年10月10日，网友“这个绝对有意思”在微博上发消息称：“中国式过马路，就是凑够一撮人就可以走了，和红绿灯无关。”微博同时还配了一张行人过马路的照片，虽然从照片上看不到交通信号灯，但有好几位行人并没有走在斑马线上，而是走在旁边的机动车变道路标上，其中有推着婴儿车的老人，也有电动车、卖水果的三轮车。这条微博引起了不少网友的共鸣，一天内被近10万网友转发。

这个话题，并没有因为时间的推移而被淹没，相反，近5个月内，关于它的讨论呈现愈演愈烈的态势。

中国式过马路之再也不来××了

中国新闻网：#闯红灯#一男子横穿马路被罚款，现场发飙：“以后再也不来宁波了。”无独有偶，金华一姑娘骑电动车走机动车道，被罚10元。姑娘掏出100元扔给交警。交警找她90元，姑娘把钱撒在马路上。“中国式过马路”人人摒弃，“出拳”管理却遭这般抵制，如果是你碰到这种情况，你会怎么做呢？

@央视新闻：［无名氏阿姨，自行车你还要吗？］在浙江湖州，一名推自行车的阿姨擅闯红灯：“闯红灯就闯红灯，要你们管个#%&……车子你拿走，我不要了！”执法民警：“叫什么名字？”“没名字！”“同志，开张单子给你。”“不要，你只要把我车子看好就行了。”阿姨怒气冲冲地走了，只留下自行车……

南昌交警徐永华：#中国式过马路#［过马路闯红灯被罚，那些雷言雷语］“我以后再也不来杭州了！”“宁波我以后都不再来了！”“别拍我！神经病一样！不就是过个马路？”“闯红灯就闯红灯，车子你拿走，我不要了！”……我以后再也不来××了……您这是跟谁赌气呢？

中国式过马路之我有道理

jinderella：如果大家都顶红灯走了就剩下我一个人还站着，那感觉挺傻的，尤其是在路上没有车的时候感觉就更另类了，后来也就不管了，别人走也跟着走了。

再见：在不违反交通规则的情况下我真心地支持“中国式过马路”，现在普通路上过马路至少拉一群人才叫安全，去他的烂素质，弱势就会被欺，车见到人一辆开得比一辆快。

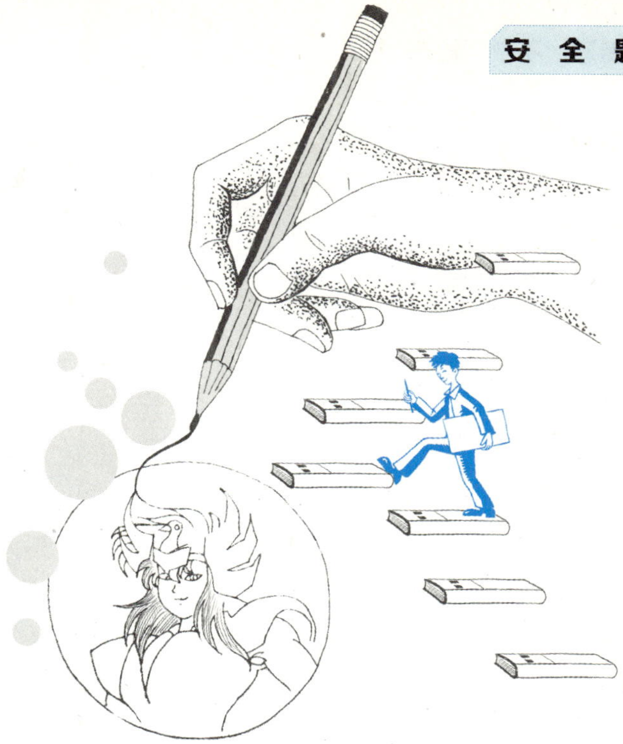

爱诺1995：觉得过马路挺难的，尤其在道路特别宽的时候，跟着大家走心里有底。看红绿灯不如跟着大家靠谱。

欢乐的阿牛宝宝：//@轻松调频钟秋：处罚中国式过马路和处罚中国式车辆转弯要双管齐下。很多时候，车辆左右转弯需要尊重行人路权的时候，这些车辆肆无忌惮，导致行人没法过马路，所以有人会想，还不如中国式过马路呢，至少主动权掌握在我自己手中。

斯坦尼斯拉斯_罗森内里：但是反过来想想，有些路口没有红绿灯，行人站在那等，会有几辆机动车主动减速避让？“中国式过马路”都是相互的，也可以说是被逼的。

孙鹏-爱玩客：路口站上几个交警，交通一下就好了很多，但是还有抢红灯、中国式过马路的存在，这是为什么呢？交警同志，敢不敢以后天天都在？别弄段时间停了可以吗？

晃着大脑袋：中国式过马路的原因是机动车不让行人导致的，右拐的车没一个让行人的，有天我遇到一个让的，有点儿惊讶，仔细一看是老外。

中国式过马路之从我做起

冯振-复苏：#青春正能量#拒绝中国式过马路从我做起！骑车、步行遵守交通法规！

纪人阿伟：中国式过马路：人攒够一堆儿了，与红灯无关。尽管中央电视台及其他媒体相继报道了关于中国式过马路，但为了你自己的人身安全和道路安全，请大家遵守交通信号，红灯面前停下的是脚步，前进的是文明。

小程品种改良进行时：早上药行街，中国式过马路，一老爷爷打头阵，我看那协警起初还吼他们示意停下，老爷爷可能没听到自顾自走着，那协警无奈极了，又摇头又叹气。

中国经济网：#中国式过马路#行人闯红灯被罚款5~50元不等，网友徐乾贵认为罚款实际上有利于社会安全意识的提高，既造成了被罚者一定的经济损失，也让他们在大庭广众之下失了面子。交警依法办事，行人和机动车、非机动车依法行驶，一个城市的交通拥堵、交通事故现象的发生将必然减少。

猫起不说话：［转］停下来并不寂寞，跨过去成为传说——告别“中国式过马路”。有点儿意思。

海曙团区委：#文明交通劝导志愿服务#长期以来，“中国式过马路”都是造成城市交通乱象的重要诱因之一，我们希望通过文明交通劝导活动使大家形成文明过马路的氛围。文明出行从你我做起、从现在做起。从现在起我们的志愿者将在交通高峰时段在重要路口开展文明执勤，对这一行为进行劝导，共同营造文明海曙。

婧是文静的婧：每次看到路上突然蹿出来的行人都捏把汗……为了自己的生命安全，抵制中国式过马路。最好是尽快实行人车分离，各行其道。能在保障百姓生命安全的同时，提高交通出行效率。

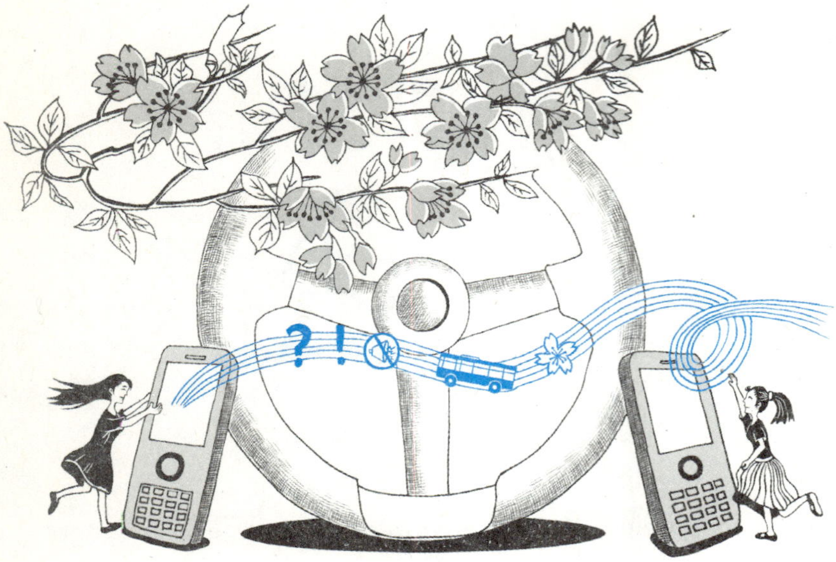

低头族安全出行

□江波

“别玩手机了，前面有辆车过来了。”过马路时，一位女孩赶紧拉住身旁的朋友。“真吓人，差点儿就撞上了，要不是你，我就没命了。”这位惊魂未定的朋友立即向恩人致谢。

现实生活中，随处可见人们低着头摆弄手上的手机，无论是在公交车上还是在走路的时候。在他们专心致志低头玩手机时，危险也随之而来。前不久，北京的一位17岁女生商某与同伴外出聚餐时，一边走路一边玩手机，一脚踩空，跌入十五六米的深坑不幸身亡。同伴转身跳下相救，造成腰椎骨折、右踝骨骨折。无独有偶，重庆有一位40多岁的中年女子在江边散步的时候，边走路边玩手机，不小心一脚踩空，从江堤上摔了下去，当场身亡。

在我们身边，不少人走路、等车、坐车、吃饭……只要有空闲时间，就会拿起手中的手机刷微博、看小说、玩游戏、听音乐、聊QQ或微信等。他们有一个共同的名字——低头族，而他们也已成为大街小巷的“惹事者”之一。当他们专注于玩手机时容易放松警惕，玩着手机被抢、被偷、被机动车撞的概率非常大，而事故往往就发生在一瞬间。

边走路边看手机或打电话会打乱步子的节奏，进而打乱自律神经的平衡，刺激交感神经活跃，增加精神压力，使人容易精神恍惚。当人们专心致志地玩手机时，往往很容易忘记他们当时所处的空间环境，全然不知身边的危险。

有调查表明，司机边开车边发短信，发生车祸的概率是正常驾驶时的23倍，而打电话是2.8倍。另一份研究结果表明，走路玩手机最容易分神，导致人们左右看的概率减少20%，遭遇交通事故的概率增加43%。当行驶速度在每公里约37米的机动车迎面而来时，给行人躲避的时间只有1.6秒，这对于“低头族”来说是远远不够的。一旦发生事故，后悔也晚了，只能怪自己在错误的时间做了错误的事。

由于“低头族”引发的交通事故屡见不鲜，部分国家和地区对走路时玩手机的行为予以制裁。美国宾夕法尼亚州将这一行为定性为“危害公共安全”，一经抓获，当事人会被罚款120美元。台湾也曾传出对行人边走边玩手机处罚的消息。

奉劝“低头族”们为了自身的安全和健康，在公共场所，尤其是在马路上行走时要时刻关注周围的情况，千万不要沉迷于玩手机，应该做到走路不玩手机，玩手机不上路。总之一句话：收起手机，安全出行！

车祸逃生技巧

□佚名

一般在车祸发生的瞬间，人的反应时间大概为0.75秒。如何能在这么短的时间内，迅速做出逃生选择很重要。

汽车落水：从窗口或车门逃生

其实汽车落水，通常仍有一至两分钟在水面上，如车头负载引擎，便会先由车头开始下沉。事主在此情况下，最重要的是保持冷静，评估形势，然后用适当的方法逃生。

当水位高于车窗时，慢慢降低车窗，在水流进车身期间逃出。如电动车窗无法降下，需用工具或高跟鞋打破车窗。如车旁玻璃无法打破，尝试利用天窗或前后挡风玻璃窗离开。如无法从车窗逃生，尝试慢慢将车门打开，不过车外水压大，常令车门很难开启。车门无法打开时需镇定，待车身入水到接近顶部时，尝试打开车门游出。此时车内外压力接近，车门较易打开。

当水流未达车窗，应立即降低车窗，在水流升至车窗高度前从车窗爬出。

当汽车被冲入河中，汽车通常会在水面漂浮一至两分钟。首先保持镇定，用几秒钟的时间冷静下来，评估形势后再决定用何种方法逃生。解开安全带，如无法解开，找尖锐物割开，快速离开汽车。

翻车：首先要关引擎，防止汽油爆炸

翻车时，首先要做的是关掉引擎，防止泄漏的汽油发生燃烧或爆炸；其次，双手支撑住车顶，双脚用力蹬在方向盘两侧的仪表台上，这样做能将身体固定住，然后解开安全带，慢慢让身体落在车顶上。乘客应尽快手足并用，紧紧攀住座位或内侧厢板，使身体随车体翻转。

撞车前一刻：把握好方向盘

撞车前，面对即将可能发生的撞车事故，唯一可以做的就是把握好方向盘，让撞车的后果尽可能减轻。后排的乘客应让身子尽量向后躺，并且双臂夹胸、双手抱头，采取这样的姿势承受冲撞，伤害可以小些。驾驶员也应尽量向后躺，双手撑住方向盘，尽可能减小方向盘对胸腹部的过度强烈的冲撞。从疾驶的车辆中跳车需注意姿势：身体抱成团，头部紧贴胸前，双脚双膝并紧，肘部紧贴身体两侧，双手捂住耳部，蜷曲着身子跳下，跳车后宜顺势滚动，以减轻与地面的冲撞力。

车祸被困：侧面车窗玻璃最容易敲碎

在抢险救援中，对车祸被困人员的救援是最多的。万一车门被卡，无论是什么车型，在有自控的前提下，只能打碎车玻璃进行逃生。逃生时选择打碎哪扇玻璃是很重要的。前挡风玻璃是双层复合玻璃，即便被打碎，也不会散落，只能选择侧面车窗玻璃，用类似逃生锤的尖利物体进行敲击。

暑期防骗攻略

□黄宗玥

做学生不容易，但起码有一点让包括警察叔叔在内的许多人十分羡慕嫉妒恨——每年有两个假期，这真是太爽啦！

不过警察叔叔还是要温馨提醒：平时读书虽然苦，但是有学校的保护，安全系数还是蛮高的；放了假，无论是居家、上网还是出门旅行、打工，面对的都是比校园要复杂得多的社会环境，所以一定要学会保护自己，这是成长路上的必修课。

潜在的危险，来自方方面面。本攻略仅针对其中一种，即社会上的一小撮特殊人群，其学名叫诈骗罪犯罪嫌疑人，俗名叫骗子。骗局五花八门，本攻略无法完全列举，请学会举一反三，见招拆招。

【居家篇】

骗局：亲人求救

案例：

高中生小陈放假在家，忽然收到一条父亲发来的短信，他拿起手机一看，立马傻眼了。短信中说，父亲在出差途中没有抗住诱惑，找了“小姐”，结果“小姐”的同伙突然闯入，威胁说要么报警要么拿钱“私了”。还说：“爸爸一时糊涂犯了错，对不起妈妈和你，但千万不要告诉妈妈，也别报警，否则我的家庭和事业都毁了。爸爸身上钱不够，还差2000块，先向你借一下，回来以后一定痛改前非！”短信里还附了一个银行卡号。小陈思来想去，决定先给父亲打个电话。接电话的是一个操外地口音的男子：“你是陈××的儿子？知道你爸干的龌龊事了吧，你自己看着办！”男子说完就挂断了电话。

小陈很气愤，但毕竟是亲爹，而他的确出差在外，并且看上去也知道自己存有几千元压岁钱的事，想来应该不会是假的，于是赶紧去银行汇了款。回到家，正好妈妈下班回来。妈妈一见他就抱怨道：“你爸下午给我打了个电话，说他手机被偷了，真是马大哈！”小陈这才意识到自己被骗了……

拆招与防范：

亲人的安危，总是叫人牵肠挂肚。骗子显然也非常了解这一点。他们常常会采取一种“广撒网”的策略，比如编写一条短信称手机、钱包丢失，让家里人汇款救急，然后同时向几百甚至上千人发送，大部分人收到后都能识破，但也总会有几个“亲人”受骗上当。而有的时候，骗子能够说对一些信息，比如姓名、身份等，就像上述案例中小陈遇到的，“看上去很真”，这样欺骗性就更强了。

警察叔叔的重要建议：

1. 收到让你汇钱的短信，一概不轻信，首先仔细核实情况。如上述案例，小陈完全可以去向父亲单位了解，父亲去哪里出差，有谁一同前往，请单位帮忙联系父亲，等等。万一实在难以核实、判断，可以拨打110找警察叔叔求助。

2. 强烈建议包括你在内的家里任何人出门之前，向家人说明自己的行程和去向，并告知随行人的联系方式，以便家人在无法直接联系到你时还有其他的联系方法。

3. 一个实用的“小窍门”：手机通讯录中家人的号码，不要按一般习惯标注“爸爸”“老妈”“儿子”等身份，而应该直接标注姓名，以防手机丢失或被窃后被不法分子利用。

骗局：朋友求助

案例：

QQ上，阿紫的头像一闪一闪。娟娟点开一看，阿紫说要来娟娟所在的H城旅行，希望来娟娟家做客。娟娟开心地答应了。娟娟曾去省城参加一个作文大赛，在那里认识了阿紫，与其成了好朋友，后来还经常互发电邮。娟娟把这个消息告诉了父母，父母也很高兴，还表示欢迎阿紫住在家里。阿紫向娟娟要了电话号码，说是到了以后给她打电话。第二天，阿紫用手机QQ给娟娟发来消息，说自己已经到了离H城不远的S城，打算在这里先玩一天，次日一早出发去H城。两个人聊了几句，约定次日见面。

次日，等待中的娟娟突然接到电话，打电话的是一个男子，自称是S城人民医院急诊部的医生，他说他们刚刚收治了一个遭遇车祸的女孩，女孩正在昏迷中，急需做手术，他们在她身上没有找到任何身份信息，只有一张字条上写着娟娟的名字和电话号码。“她情况很危险，但按规定，需要先交至少1000元的手术押金，你看是不是赶紧想想办法，尽快把钱先汇过来？”娟娟赶忙答应，记下汇款账号后，就给爸爸打电话求助。爸爸听过之后，说：“是不是骗子？”娟娟急了：“你怎么能怀疑我的朋友？”爸爸安慰她说，他马上去核实情况，只要情况属实，一定会出手相助的。

半个小时之后，爸爸告诉娟娟，他已经给S城人民医院和交警部门都打过电话，根本没有什么车祸。半信半疑中，娟娟经过多方联系，终于找到了阿紫学校的一位老师，辗转找到阿紫时，她正在一个假期补习班里上课，连自己QQ被盗的情况也一无所知。

拆招与防范：

1.首先还是不轻信。本案中，骗子采取了一种“放长线”的策略，没有立刻开口骗钱，而是先“编故事”，一步一步降低娟娟的戒心。幸亏父亲的警惕和核实，才避免了损失。

2.除了本案中盗取QQ对好友行骗之外，骗子们还常用另一种方式：“你猜我是谁”，即打电话给你，在电话里让你猜他是谁，当你说是某某时，他就应声说被你猜中了，接下去就开始“编故事”……如果接到这种电话，可以先说几个杜撰的名字，如果他说“对啊”那就等于自我揭穿了，或者干脆就坚持“不猜”！

3.切记，医院不可能要求通过转账支付押金，凡要求转账支付任何费用的必是骗子。

骗局：奖从天降

案例：

小李手机上收到一条短信：“恭喜！您的号码被湖南卫视

《我是歌手》节目组随机抽选为场外幸运观众，您将获得由苹果公司赞助的笔记本电脑一台，请拨打……查询领奖事宜。”小李有点儿怀疑这是个骗局，但奖品实在是太有诱惑力了，而且自己曾在节目的官方网站参与过“听审团报名”，的确留过手机号码，“说不定是真的呢”。

他决定，在打电话之前去“查证”一下，于是上网打开了“百度知道”，把自己的疑问在上面提了出来。很快就有人回复了，那个网友告诉他，《我是歌手》的确有场外抽奖，但也有很多骗子在冒充，提醒他认准“唯一指定查询专线”。小李一看这个“专线”号码，恰好就是自己收到的号码，于是很放心地打电话去查询。接电话的“节目组工作人员”经过一番“核对”后，说他确实获奖了，但要求小李先交100元“邮费”，“节目组”收到后便会把奖品用快递发给他。小李将100元汇出后，左等右等，怎么都等不到“奖品”。

当然，这台电脑小李是永远收不到的，你懂的。

拆招与防范：

1.不管是坏事还是好事、炸弹还是馅饼，都绝对不会那么容易地掉到你头上来，所以依然是那句话：“别轻信！”

2.本案中，小李一开始有所怀疑，也去做了“查证”工作，但为什么还是上当了呢？因为他忘了，他能上“百度知道”，骗子也能。网上的虚假信息多如牛毛，所以我们应该找正规渠道去核实信息，比如湖南卫视官方网站，或者拨打110。

3.不管什么情况，先捂紧“钱袋子”。无论对方自称是哪里的工作人员，无论他如何利诱、威逼或者恐吓，只要你半毛钱都不掏，他就拿你一点儿办法都没有。

【打工篇】

骗局：押金陷阱

案例：

阿亮想利用假期打工赚点儿零花钱，但又不知道到哪里去找工作。有一天，QQ群里忽然有人发了一条“招聘信息”，宣称某出版公司招聘兼职文字录入员，只要会打字、能上网，不用出门上班，在家就可以工作，薪酬标准是每万字600元，工资日结。阿亮动心了，联系上“招聘方”后，对方自称是出版公司的编辑“王老师”，让阿亮先打一小段文字，说要看看他的打字速度。阿亮顺利通过了“考核”，“王老师”说，将会给阿亮发送手稿扫描件，但由于这是一位作家的原创作品，为了保护版权，需要阿亮先交200元“保密押金”，完成任务后将全额退还。阿亮想想觉得“有道理”，便向对方账户汇去了200元。

很快，“王老师”告诉阿亮，“押金”已经收到，但公司的扫描仪似乎出了问题。他传给阿亮一张字迹模糊的扫描图，问阿亮能否看清。阿亮表示大部分看不清楚，“王老师”说去请示一下领导。过了一会儿，“王老师”说，领导表示可以把作者手稿寄过来，但手稿对作者来说非常珍贵，需要阿亮再交纳600元“保证金”才能放心。阿亮不想失去这个“机会”，便再一次照办了。“王老师”收到钱后，说手稿已经发快递，第二天就可以送到。

一直等了两天，阿亮还是没有收到手稿，而“王老师”再也不接电话、不回QQ了。阿亮这才意识到，他上了骗子的当……

拆招与防范：

暑期打工，既能赚取一定的金钱，又能收获社会经验，是一件好事。但高中生乃至大学生涉世未深，往往会变成骗子们眼里一只只待宰的“小肥羊”。但是，“虽然我只是一只羊”，只要谨记以下三条原则，纵是“灰太狼”也拿你没办法：

1. 以任何理由向求职者收取任何名义的押金、保证金、培训费、服装费等都是非法的。记住，打工是去赚钱，不是给人家去送钱的。

2. 应聘前先通过各种渠道了解企业的背景，选择正规的、最好是知名的企业去打工，对于“来路不明”的招聘单位要格外警惕。

3. 坚持就近原则。警察叔叔要特别强调一下这条原则，因为盲目地离开自己居住地去外地打工，其受骗的概率要比在本地打工高得多，发现上当后维权的难度也大得多。现实中有不少去外地后被骗工骗钱骗去做“传销”，甚至被人贩子骗卖、被犯罪集团控制的案例。前不久的《都市快报》上就刊登过一篇报道，警方抓获的一个“碰瓷”团伙中，有3位十几岁的少年，都是因“招工”被骗至外地，被犯罪分子残忍地打断手臂，被迫成为其敲诈勒索的工具。

最后，警察叔叔在祝大家度过一个平安快乐的假期的同时，也想拜托各位同学，当你遇到形形色色的骗子，除了头脑冷静不上当之外，请及时拨打110报警，积极向警方提供线索。警方掌握的“情报”越多，就越有利于将这些不法分子绳之以法。

骗子们对我们说：“快到我的碗里来！”我们就行动起来，把他们统统送到盆里……哦，不，是牢里去。

小贴士

收快递要注意安全

现在人们越来越离不开快递了，之前发生的快递中毒事件，提醒我们注意快递的安全。

很多人在网上买了很多东西，都要通过快递送到家，我们要注意快递的安全。

快递员上门要仔细确认身份，不要直接开门。单独一个人时，最好去公共场所取快递。

收货地点最好填学校、父母单位。

接收货物时一定要注意观察货物是否有异常、有异味，如果发现任何异常一定要拒收，退货。

签收后将货物单据销毁，避免信息泄露。

校园里的『灾难』

□佚名

提到灾难，你可能会想到地震、海啸等。其实，在校园里，若不注意防范，可能遭遇到的是看似细小、琐碎，很容易被忽视的校园伤害事故，有的同学也会遭受突如其来的“灾难”。在此记录三起，以引起大家注意。

跑步中系鞋带

体育课总是同学们的最爱，可稍有不慎会出现意外伤害。这天，体育老师先安排学生们“热身跑”，小曹和小段一前一后，跑得特别欢。跑步中，小曹忽然发现自己的鞋带松了，就往队伍外侧跑出一步，蹲下来系鞋带，紧跟在后的小段来不及反应，还跟着跑，一下子就把小曹撞倒在地。小段自己也踉跄了好几步，差点儿摔倒。后来小曹被送往医院就诊，诊断为右锁骨骨折。

预防措施：跑步前穿合适的衣服和鞋子，系紧鞋带。万一跑步途中发现鞋带松了，要先向体育老师报告，或者和后面的同学打招呼；实在来不及说，也要往队伍外侧多跑出几步，并且不要马上蹲下，好让后面的同学有时间反应过来，以免无意碰撞引发“灾难”。

塑料瓶当球踢

课间10分钟，走廊里热闹非凡。不知哪位同学“贡献”了一个小塑料水瓶，大家把它当“足球”，开始了8分钟的“足球比赛”，小赵同学担任守门员。同学们格外来劲，不仅有参赛的，还有趴在窗口做观众的。

小赵同学左扑右挡，一次次把“进球”挡了出去，观众同学兴奋地大声叫好。正当小赵得意扬扬时，“球”悄悄地溜过小赵的脚踝，进“门”了！小赵情急之下，扑过去抓起“球”闪电般地往外一扔。“哎哟！”趴在窗口的一位同学小蒋捂着眼睛大叫一声。原来，“小球”正中他的左眼。

小蒋很快被送到医院就诊，诊断结果为左眼钝挫伤、眼睑软组织挫伤、球结膜下出血。小蒋经过1个月的休息，幸运地康复了。

违规点酒精灯

上化学实验课啦，大家都很兴奋。这一次的化学实验，需要点燃酒精灯，但小杨同学实验台上的火柴大概受潮了，怎么划也点不着。看着同学们已经把各自的酒精灯陆续点着了，小杨有些着急，就借用邻桌已经点燃的酒精灯，想借火点燃。但没想到点火时，已点燃的酒精灯里酒精溢出，火苗直往自己身上蹿！老师见状，立即拿来灭火器，很快把火扑灭了，小杨的面部、颈部、前胸等多处被火焰灼伤，经过多次治疗才逐渐康复，还留下了疤痕。

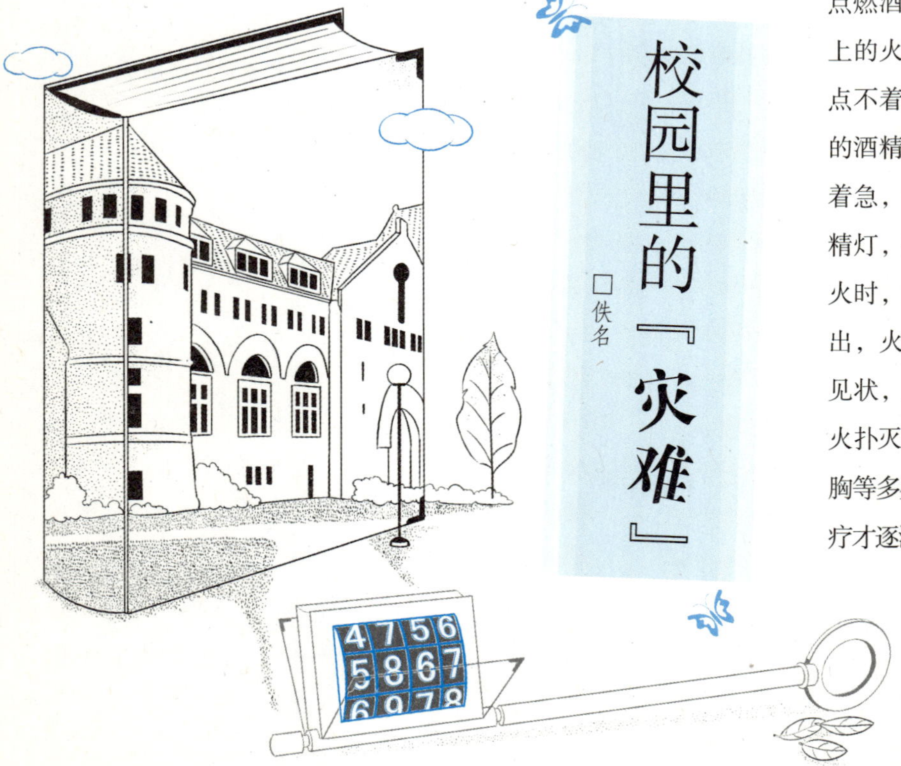

张小娴：远处的一双眼睛

□张小娴

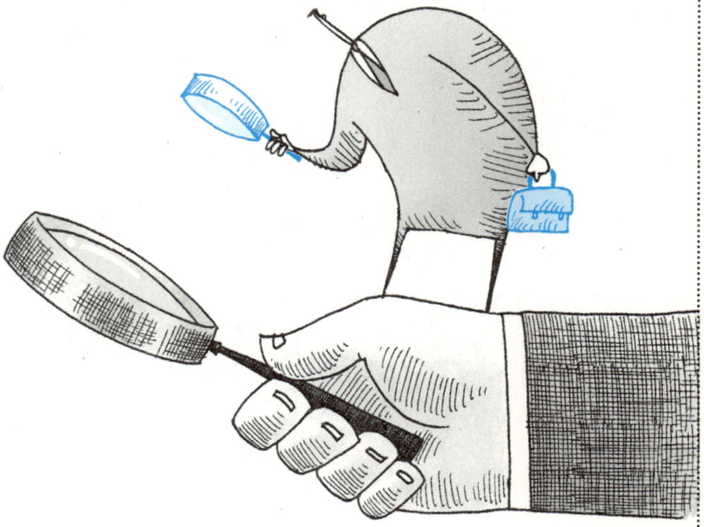

我们或许都经历过这种情况：你做一件事情，是因为你知道有一双眼睛在看着。那双眼睛属于一个你在乎的人。他也许是你的亲人，也许是你的朋友，也许是你仰慕和崇拜的人，也许是你暗恋的人。有了这双眼睛，你无论做任何事情，首先想到的不是自己，而是这双眼睛的主人：他会怎样看这件事情？又会有什么样的反应和评价？

因为感到他在看或者相信他会看，我们总是奋力做到最好。所有的一切，变成不是为自己做，而是为他做，渴望得到他的认同或赞许。假使偶尔能赢得一点儿赞许和关注，我们就会更加卖力。那一刻，我恍然大悟：一个人若只能为自己努力，毕竟太寂寞了；若有一个你在乎的人在看，那才不枉此生。

他真的在看吗？他也许是你暗恋的那个人或者是已经不爱你的那个人，尽管如此，我们还是希望他们会看见，只有这样，生活才能够有更大的动力。

我曾经为了一位老师关注的目光，每个星期上教堂。我也曾为了一个男孩的一双眼睛，努力上进。然后有一天，有个男孩告诉我，他做的许多事情，都是因为想获得我的关注。他甚至忘记了自己的需要。我却从不知道，他为了这双眼睛而选择了另一种人生。

那一双远处的眼睛，既是一种鼓励，也是一种情结，是我们多么想去讨好又害怕失去的一双眼睛。

错误的谈话方式

□庆历

1. 出现争辩时，把对方逼上绝路。
2. 过于卖弄自己。
3. 喋喋不休发牢骚诉说自己的不幸。
4. 在朋友痛苦无助时，谈自己得意的事情。
5. 用训斥的口吻去说别人。
6. 随意触及别人的隐私。
7. 谈话时做一些不礼貌的动作。
8. 只注重个人而冷落了他人。
9. 随便打断别人的谈话。
10. 谈对方不懂的问题。

倪匡：想对年轻的朋友说

□倪匡

青春

有一段不是很喜欢的对话，是说一些年轻人在讥笑老年人，老年人回讥：“青春人人都有过，可是年轻人未必会有老年。”话中有暗讽对方可能短命之意。

不喜欢这段对话，并不是因为它刻薄，而是觉得它歪缠，因为有没有老年，并不影响青春是美好的这一点。青春就是比老年好，无法否认这一点，除去歪缠一番，似是而非，令人讨厌。

青春自然是好的，眼睛明亮，骨骼强壮，皮肤紧绷光滑，肌肉充满弹性，笑声嘹亮悦耳，喧嚷震耳欲聋，不知道什么叫疲倦，浑然忘却人间有苦难、有悲伤；有忧愁，转眼就过；快乐充满细胞，希望涨满怀抱……现在想不出有什么比青春更好的了，那是人的生命旅程之中最灿烂光辉的一段，简直不是走过来，而是滑过来、飞过来、跳过来的。

整个人生，犹如一声叹息。青春只是人生中的一段，自然更短，所以有许多有关青春的“金玉良言”。我没有，我只说，青春真是好！

志向

贾宝玉弥月之喜，他的父亲贾政拿了许多东西让他随便抓。他一手就抓到了一盒胭脂水粉，贾政大怒，认为他没有出息。让小孩子去抓东西，是测试他将来的志向，若是抓到一支笔，那自然可以考进士中状元；抓了一柄刀，说不定就是威名赫赫的武将；如此类推，抓了胭脂，自然终生在女儿堆中厮混，于是被认为没有出息。

其实，任何人立志做任何事，都没有高低优劣之分，人各有志。小学生写作文，甲写了要轰轰烈烈为国家干一番大事，乙写了要做医生，丙要当作家，丁要做律师，戊要做什么，己要做什么，小学生很少会写下自己要做清道夫，因为年纪还小，自然个个胸怀大志。

残酷的是，人人胸怀大志，真正能达到目的的，恐怕只有十万分之一，所以立志之初，志向是什么，一点儿关系也没有。

如果立了志就可以达到目的的话，那么，全人类个个都是皇帝！

野蛮是一口吐向天空的痰

□蒙咪

洪晃给女儿写过一封信，其中一段话我非常喜欢：“妈妈希望你懂的第一件事情是人的尊严，就是爸爸常说的，你要有礼貌，别人才会对你有礼貌。当你需要阿姨帮你的时候，要说‘劳驾’，不能用命令的口气。我知道你的小朋友中有的不是这样的，但是你要按照我和爸爸教你的去做，别人没有礼貌，不要去理睬；自己要有礼貌，这就是你的尊严。你的尊严不是别人对你有礼貌，是你对别人有礼貌，不管别人是什么样的。”

道德的本质，就是心中有他人。尊重别人，给别人以尊严，这就是你自己的尊严。

读香港专栏作家屈颖妍的《怪兽家长》，我印象最深刻的就是她讲的一个故事：一个香港人去日本，发现他们即使在深更半夜行人稀少的情况下，也会乖乖地等红绿灯。香港人问：“这是为什么呢？”一个日本人答：“那盏灯，就是法律——我们不是怯于法律，只是尊重那盏灯。”

是的，这听起来很做作，很装，可是学者周濂就说：“装是文明开始的第一步。装着装着就信以为真了，等到深入人心，就大道通行了……”

很多时候，我们有多少尊严，并不是因为受到多少尊重，而是我们有多么尊重别人。坦白地说，我不能说自己多有教养，因为我也会讲脏话、拿刻薄当有趣……可是我有一点是值得骄傲的，就是真诚地对待那些世俗意义上比我弱势的人。我对清洁工、保安、司机，比对权贵阶层更有礼貌。因为我有个奇怪的逻辑，权贵不缺尊重;而就我所看到的清洁工、保安和司机们，受到的尊重没有那么多。如果我必须当一个粗俗的家伙，那不如把人生中少量的知书达理的配额，分给更需要尊重的人。

我常常觉得，考察一个人的人品，最快速的方式就是看他如何对待服务人员。谁摆出那种居高临下、颐指气使的姿态，我就会对他产生悲悯之情——一个人要寒碜到什么程度，才能靠欺负几个暂时居于弱势的人来赢得存在感。

有人说过，野蛮是一口吐向天空的痰，迟早会砸到自己脸上，那是多么难看。

超级大脑，我们知道些什么

□魏一平

2013年世界脑力锦标赛于11月30日在英国克罗伊登开幕，33个国家的104名选手参加了比赛。

很多年前，有一本叫《学习的革命》的畅销书在国内刮起了一阵“记忆旋风”，那会儿我刚刚上高中，还记得老师给我们推荐的时候，眼睛里放着光：“这书可以教会你一天之内如何背过四本书！”很快，大家人手一本，里面的内容早就忘记了，但在我印象里，它甚至都没能成为我们战胜高考的金钥匙，更别说要指导此后的人生道路了。

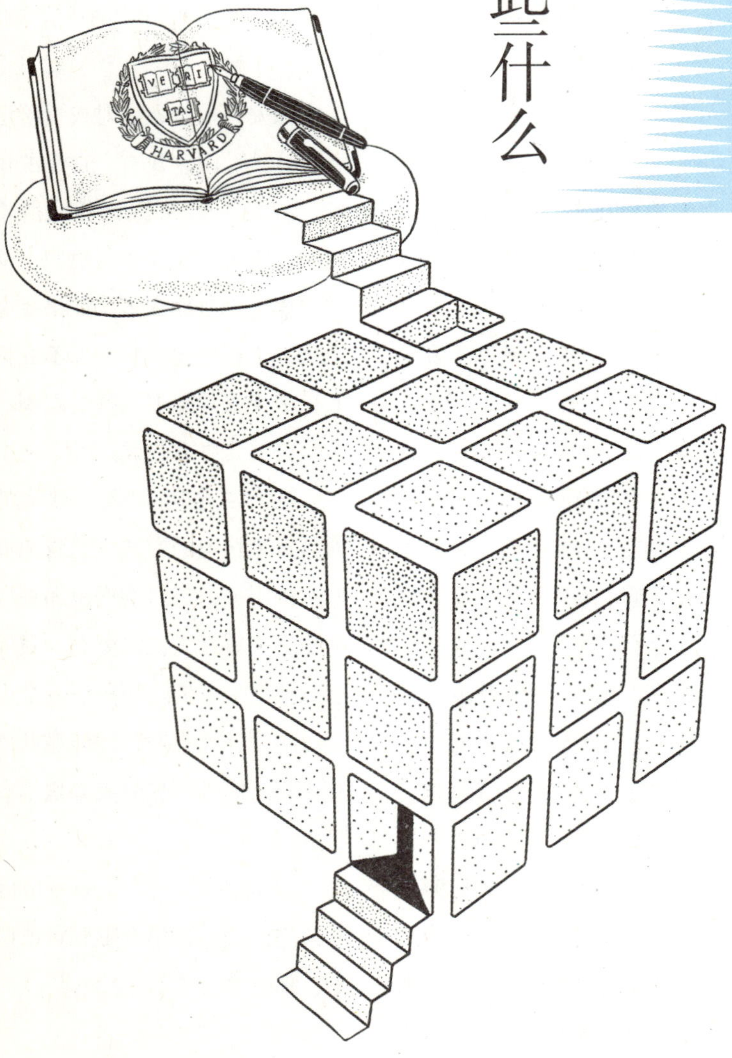

通过一些匪夷所思的技巧和重复性训练，教会人们一点儿快速记忆、算术或写文章的套路，进而鼓励你成为聪明的伟大人物，甚至天才——这样的把戏，在过去的数十年里，循环不断地在我们的生活中上演。从早期的特异功能、气功治病，到后来的珠心算、速记、即时作文、右脑开发等，形式五花八门，但都高举着科学的大旗。

记忆力培训是最近几年才兴起的其中一个分支。出生于伦敦的托尼·伯赞有着令人眼花缭乱的身份，他自称拥有心理学、语言学、数学等多个学位，喜欢玩皮划艇，甚至写过4000多首诗歌。这其中，最“闪闪发光”的头衔是——“世界大脑先生”，他发明了一套名为“思维导图”的方法，并为此出版了80多本畅销书，到全世界各地去演讲。

画一张思维导图并不难，你只需要拿一张大点儿的白纸，准备十几支各种颜色的彩笔，把你看到的关键词在纸的中央写下，由此再派生出零零散散的枝丫。之所以要用彩笔，是因为伯赞先生说，色彩更利于对大脑皮层的刺激，让人记得更牢。虽然他多次强调，这种方式是为了让人更好地思考，但不可否认，其更根本的意义还是为了便于记忆。

记忆，当然也无可指责。它是我们学习知识的基础，是我们日常生活的基础，但是，把记忆放在一个什么样的位置去考量，却值得讨论。1990年，伯赞结识了国际象棋大师雷蒙·基恩，两人一拍即合，决定创办一项考验人们记忆力的比赛，世界脑力锦标赛由此诞生。

这项比赛最大的意义是，创造了一些不知所云的纪录。比如一个人对数字和扑克牌的短期快速记忆，由此诞生了很多所谓的“记忆大师”。如果把它当作一项自娱自乐的脑力极限运动也就罢了，但问题是，这种记忆术，很快就和成功学以及应试教育走在了一起。各种培训学校随之而来，他们宣称可以让你在一个小时内背诵《赤壁赋》，以便可以在期末考试的时候得个好成绩。

另一种对记忆的崇拜，则来自我们对自己大脑的好奇，为什么有的人比我聪明？为什么有的人能够成为科学家、成功人士，而我不能？让自己的大脑变得更强大，这是大众的普遍期待，也是江苏卫视《最强大脑》节目创造高收视率的群众基础。我们为电视上那些快速辨认指纹、斑点狗乃至鸡蛋的记忆达人发出惊叹，那是因为，潜意识里我们也想成为那样的人。只是，记忆真的与智慧有关吗？

实际上我们对大脑的认识，被明显夸大了。比如不要输在起跑线上，儿童大脑的发育是个漫长的过程，一直到2013年下半

年，才有比较扎实的论文，论证了音乐训练对老年人延缓智力衰退有作用。回头想想，那些拍着胸脯说自己可以为你开发大脑的人，是不是有些可笑？

一直困扰我的一个问题是，练成所谓的“最强大脑”，到底有何意义？复旦大学脑科学研究院的翁史钧副教授的回答，某种程度上揭开了我的疑惑。他说：“大脑真正的价值在于，我们掌握知识，认识客观事物，并运用知识解决现实问题的能力。记忆是这一切的基础，但纯粹的记忆并不构成价值。”在谈及大脑的创造性问题时，华东师范大学心理与认知学院的郝宁教授也强调了这一点，“衡量创造性思维的两个标准，不仅看原创性，还要看其价值何在”。

专门研究神童现象的美国心理学家泰伦鲍姆提出过一个理论，他依据社会的需求区分出四种类型的才能：第一种是罕见的才能，指人类社会总是需要但一直短缺的才能，他们能使人类日常生活变得更加舒适、安全、便利及进步，比如爱迪生、富兰克林、爱因斯坦等具备的才能；第二种是过剩的才能，指能够将人类精神文明带入新的高度，但对日常生活的延续并非必要的才能，比如艺术家、文学家，缺了不行，多了也无太大必要；第三种叫定额的才能，专门指具有专精技艺以产出社会所需产品与服务的才能，比如工程师、会计、律师的才能，他们占据了大多数；最后一种叫异常的才能，例如，有些人具有超常的心算能力或奇特的记忆能力，但这些才能对社会发展并不具有特别的价值。

从这个角度来看，对最强大脑的崇拜，更像一种大众文化的流行符号，与科学无关。

善良是种传染病

□六六

新加坡的友善，让我迷恋，真的是迷恋。爱上这座城市，是因为她的质朴，即便是大都市，但很多人清纯得就好像来自山野。

我刚到新加坡的时候人生地不熟，每次问路，被问的人都恨不得亲自带我去，也真有人送我到目的地的。孤身在外，一有困难，不用张口就会有人主动上前来帮忙。下雨的时候没带伞，几次被人邀请共打一把，伞不大，分享的却是温暖。

我的中医医生，刚认识她的时候，曾经为钱的事情发生过不快，我发现她每次都收我诊费22元，而只收别人8元或10元。问她的时候，她很诚恳地告诉我：“我看病是量力收钱，有些附近的居民我认得，知道他们景况不好，我就少收，这样，有了病他们才会来看，否则他们不是只有苦挨？医者父母心啊，我父亲一直这样教我的。不要计较钱多少，关键是人人都看得起。其实很多时候我连草药的本都收不回的。我收你是合理的，因为我大约估算得出你的收入，我收得多的，是那些有钱人的，如果有效果，我就叫他们捐善款。”我听了便觉得很愧疚。

善良与感冒一样，是一种传染病，一接触就会散播开来。我带着感恩的心，开始留心这世界。

那些事儿，你知道吗？

好友之间基因相似

□林小春

西方有句谚语：朋友是我们选择的家人。美国一项新研究从遗传学角度证明了这句话的正确性：朋友之间虽没有血缘关系，但他们在基因上确实有一定相似性。

美国加州大学圣迭戈分校教授詹姆斯·福勒等人分析了近2000人的约150万个基因变异标记。他们发现，从统计学角度看，朋友之间有约1%的相似基因，这相当于拥有共同玄祖父母的人之间的基因相似度。

新研究显示，朋友之间最相似的基因是味觉基因。研究人员说，这可能是因为具有相似味觉基因的人容易被相似的环境吸引。

最让研究人员惊讶的是，朋友间最相似的基因似乎比其他基因进化得更快。这也许有助于解释过去3万年中人类为什么会加速进化，也说明社会环境自身可能是一种进化的力量。

做好7件事让你更优秀

□［美］戴安娜·怀特　韦盖利

大家都想成为更优秀的人，但是我们很多人不知道该怎么做。生活并不容易，我们经常犯不想犯的错误。但是，我认为，大家都值得尊敬，每个人都可以成为更优秀的人。如果你真想成为一名更优秀的人，你可以通过以下一些措施改变自己和某些习惯。

一、原谅每个人

第一个措施是原谅。这可能很难做到，但原谅每个人，你的生活会变得更容易、更快乐。最重要的是，你应该原谅你的父母。每个人在童年时都会有一些伤疤，即使父母很出色，你也不例外。记住，那已经是过去的事情了，你要活在现在，放开童年的伤害，你会感到更好。没有完美的父母，他们之前没有抚养过小孩，有时候，他们也是在学习，也是跟孩子一起成长。

二、学会保持你的尊严

另外一件要做的重要事情是，学会保持你的尊严。记住，只有你才能对你在生命中的选择和决定负责，所以，当你做错事情的时候，永远不要惩罚自己。即使有些人伤害你，或你跟某个人有较大的分歧，不要让任何人或任何事情击溃你，提醒自己，你的生命是独特的，是真正有价值的。

三、分享你的时间、精力和天赋

每个人都有天赋，你可能没意识到自己的天赋，但你是有的。分享你的时间、精力和天赋可以帮助你成为更优秀的人，所以，学会跟别人分享你的宝贵时间，你自己会感觉到更好。

四、习惯早起

每次我6～7点起床，通常会比10点起床的时候看到更多的东西，跟太阳一起醒来，听小鸟唱歌，看人们在户外运动，感觉真的很好。我以前不习惯早起，但当我早起时，我有时间做平常没有时间做的事情，比如，读一本书，练习冥想或者跑步。

五、关掉电视

我知道，有很多好看的电视节目，要关电视很难。但你必须关掉，因为关掉电视会让你有更多时间和精力，去做那些可能让你变得更好的事情。电视真的是台时间浪费机，关掉它，读你最喜爱的书，去外面散步，或者烤点儿甜饼。看电视不会给你带来更多的快乐，也不会让你变得更优秀。

六、学习新东西

你不应该停止学习。不论你是30岁、40岁，还是60岁，你都可以学习一门新语言，或者别的有趣的东西。知识就是力量，你懂得越多，你对自己的感觉就越好。当你成为一个学识丰富的人时，大家会尊重你和你的知识。

七、爱好锻炼

听起来可能有点儿奇怪，但锻炼也可以让你变得更优秀。如果你不喜欢出汗，我建议你游泳。我喜欢水，游泳是我最喜欢的活动之一，游泳可以减轻压力、焦虑，让人的体形更好。当我觉得难过时，我总是去游泳。压力和焦虑会使你感到抑郁，所以，你应该设法除掉它们。

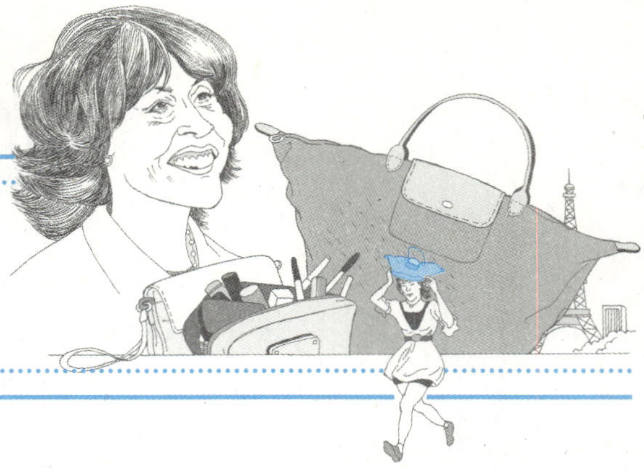

是谁在翻试卷

□李湘琳

高三的时候，我最怕数学考试。根本的原因，当然是因为数学学得不太好——直到“一模”之前，我都在艰难地追着班里的平均分。而除去这个根本的原因，还有一个直接而表象的事情最让我胆战心惊，那就是考试途中忽然响起的此起彼伏的翻试卷的声音。

翻试卷这件事情大概也是遵从正态分布的。第一个翻卷子的人经常早得出奇，我还在做第一面中间位置的题目时他就哗哗翻面儿了，清脆的声响虽然划破寂静的教室，但毕竟划不出我心中的涟漪，因为这人天赋异禀大家早有共识，多少场考下来也是见惯不怪了。

一般不到一分钟后，就会有第二拨翻卷子的高人出手，三五个数学奇才争勇斗狠地甩出试卷，其中总有一位动作显得特别敞亮，先是大风车一样抡起试卷翻面，再是摊蛋饼一样把卷纸铺平，快狠准、嘎嘣脆，好俊的一身功夫。

再往后，教室里的气氛我就开始怵了，“哗啦”“哗啦啦”“哗啦哗啦”“哗啦哗啦哗啦”“稀里哗啦冻次大次……”一般当高斯波形的峰值出现时，我还在抠第一面的最后两道题，这两道题要是一眼可以看穿的便罢，要是还有点儿摸不出头绪的，我心里真如翻江倒海，有时甚至会大脑瞬间空白。杀伤力最大的是某几位好朋友翻卷子的身影，“我去！他也做完第一面了？”朋友A君翻试卷的动作往往是压垮我淡定心态的最后一根稻草。

千真万确，当我心态垮掉的时候，决策就是非常不科学的跟风，“哼，我也翻！”于是尽管还有一两道题空着，我还是硬着头皮开始做第二面。我不知道全班是不是只有我这样一个傻瓜，而我确实干过这种事儿，不止一次。

在其他科目的考试里，我一般不会感觉到有翻卷子这件事的存在，我想它们肯定也是遵从正态分布的，但是我因为心里有底，对别人翻卷子的声音可以做到置若罔闻。你翻，或是不翻，我都坐在那里，不紧不慢。尤其在考英语的时候，我最有底气，反正最后总要抽时间在草稿纸上画个精致的猪头，又何必紧赶慢赶？

最近，我忽然觉得人生也有点儿像当年的数学考试，周围人都在哗啦啦翻卷子了，心里着急，恨不得点根儿烟抽。

其实人生这个考试的特点是无时无刻不有人在翻卷子，甚至无时无刻不有人在交卷子。以前悠然自得的时候，我觉得人生是英语考试，对周围人的进度并不关心。看到有人18岁大学毕业、有人25岁公司上市、有人30岁退休，我都不着急，甚至有时候会替他们操心：少年裘马，恐怕终究不是太好吧？需要这么着急去画猪头吗？

也许人生是场奇怪的考试，时而考英语，时而考数学。也许人生根本不是考试，因为考生只有在考试结束好几天之后才知道成绩，而人生结束以后人们已经没有什么想知道了。

那些一辈子都在画猪头的人，是不是其实也挺幸福的？

 同样的一瓶饮料，便利店里2块钱，五星饭店里60块，很多时候，一个人的价值取决于所在的位置。——谚语

美的教育

□雷婧

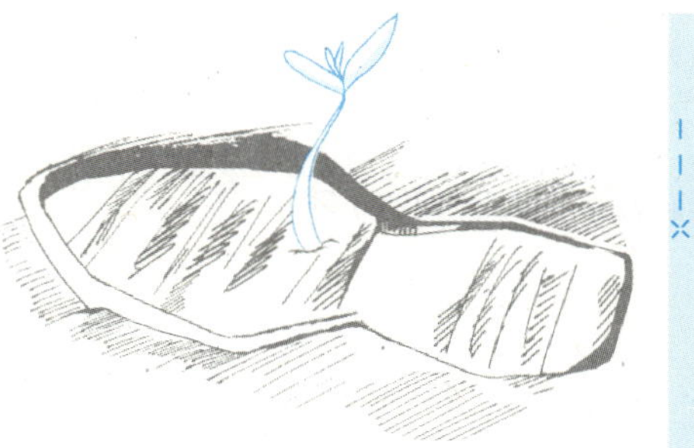

我用一个下午仔细地想了想多年来父母对我的美的教育，发现这里面出了点儿问题。

午睡起来觉得鼻头油油的，准备下床扯一张吸油面纸清爽一下。想起我第一次“变坏”，就是从一包吸油面纸开始的。

我是这样一个孩子：从小是优等生，机灵、听话、爱学习，同时晚熟。在同龄的女生已经开始选择用短到脚踝的纯色袜子搭配帆布鞋的时候，我还穿着我妈给我买的快到小腿肚的运动长袜。我有个小学同学，初中也和我在一所学校，是个挺风云的女神级别的人物。有一天她眨巴着大眼睛，很好心地对我说：“你别再穿这么长的袜子了，好土。”可是我当年乐天地觉得，土有什么，这恰是我听话的象征。回家后我还把这事给我妈说了，我妈对自己的女儿满是赞赏的表情。我记得那时我还是用炫耀的口气说的。

初中女生的美常与成绩成反比。学校里最好看的那批女生，学习常常不怎么样。她们把好学生用来划分自然段的时间拿去看时尚杂志了，从刘海儿边两条垂下来的头发到帆布鞋两种不同颜色的鞋带绑在一起，让我走在校园里就知道，最近台湾偶像剧里的女主角都是什么样的打扮。

我留着学校规定的最标准的学生头，看着这些漂亮女生结伴走在春风荡漾的校园里，大声嬉笑，与篮球场上帅气的男生一起开着玩笑，心里终于有了些异样。

我开始想让自己变美。

在公交车站旁边有家饰品店。其实也不该叫饰品店，货架上从兔子形的发卡到用来补水的喷雾，都是最新潮的女生用品——可爱的代名词。里面有一件我想了很久的东西。

我不怎么长青春痘，但是南方的夏天还是常常闷热得让我这个十三四岁的女孩满面油光。教室里开始风行一种便捷的吸油面纸。上完体育课，女生们气喘吁吁地坐回自己的位子，从包里掏出一张面纸，轻轻地按压在鼻头，然后清清爽爽地开始下一节课。但是我没有，实在油得不行了，才会向身边的女生借一张。

我反反复复地走进那家饰品店应该不止10次了。每天等10路车时都要走进去，站在放吸油面纸的货架前拿起一包来看。粉红色的包装上印着“清爽，无堵塞，45张”，还有个2.5元的价格标签。我心里有个结，觉得好孩子不该买化妆品。想到这里，我就会放下这包无辜的面纸，转身离开。

但我终于还是走到了收银台前，拿着这包粉红的吸油面纸。回家后，在台灯下小心地抽出一张往脸上贴，看到吸收的油脂让面纸都变色，就觉得心里很满足。虽然这包面纸只是藏在我书包隐秘的小口袋里，虽然它还是时常让我觉得自己变坏了。

我仔细地想怎么会出现这样“非人类”的想法。追溯到一件事。我爸曾因为我不想穿一条老土的加绒运动裤批评过我，他和我妈坐在客厅，郑重其事地说：“人的精力有五分，你要是把其中三分都放在外表上，成绩怎么会好？”这话被我深深地信奉，以致到现在还清楚地记得。我从来没质疑过我爸妈对我的美的教育，在一个女生爱美的新芽刚刚萌生的时候。

所以我在很长一段时间里，充当着校园里最乖、最朴素也是最老土的学生，从不敢凑近厕所里的镜子仔细端详自己的面容。

我最终没有被压抑出任何心理问题。因为这种被压制的敏感，随着我初中的结束，被越来越“宽容”的父母慢慢地释放了。

长裙过踝半厘米

□风为裳

丹妮是我同事柯明的女儿，15岁，每天放学后都得跑过一条街，来我们办公室找她妈妈取钥匙。

我很奇怪，既然这么费事，为啥不配一把钥匙给她？柯明用不容置疑的目光看了我三秒钟说：“必须这样做啊！她有钥匙的话，你怎么掌握她？”

有一天，丹妮来取钥匙时，柯明正好去上课了。她让我把钥匙给丹妮。丹妮对我桌上放的中午逛街时新买的长裙很感兴趣。她说：“你都是大人了，干吗还要穿长裙，穿短裙才好看啊！”

我笑：“多短？”

丹妮低头在膝盖下比画了一下，不甘心似的，又在膝盖上比画了一下，再比画，就到大腿根了。她抬头，看着我，露出小虎牙羞涩地笑，说：“反正越短越好啦。”

我把那条蓝色碎花白地的雪纺长裙拿出来给丹妮比，丹妮的个子已经很高了，但裙子还是落到了她的脚面上。

“嗯。”她点头，“这裙子我穿给我妈看正好，过脚踝半厘米，我妈觉得很安全。”

我哈哈大笑：“鬼丫头，你妈真的会这样要求你吗？”

丹妮亮晶晶、乌溜溜的大眼睛忽闪忽闪的，嘴一噘：“你还不信？她不让我拿钥匙，还不是害怕我有了钥匙就可以为所欲为。我每天来取钥匙，相当于每天她都在提醒着我：别做坏事，你这孙猴子逃不出我这如来佛的掌心啊！”

原来是这样啊！我打算提前开溜，请小美女吃蛋挞，丹妮听后高兴得几乎跳起来。

坐在肯德基里，丹妮大快朵颐。抽空跟我说：“阿姨，你要是我妈就好了！从小，我妈就给我灌输，女孩胖了不好看，不能多吃。女孩不能大声说话，不能张嘴大笑，不能穿短裙……一句话，当我妈的女儿，憋屈死人了！”

我哈哈大笑，我说：“击个掌吧！我当我妈的女儿也憋屈得要命呢！”

丹妮“啊”了一声：“不会吧，你都这么大了……”

“怎么不会呀，女儿多大，

老妈都是老妈啊，她恨不得把她的人生经验全部传授给你，希望你少走弯路。比如，我这个年纪还没找男朋友，我妈就跟你的想法一样，干吗要穿长裙啊？要把美腿露出来，男人才会喜欢啊！”

丹妮笑了：“你妈妈真潮啊，就是啊，你干吗不穿短裙嘛！”

我小声跟丹妮说：“因为要反抗啊！小时候，我想穿短裙，她不让，现在，我想穿长裙，她又唠叨，烦死人了！”

丹妮喝了一口冰可乐，说：“你妈妈是为你好啊！小女孩穿短裙，会被人吃豆腐的！还有啊，现在男人都爱漂亮的女人，你又不老，干吗把自己打扮得老气横秋的啊？赶紧去买条漂亮的短裙，膝盖以上半厘米，你的腿又细又长，穿上，肯定美呆了！”

这回是我噘着嘴意味深长地看着丹妮了。她被我看毛了，摸了摸脸，说：“什么嘛！”我大笑：“这道理都懂，怎么还嫌你妈烦呢？”

丹妮恍然大悟的样子，指着我说：“你……是不是我妈让你来劝我的，你快点儿交代。”

“这个真没有。”我举双手发誓。

丹妮把整只汉堡消灭掉后，也叹了口气：“等我做老妈时，我让我的孩子想干什么干什么！”

“真的吗？”我追问。

“或许不会！”丹妮哈哈大笑。她是个聪明且有思想的姑娘。

那次之后，她仍会每天来办公室取钥匙，不同的是每次都会跟我聊几句，说说娱乐八卦或者是哪个男星比较帅之类的话题。这让柯明无比嫉妒，她说：“我也试图跟她说这些，她都爱理不理的，为什么都告诉你？”

我指了指双腿说：“因为你的目的不纯，你是奔着让丹妮穿过踝半厘米的裙子去的。”

每个女孩都有过这样的经历，老妈是离我们最近的人，她约束我们，禁止这，禁止那，当然她也就理所当然地成了我们身边“最可恨”的人。

我跟柯明说：“丹妮是个好女孩，道理她都懂，你要给她个叛逆的机会。或者，你也应该给她一些自由。”

过了一学期后，丹妮给我发短信：“我妈终于解放我了。我拥有了家里的钥匙，还有，我妈说可以穿短一点儿的裙子，但要在膝盖以下……哈哈，我现在其实更喜欢牛仔裤。”

蒋方舟：荷尔蒙在空中自燃的年代

□蒋方舟

许多年之后，我仍然记得自己荷尔蒙勃发的那个下午。

我还在上初中，不记得是13岁还是14岁，炎热的暑假我在电脑前写作，蝉在下午两点的热浪中竭力叫嚷，汗把我粘在椅子的竹坐垫上。

我写作的电脑不能上网，唯一在写作间歇的消遣和奖赏是能看个盗版光盘碟片。那天我看的是迈克尔·杰克逊的音乐电视，屏幕上，是已经变得雪白的迈克尔·杰克逊在一个古巴的街区舞蹈，数万棕黑皮肤的人跟在他身后，鸣鼓狂欢。我瞥见迈克尔·杰克逊腾起的纤细身体，和歌唱时兴奋扭曲得近乎狰狞的脸。

那一瞬间我只觉得有电流击穿大脑皮层，十分刺激，非常震荡，久久不能复位。到现在，我跟人说起自己第一个有非分之想的对象是迈克尔·杰克逊，很多人都不能理解，没办法，神经中枢的事情我也不能解释，就是爱他那时已经备受摧残的脸。我那时看了眼时钟，默念下时间，心想人生从此刻变得不同。

人生从此大概也就不同了。

在此之前，我是没有性别的人。记得当时年纪小，你爱谈天我爱笑。对门住了个和我差不多大的男孩，非常调皮，他的父母惩罚他的办法是剥光了他，让他在门口罚站。

有一次，我闹着要离家出走，父母说：“你走可以，但是衣服鞋子都是我们家的，你不能带走。”于是我火速把自己剥光，冲出家门，走到家属院门口，听到依稀有行人和摩托车的声音就害怕了，一路小跑着回到家门口，碍于面子也不敢敲门，怕灭自己威风长他人志气，就这样畏畏葸葸地全裸站在门口。

站了不久，邻居的小男孩也被全裸着扔出来。

我们两个裸体小人相对站着，距离不过两三米。到了下班的点儿，大人三三两两地回来。上楼时，看着我俩门神一样相对站着，黝黑嶙峋的两副身体，赤身裸体还要维持尊严地绷着脸，大人们都忍不住笑，一边上楼一边回头看，继续笑。

后来，我看美剧和外国电影，看到萝莉和正太相爱，在夕阳下献出初吻，夕阳照耀他们的金发，总是非常羡慕，羡慕他们小小年纪就意识到自己性别的魅力，多健康多美好。而我对童年异性最深刻的记忆，就是那面面

 做自己的英雄。你唯一需要去拯救的就是你需要被人拯救的想法。——谚语

相觑、不辨男女的两副裸体，像女娲刚造出来的小人。

12岁的时候，我写了本书，书引起了一些诧异，主要还是因为涉及了一些所谓的成人话题。对我来说，反而诧异于大人的诧异。因为那时的我，视全世界的人都是没有性别的人，荷尔蒙也远远没被唤醒。

十五六岁的时候，隔壁班有个骨骼清奇的男生，瘦高个儿，戴眼镜，头发软，爱穿白青两色，秋天爱穿毛衣。他大提琴拉得好，是学校乐队的首席，每次演出总在最靠前的位置。班里也有女生偶尔会提到他，我总是假装记不全他的名字。

在长达一个月的时间里，我们总是在上课上楼的时候碰到，一前一后，一左一右，在楼梯两侧各自低头走。我心跳很快，脑浆要沸腾成一锅糨糊。

人脑中有3种物质，一种是让人兴奋的多巴胺，一种是去甲肾上腺素，另一种是苯和胺的化合物。当人脑浸入这些化学物质的时候，就会坠入情网。在那段时间里，我大脑每天都咕嘟咕嘟地煮在这复杂的混合物中，一度以为所有的脑细胞都会烧干烧尽。

荷尔蒙是粉红色的，每天在楼梯间里如梦似幻一分半钟，渲染清教徒一样黯淡的高中生活。

我那时候写了本言情小说，男主人公照着隔壁大提琴男的样子写。小说里爱情活动主要是散步，并肩行走就已经是获得感情享受的标准动作，写作时会幻想偶尔意外的肢体相碰，自己用左手去抚摸右手手背模拟，就已经害羞得快要中风。

言情小说写完之后，我和隔壁的大提琴男还是连互相问好都不曾有过。我非常天真地以为已经有了互有好感的默契，把沉默视为男女双方渴望接触而形成的张力。那时候的我，雌性激素根本不需要对方的回应发生什么化学反应，它自己就旺盛澎湃得能在空中自燃。

我们第一次，也是最后一次对话，是快要高中毕业的时候，两人仍是前后脚在楼梯上。我在前他在后，他忽然快几步追上我，要我给他签个名，说以后可能会升值。我非常谨慎害羞地表示：恐怕要等我死后100年，签名才有升值的可能性。

那个少女时期是后无来者的吧。因为我上大学之后就陷入了激素干涸的危机，常常干笑，几乎不再有心跳加速的经历，且视男性美貌如粪土，偶尔托腮表演对美男子的憧憬，内心也有一个知根知底的声音说：“呸。”

我一度以为是因为来到北京，天气太干，空气太差，冬天太长太凌厉，冻结了我的荷尔蒙。后来想想，觉得北京是无辜的，是自己失去了憧憬的能力。

我慢慢长大，自己还没有经历什么，已经听说过足够多他人的生活。知道人人皆有憾，对他人的生活礼貌地丧失好奇，没有谁的生活值得羡慕，自己的生活也就没有那么难以忍受。不知道能不能埋怨现实是抽干了荷尔蒙的东西，只是觉得对20多岁的我来说，荷尔蒙已经近于鸡肋，把理智满打满算地使用好，才是持家之道。

想起一个童话故事莫名而滑稽的结尾：“当一切事情结束的时候，国王和他的侍从捧腹大笑。”捧腹大笑也好，荒诞滑稽也好，还是源于一种尴尬。我面对比我小的孩子，知道他们比我更开放、成熟以及随意，也经常产生落荒而逃的冲动，更是羞于详述我经历的青春，因为耳边也隐约会传来他们的捧腹大笑。

当理科生迷路以后

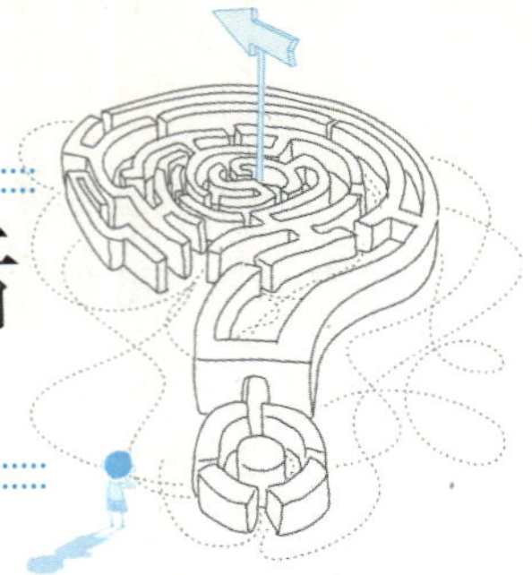

□李开周

一个理科生晕倒后被送到一个陌生的地方，当他苏醒以后，你猜会发生什么故事？

首先他会确定自己是不是还在地球上。

他爬起来，他深呼吸，他活动筋骨，他东跑西颠，他仰望苍穹，他俯察厚土，他感觉到氧气充足，重力正常，天上有太阳，而且只有一颗，地上有走兽，而且没有异形。于是他果断地做出判断：自己并没有进入外太空。

然后他会确定自己究竟在南半球还是在北半球。

他找到一些水，缓缓灌进一个小孔，同时观察水流的旋转方向。如果漩涡是顺时针的，那就证明在南半球，如果漩涡是逆时针的，说明在北半球。

假如周边没有小溪，没有河流，没有湖泊，没有海洋，找不到水怎么办？别急，他会很耐心地憋一大泡尿，然后边尿边观察尿的漩涡。理科生就是这样有办法。

确定了自己所在的半球以后，理科生还必须要知道所在地点的经纬度，不然他将永远摆脱不了迷路的恐慌。

他爬到树上，折下一根树枝，量过树枝的长度，垂直固定到地面上。太阳出来了，理科生不眠不动，静心观测，观测着树枝的影子。当影子缩到最短，说明已到正午时分，他赶紧记下此时影子的长度。

有了树枝的长度，也有了影子的长度，理科生会运用勾股定理计算出从树枝顶端到影子末端的长度，拿这个长度去除以树枝的长度，就能得到太阳高度角的正弦值。然后理科生会用树枝在地上写写画画，做一场异常烦琐但是非常精确的运算，通过正弦值来反推太阳高度角。最后再用90去减这个太阳高度角，那个得数就是纬度（虽然这样计算很不精确）。比方说，太阳高度角是60度，那么纬度就是30度。如果此前他观测的漩涡是顺时针，那么他就在南纬30度，反之，则是在北纬30度。

仅仅算出了纬度，理科生并不满意，他还要算出他所在地点的经度是多少。为了简化自己的计算，他走进最近的钟表店，买了一块可以同时显示格林威治时间和当地时间的钟表，然后他用当地时间减去格林威治时间，得出当地距离本初子午线的时差。理科生知道地球从西向东自转，每小时经过15度，每分钟经过0.25度，每秒钟经过0.004度，所以有了时差就能算出经度。比方说他看到当地时间是8:00，格林威治时间是11:00，时差为180分钟，拿180分钟除以4，就是当地的经度：东经45度。

从经济成本上讲，上述方法并不理性，因为一块可以精确显示格林威治时间的钟表是很贵的，所以精明的理科生又想到了一个替代方案：他用每小时两元的代价租了一台装有linux系统的电脑，用相应的时间函数分别调出格林威治时间和当地时间，一样算出了经度值。事实上理科生是个编程高手，即使没有linux系统，他也能用C语言或者别的任何语言调出格林威治时间，而且费时很短，两分钟就搞定了。鉴于他租电脑时交了两块钱，所以还剩下58分钟可以用，他不想让这些时间白白浪费掉，所以又编写了一个堪称完美的小程序，该程序的功能就是自动调取时间、自动计算时差，进而自动计算经度值。

在最后一分钟，理科生把这个小程序和自己的账户传到了网上，试图让大家有偿下载，这时候他忽然看到了google earth（谷歌地球），忍不住仰天长叹：早知道直接上网查一下就能知道精确方位，我还费什么事啊！

其实去查google earth也是理科生的思维，如果换文科生，直接找个人问问路就行啦。

18世纪的“阳光宅男”

□冯雨菁

如果在18世纪，每天下午4点，蹲在德国小城科尼斯堡的大街上，你会准时碰到一个人——不要不相信你的眼睛，这个瘦小的人，真的是康德。

康德是个不折不扣的超级宅男。他的生活已经宅到“单调无趣”。海涅评价他说：“康德的生平履历很难描写，因为他既没有生活过，也没有经历过什么。”康德一生都待在老家科尼斯堡，离开家乡最远也不超过60公里，一生只做过两份工作：一是家教，干了11年；二是大学老师，干了41年。他的生活很有规律，每天早上5点起床，两个小时学习，两个小时教课，写作到下午1点，到一家餐馆进餐，下午4点到街上散步1小时，然后看书、学习、写作，晚上9点到10点间睡觉，如此日复一日。他的作息时间准确得惊人，以至于传说科尼斯堡的居民谁家钟表不准了，只要等康德出门散步，借着与他打招呼的机会就把表调好了，一定准。一次，康德由于潜心阅读卢梭的《爱弥儿》忘记出门，城里的居民陷入一阵恐慌，因为教堂的钟敲响了，但是在街上没有看到康德，大家不禁都在想，是不是教堂的钟坏了呢？

至于外表，康德更是“宅男”的典型，他个子很矮，不到1.6米，胸部凹陷，胸腔狭小，他自己说：“我胸腔狭窄，心脏和肺的活动空间很小，天生就有病症倾向，小时候甚至十分厌世。”同时他还有一些怪癖，比如散步时一定紧闭嘴巴，他认为边说话边散步不卫生，但吃饭时一定要与人交谈，这样大脑才不会转移胃的功能，有利于精力的恢复；又比如他排斥剧烈运动，因为他认为体液就是生命力，只能在体内循环流动，如有消耗人就会衰老死亡，因此，他对一切流汗的运动说不。

康德终身未娶，离群索居，孤独终老，享年80岁。

康德可谓宅男中的“战斗机”，用时下最流行的词说就是“矮穷矬”，但就是这样一个无趣刻板、与世隔绝、其貌不扬的人，成了震撼世界的全才型巨人，他在哲学、美学、天文学、地理学、物理学、数学等方面，都有很深的造诣。所以说，康德是个外表寂寞萧条、内心阳光普照的“阳光宅男”。今天女孩子心中的白马王子，都是肥皂剧里“可遇而不可求”的“高富帅”，但是我们身边更多的是这种“阳光宅男”，他们不完美，但总有一点让你觉得可爱；或许有点儿木讷，却很真诚。

三好学生美国“变坏”记

□Amber

三好学生——思想好、学习好、身体好。从小学到高中，这个标准一直激励着我。也正是因为这个黄金评价标准的存在，我得到学校保送去美国大学交换学习的机会。没想到10个月后“学成归来”，我有点儿不学好了。化妆、逛街、花钱如流水，相比于明亮的自习室日光灯，我反而开始喜欢学校的酒吧里微弱的烛光！这究竟是怎么回事？

开始“拜金”了

去美国之前，我从没想过一个学生怎么挣钱，挣到钱了又要怎么花，我只管上学就可以了。

我在美国时，遇到的第一个女室友叫Heather，她苗条白皙，看起来像是个与我志同道合的学术女。本想问问她读什么专业爱看什么书，可我搬进公寓一周都不见她的身影。有一天晚上，我在实验室编程序一直到很晚，回到家终于见到了她。但见她：黑色雨靴套在肥肥的水洗布裤子外面，男士白衬衫外面套着脏兮兮的黑色外套，头发胡乱盘起来塞在发网下，浑身还散发着鱼腥味儿！我顿时有点儿晕，磕磕巴巴地和她打招呼，她像是浑然不觉我的惊讶，随便答一句：“哦，我刚下班。”然后大步流星走回房间。

住了快一个月，我才慢慢搞清楚了状况。Heather需要自己负担房租和生活费，还要偿还助学贷款，所以她一下课就会跑去工作。美国规定学生每周兼职时间不能超过30个小时，她就决定在一家海产店打工到30个小时的上限，所以要上夜班、周末班。不过，Heather同时也是个潮女，不上班的时候，我总能看见她穿着白色风衣黑色丝袜，开着那辆刚买的二手红色轿车出去兜风。她说：“二十几岁就是最美好的年龄，靠自己的能力过上最精彩的生活，才是最惬意的。”这句话让我印象非常深刻。

带着这种启发我回到北京，开始去肯德基打工、当家教、到超市促销，挣的钱也学会了精打细算。去年夏天我还用攒了半年的钱带老妈去旅游了一次。室友瞅我不时地就会添些小首饰、买个品牌包，说我越老越“拜金”。可不是嘛，这么做让我充分感受到，经济自足实在是其乐无穷。

学会享受生活了

在美国我还有个合租的男室友Eric，此男有着一头自然卷曲的头发，没经修理的胡子，再加上总穿着几乎800年不换的黑色衬衫和灰色运动裤，真难想象这是个22岁的年轻人。但这并不是他真正震撼我的地方。我一直以为跟这帮美国孩子比起来，我每天7点准时起床已经够勤快的了。谁知Eric更神，每天我起身到厨房热牛奶时，人家的早饭都快做好了：小碗蒸米饭，清水煮西蓝花，平底锅煎黄油鸡蛋，一顿早饭就用了3个炉子，而且每天都不带重样儿的！

合租时间长了，我发现他的生活真叫一个健康滋润：每天自己精心做早晚饭不说，每周六早晨，还一定会到农副市场买本地产的最新鲜的水果蔬菜，下午会抱着吉他去社区参加路演；周日上午溜达到市中心学习踢踏舞，晚上固定和好哥们儿到学校附近的酒吧喝啤酒畅聊。有一次聊天，我忍不住问他：“你怎么有这么多精力和时间？”没想到他竟不解地回问：“每天我都有空儿，你没有吗？那你的时间都干吗了？”一语惊醒梦中人。我的时间去哪儿了？是看韩剧了吧，是周末蒙在床上睡到地老天荒了吧？

于是我决心振作精神，学着过过像Eric一样的日子。回国后，我会每天晚上少上半个小时网，敷个自制面膜，再泡30分钟热水澡，写写一天的心得。周一到周三早上要实习，我就少睡10分钟懒觉，打完热水顺路到活动室伸个懒腰晒晒太阳。周四周五没有具体安排，我也会6点半准时起床，先在校园里跑个步，然后拎着电脑，到图书馆找个安静的角落写写博客。最美的是周末，和朋友一起，每周一景，钱不多花，逛遍整个城市。以前在学生会的“同事”，见我总在刷微博传照片或者在咖啡馆晒太阳看小说，说你这家伙真是越来越懒散了。没错，在忙碌的实习找工作之余，体会大学生活最后的美好时光，我怎能放过这样绝佳的机会？

不想读书了

我在亲戚朋友中算是出了名的好学生，他们一直坚信我毕业后一定能考上名校的研究生。最近回家，别人问我考了哪里的研究生时，我说没考，找工作了，这让所有的人大跌眼镜。

我有这种想法，可不是一时脑袋发热。在美国留学的下半年，我遇到舍友Jake。这个人很奇葩，前一天还说自己是产品设计系的学生，正在研发某个产品，第二天就告诉我说要休学一年去打工挣钱，同时积累创作素材转学校。从他身上我认识到，喜爱的东西不一定都在专业中，综合时间和经济的考虑，在学校学习未必就是最优途径。这种对未来全新的认识，一下子打破了我的思维定式，我决定在大四时暂缓考研，先找工作。

通过5个月在不同岗位上的实习，我发现比起用经验和脑力干活的行业，我更喜欢也更适合事务性的工作。最终我与一家外企签约，从管理培训生做起。不读研对我来说不叫放弃，如果几年后我发现需要继续提高，依旧可以选择适合的在职培训或者再考研。总之，一条路读到底不一定是最佳选择，找到自己能够坚持并且开心走下去的路才最好。虽然这样的想法让父母觉得我“不安分”，我倒是很乐于也很享受这样的“变坏”。

如果现在让我重新设置三好学生的标准，我希望可以是：赚钱能力好，生活品质好，事业发展好。大学已经是独立生活的开始，学习也不是生活的全部，努力把自己养好，每天活得开心坦然，才能把以后的路走得更加宽阔。

零分之约，差生逆袭“学霸”

□刘轩

我在中国台湾还没有读完小学就跟着父亲举家搬迁到了美国。进入中学后，我开始叛逆；然后就变成了一个让老师头痛的孩子：调皮、厌学、爱做白日梦，每天憧憬的就是变成一个像舒马赫那样的赛车手。所以，我的成绩很糟糕，不知道从什么时候开始，变成了雷打不动的“C”，这让教过我的所有老师都无计可施。

刘墉终于忍不住找我谈话了，现在他要就我的学习成绩与我展开讨论，我的心情就开始不好了。他先是冲我意味深长地笑了笑，这个笑容在我看来很阴险。他对我说：“你的老师告诉我，你现在整天梦想着当舒马赫那样的赛车手，变得不爱学习了，对吗？”

“是的。”我感觉他的话里有一些鄙视的成分，这是对一个14岁少年尊严的莫大侮辱。我有点儿挑衅地说：“舒马赫是我的偶像，他像我这么大时成绩也很糟糕，他还考过零分，现在不照样当了世界顶级赛车手？”

刘墉突然爽朗地笑了起来，那笑声让我觉得有点儿阴险的味道：“他考了零分，当了赛车手。可是，你从来就没有考过零分啊，每次都是‘C’。”说完，他的手从背后亮出来，冲我扬了扬手中那张成绩单。

他竟然笑话我没有考过零分？我真的觉得自己受到了侮

辱。我咽了一口唾沫，从喉咙里发出低沉的声音："那么，你希望我考个零分给你看看吗？"他往椅背上一靠，摆出一个坐得很舒服的姿势，笑了："好啊，你这个主意很不错！那就让我们打个赌吧，你要是考了零分，那么以后你的学业一切自便，我绝不干涉；可是，你一天没有考到零分，就必须服从我的管理，按照我的规定去好好学习。如何？"

我们很认真地击掌为盟，我在心里已经开始窃笑不已了，我觉得自己遇到了一个天底下最可爱也最愚蠢的父亲。

"但是，既然是'考'，那就得遵守必要的考试规则：试卷必须答完，不能一字不填交白卷，也不能留着题目不答，更不能临场逃脱，如果那样的话即视为违约，好不好？"这还不简单？我的心里发出快乐的鸣叫，不假思索地答道："没问题！"

很快便迎来了考试。发下试卷后，我快速地填好自己的名字，开始答卷。反正这些该死的试题我平时就有五分之三不会，考个零分不是什么难题吧？

试卷结果出来了，是可恶的"C"，而不是可爱的"0"！我灰头土脸地带着试卷回家，刘墉笑眯眯地走过来，提醒我："咱们可是有约在先哦，如果你没有考到零分，你必须听从我的指挥和安排。"我低下头，暗骂自己不争气，竟然连个零分都考不

到。同时也在心里做好了最坏的准备，他还能怎么指挥我？无非是让我好好努力早日考到A而已嘛！

刘墉煞有介事地清了清嗓子，说出了他对我的命令："现在，我拜托你早一天考到零分，或者说，你近期的学习目标是向零分冲刺！哪一天考到了零分，哪一天你就获得自由！"我差点儿以为我的耳朵坏掉了，或者差点儿以为刘墉的脑子坏掉了；这样的大好机会送到他手上，他竟然将我轻轻放过，并且无限制地给我补救的机会？考零分和考A，我觉得还是前者更容易一些。于是，我看到了一丝曙光。

一年后，我成功地考到了第一个零分！也就是说，试卷上所有的题目我都会做，每一题我都能判断出哪个答案正确，哪个答案是错误的。刘墉那天很高兴，亲自下厨做了一桌子菜，端起酒杯大声宣布："刘轩，祝贺你，终于考到了零分！"他冲我眨眨眼，加了一句话："有能力考到A的学生，才有本事考出零分。这个道理你现在应该已经知道，不过我是早就计划好了，你被我耍了，哈哈哈……"

后来，我考上了哈佛，读完硕士，正在读博士；译了书写了书，拿了音乐奖，获得了表演奖；似乎在18岁以后，我就再也不想去做舒马赫第二了。我觉得我完全可以做到刘轩第一。

1440次不逾矩的男生

□吴非

说一件1986年的事。期末时学生自行申报“三好生”，一个原先对此事不积极的学生路某也申报了，他在“个人表现及事迹”一栏中只写了一句“在学校食堂就餐两年，没有插过一次队”。小组讨论时，有同学嘀咕了一句：“就凭这个也能申报？”那时学校已有一种不太好的风气，即考试成绩优秀的学生，其他方面表现差一些也不要紧，诸如在食堂就餐偶尔插队，也不会有人当回事。我在食堂值班，也曾见过学生插队，批评教育插队的学生时，常有学生满不在乎，因为“团委学生会干部也插队”。

班会讨论时，小路一言不发，神色平静，他读书多，常有自己的想法。在申报表上只写这么一句，就是一种表态。我想他未必看重这个“三好生”，他不过是想检验同学们对他的看法而已。

我说：“我们还是来算一算吧：每周上学6天，小路住校，除去假期，他在学校就餐一共是1440次；两年时间，在每天都看到其他人‘随便’的情况下，小路把一件事重复做了1440次，每一次都循规蹈矩、一丝不苟，大家说说看，这容易吗？这件事他都做到了，还有什么做不到的？”我继续说，“我相信学生们有爱心，但我想，一个年轻人，如果仅仅为了早一点儿吃上饭，买到好菜，便公然拿着饭盆站在女生前面，站到低年级的小同学前面，这样的人今后走上社会，你能指望他奉公守法？你能指望他‘为人民服务’？这样的人，会在最艰难的时刻把最后一口水留给垂死的战友？把最后一块饼干留给饥饿的儿童？我不相信。”

投票时，全班都给小路举了手。

事后有个同学尴尬地说：“以前我们偶尔插个队，看到小路端着饭盒站在后面，觉得他有些‘呆’；其实是我们有点儿猥琐了。”

年轻人要“有所为”，这个意思不需要多说；难在也要能“有所不为”，要控制自己的欲望，是谓慎独。在诱惑过多的情况下，人们很难在1440次的行为中做到“如一”。

生存安全

危难之际给你 100 条命

意林剧场　极地生存考验——《南极大冒险》

冰天雪地的南极迎来了三名科考队员，他们前来搜寻一块陨石，随行的还有八条雪橇犬。南极风景优美，三人惊叹不已，然而危险也随着美景到来。几天之后，一场暴风雪让他们尝到了苦头，其中一名队员掉进了薄冰下的冰水里面，危在旦夕，幸得雪橇犬奋力相救，队员才脱险——这似乎只是一个小小的序曲，更严峻的考验还在后头。

狂暴的风雪在南极大地肆虐，科考队员进退两难，在恶劣的天气和环境下挣扎求生。而此时，他们只能决定放弃那八条忠实的雪橇犬。当三个人安全返回的时候，他们怎样也放不下那些还陷于危难的狗。为了挽救它们，三个人沿途折回，回到了那片南极大地……

经典台词

世界上总会有值得你去冒险的东西。只要你有信念，坚持下去，人可以有遗憾，但绝不能让自己后悔！

有的时候你需要放低你的期待。不打无准备之仗，放低期待，并不代表放弃，不是吗？

人要去做自己渴望的事，内心才能真正平静。

你能在火灾中逃生吗？

□佚名

差不多每个人一生中都会遇到某种形式的火灾。了解有关火灾的常识，学会对付它的方法，是你所能获得的最好的火灾保险。

我们大多数人都认为自己知道发生了火灾是什么样子，我们在电影里和电视中经历过许多次那样的场面。不过，如果你和我在大火中像电影明星那样做，我们很快就会没命的。为了向你说明这一点，让我们来测试一下你的防火安全知识。

1.你正在楼上睡觉，一只起了火的废纸篓将起居室的窗帘烧着，火舌蹿到墙上，烟雾报警器响了，响声把你叫醒，你必须在大约多长时间内离开房屋？

①2分钟；②5分钟；③10分钟；④15分钟。

正确答案是第一个。美国国家防火委员会在一幢实验用的房子的起居室里点燃了一个废纸篓，然后记录从纸篓起火到引起一场火灾所需要的时间。2分钟后，烟雾报警器响了。3分钟后，起居室的温度升到能让人致死的高度——摄氏260度，楼下的房间也充满毒烟。4分钟后，楼上楼下的过道已不能通行。再过一会儿，还留在房子里的人就会被烟呛死，或者被烧死。

真正发生了火灾，根本没有时间收拾值钱的东西，也没有时间去穿外衣或者打电话给消防部门——这些大多数人认为他们要做的事情都来不及做。火焰是具有爆炸性的。由于温度不断升高，气体积聚，物体不仅会燃烧，它们还会发出跳动的火苗，或使许多东西同时燃烧起来。

2.假设你已睡着，烟雾报警器突然响起来，你将怎么做？

①赶快下床看发生了什么；

②去打电话通知消防部门；

③低着身子慢慢移到门口。

正确的答案是第三个。真正着了火，又有烟雾出现，直着身子站立会使你在短时间内送命。

 旁观者的姓名永远爬不到比赛的计分板上。——谚语大多数人不太了解的情形之一，就是火灾现场的热度是十分惊人的。当我穿上防火衣，走进纽约市消防学校一座燃烧的房子时，我发现，这个时候保持站立姿势是必死无疑的。当距地板约0.6米高的地方温度约为摄氏93度时，约1.5米处为260度，天花板的温度是426度。如果我还站立着，那很快就会被烧死。

还有一点就是烟雾会挡住你的视线。当我们在电影里看着火的场面时，一切都非常清晰。在真正的火灾现场，你基本上什么也看不清。你可能变得晕头转向，甚至在一个你一直居住的房间里也搞不清窗户和门的位置了。如果你站着呼吸几下，一氧化碳气体就可能使你窒息。由于烟和热气上升，离地板近的地方，空气比较清洁，呼吸起来也比较容易。

3.让我们假定你在那间假设的卧室里，听到烟雾报警器的响声，你该怎么做？

①赶快打开房门；

②用手背去接触房门，看看它是否已变热；

③慢慢打开房门，从门缝中观察外面的情况。

正确答案是第二个。如果门是热的，打开房门，放进卧室的烟和火就会夺去你的生命。如果房门不热，火势可能还不大，你还可通过正常途径逃离房间。

你离开房间以后（一定要关好身后的房门，以防火势蔓延），在楼梯里或过道上遇到浓烟，要马上停下来，千万不要试图从火里逃生，也不要躲藏到顶楼或壁橱这些别人难以接近的地方。

回到大火还没有烧到的房间并关上房门，紧闭的屋门可以起到隔温的作用。标准的木制房门可以为你多赢得15分钟的时间——足够你从第二条路线逃离。大多数楼房使用的那种金属房门，可以使火舌难以接近，为你赢得更多的时间。

4.假设你住在一幢高层宿舍楼的第16层，你不可能从窗户离开，而过道里又充满烟雾，你该怎么办？

①退回到你的房屋，打电话向消防部门报警；

②在门的四周放上湿毛巾；

③如果你需要空气，小心地打开窗，先查看近处的火势；

④待在靠近窗子的地方，向消防队员求救。

上述几种做法都是正确的。千万不要乘坐电梯，除非有消防部门的指示。因为供电系统可能发生短路，使你困在里边。如果你没法离开房屋，那就低下身子，靠近窗子的下部，这样，你可以呼吸到新鲜空气。门框上的湿毛巾可以防止烟渗入。

5.一位参加聚会的客人把香烟掉在了你起居室的沙发坐垫中间，在沙发燃烧起来之前，这支香烟能慢慢地烧多长时间？

①15分钟；②30分钟；③1小时；④3个小时以上。

正确答案是第四个。抽烟不小心掉落是导致火灾伤亡的主要原因，这跟香烟造成的火灾要经过如此长的时间才能被发现有一定关系。等到大火着起来的时候，大家可能都已进入梦乡。

抽烟引起的火灾需要较长的时间才能察觉，所以最好在房子的第一层和睡觉的地方的外面装一个烟雾报警器。许多人认为，如果睡着了，烟的气味会把他们熏醒，这个想法是错误的。在你闻到烟味之前，烟中所含的一氧化碳气体就能使你窒息。

6.一盘黄油在炉子上烧了起来，你必须在多长时间之内将火扑灭？

①2分钟；②5分钟；③7分钟；④10分钟。

正确的答案是第一个。千万不要试图用水来浇灭炉子上的火，它会使烧着的黄油四处飞溅。最好用一个适当规格的灭火器灭火，也可以用一个盖子或烤面包用的苏打将火慢慢地闷灭。如果你在两分钟之内还没有把火熄灭，那就要离开房间。

差不多每个人一生中都会遇到某种形式的火灾。了解有关火灾的常识，学会对付它的方法，是你所能获得的最好的火灾保险。

地震中的动物预报员

□阿正

机敏的“猪宝宝”

猪给人的印象往往是懒惰痴呆，但经科学家研究发现，猪是地球上十种最聪明的动物之一，“智商”远远超过猫、狗等一般家畜。在地震发生几个小时前，猪会突然停止进食，也不再打瞌睡，睁大眼睛走来走去，用鼻子使劲拱圈，甚至奋力一跃跳出圈逃走，和平时慵懒的样子完全不同。

勤恳的“牛大叔”

牛在我们心目中是勤劳的动物，不管风吹日晒，它每天都在田里帮助农民伯伯耕田犁地，是丰收的大功臣。可它的功劳还远远不止这些，除了种田之外，它还不辞辛苦地承担起了“地震预测”的工作。

2001年1月26日，印度西部古吉拉特邦一个叫卡拉姆的小村庄里，温驯听话的牛儿们全都不进圈，而是跑到大街上，就是这异常的举动帮助全村人逃过了50年来印度最大的地震。因此村里人十分感激他们的牛，此后每年的这一天，都给牛“放假”，让它们在街上随意行走，并给它们最好的食料享用。

警惕的“狗保镖”

狗是人类最忠实的伙伴，在地震预测方面，它们也兢兢业业。1960年5月22日，一名智利渔夫准备出门时，爱犬冈萨雷斯叼走了他的鞋子，并把他引到村子附近的山上。不久后，渔夫感到整个大地都在摇晃。等震颤过后，他惊慌地向山下看去，发现自己的村子已经成为一片废墟，更恐怖的是，远处的大海上正涌起十层楼高的滔天巨浪，很快就将山下的一切淹没……有了爱犬的“提醒”，渔夫才逃过一劫。

精明的“猫小姐”

猫是优雅而独立的动物，但在地震来临时，它们也会惊慌不安，一反平日里镇定自若的神态。1923年2月3日，一只惊慌失措的波斯猫救了苏联两名妇女的命。由于波斯猫一反常态地对主人张牙舞爪，两名妇女便走出屋来探究原因，因此使她们免于葬身废墟。

吵翻天的“鸡公鸡婆”

“公鸡打鸣，母鸡下蛋”，貌似天经地义的事情在地震的威力下也会发生改变。每当地震快要到来，“鸡公鸡婆”们就会打起架来，甚至“离家出走”逃离鸡舍。有的还会把自己辛苦下的蛋都弄得七零八碎也不管不顾，而飞到树上墙上等高处，真可谓“鸡飞蛋打”。

地震来临时的“鸽子信差”

鸽子长途跋涉仍不迷路的能力，让它有了信差这份“美差”，但有上进心的鸽子仍不满足，又找了份地震预测的兼职。这下可好，地震一来它就“有理由”日夜栖于屋外，飞来飞去，连家都不回。这份敬业精神，在动物界真是没动物能比。

看完上面这些动物神奇的地震预测能力，你特别想知道其中的奥秘吧？原来，一些动物的某些器官感觉特别灵敏，伴随地震而产生的物理、化学变化（如振动、电、磁、气象、水氧含量异常等），往往能使这些动物的某种感觉器官受到刺激而发生异常反应。如一个地区的重力发生变异，某些动物可能通过它的平衡器官感觉到；一种振动异常，某些动物的听觉器官也许能够察觉出来。地震前地下岩层早已在逐日缓慢活动，呈现出蠕动状态，而断层面之间又具有强大的摩擦力，于是有人认为，在摩擦的断层面上会产生一种每秒钟几次至十多次、低于人的听觉所能感觉到的低频声波。人要在每秒20次以上的声波中才能感觉到，而动物则不然。那些感觉十分灵敏的动物，在感触到这种声波时，便会惊恐万状，以致产生与平时截然不同的表现。

水不是灭火的万能工具

□小可

有个成语叫“水火不容”，意思是，水和火是两种性质相反的东西，根本不能相容。很多人认为，水是灭火的“万能工具”，其实不然，有些时候，用水来灭火扑救，反而会让火势更加凶猛。所以，在发生火灾的时候，一定要掌握正确的方式。

油锅着火

谨记：不能用水扑救

原因：冷水遇到高温热油会形成“炸锅”，使油火到处飞溅，很容易造成火灾和人员伤亡。油锅起火，不应强行去端锅，因为这样做容易把锅弄翻，会产生适得其反的后果。

正确做法：先把液化气或者电源关掉，然后迅速盖上锅盖隔断空气就可灭火。

电器着火

谨记：不能用水扑救

原因：水有导电性，进入带电设备后易导致触电，会降低设备绝缘性能，甚至引起设备爆炸，危及人身安全。

正确做法：家用电器或线路着火，要先切断电源，再用干粉或气体灭火器灭火，不可直接泼水灭火，以防触电或电器爆炸伤人。

车辆燃油着火

谨记：不能用水扑救

原因：汽油不溶于水，属于易燃易爆液体。如果用水来扑救，燃油会浮在水面上，扩大燃烧面积，加重火势。

正确做法：可以用沙土、棉被、篷布等蒙盖隔绝空气，压灭火焰。

怎样乘坐飞机更安全

□ 杨涿

2013年7月，韩国一架客机在美国旧金山着陆时失事，来自中国浙江的3名同学不幸遇难。她们都是花季般的年龄，一场意外，让她们年轻的生命和梦想永远停止在了悲剧发生的一刻。这次航空事故，让我们在悲痛之余，再次想到了安全问题。怎样乘坐飞机才会更安全一些呢？让我们一起来看看以下8个关键词。

安全带

和坐汽车一样，安全带像一双大手一样牢牢地保护着我们的身体。所以，我们一定要在飞机起飞前就系好安全带，直到飞机平稳降落以及滑行结束后再解开。这样，当危险发生时，才不至于将我们甩出飞机或者摔到客舱里。

手机

如果能用手机拍张飞行于云端的照片该有多酷！不过千万别这样做，太危险了。飞机利用无线电导航设备与地面导航台保持实时联系，控制航线。手机发出的电磁波会对导航系统造成干扰，航线稍有偏离，后果不堪设想。除了手机，具有无线功能的电子用品都是要全程关闭的，为了安全，电脑最好也不要开启。

遮光板

不要小瞧遮光板，它的用途可大呢。飞机起飞或下降时一定要打开它，这样你才能第一时间发现外部的异常情况，并及时通知机组人员。不过，飞机平飞时是可以拉上的，这样，睡觉会比较舒服。

小桌板

咦，小桌板不是用来吃东西的吗？没错，但是处理不好也相当危险。特别是在飞机起飞和下降时，一定要收起，否则发生意外时会成为我们撤离的障碍物，最可怕的是，万一飞机发生了撞击，它就成了伤害我们身体的利器。

座椅

飞机平飞时调下座椅靠背，嗯，还蛮舒服。但记得在起飞和下降时一定要调直，一旦发生危险，不仅能为后排旅客留出逃生的通道，也能减小飞机在冲撞的过程中对我们自己的伤害。还有脚踏板，收起也好，不至于让我们在逃生的时候摔跟头。飞机飞过广阔的水域，我们一旦落入水中，具有漂浮功能的坐垫就会给我们帮上大忙。

救生衣

如果飞机迫降到海上，除了坐垫，座椅下还有救生衣。操作起来很简单，飞机起飞前都会有演示，一定要认真看。不过需要注意的是，使用时不要在客舱里就为救生衣充气，救生衣的浮力和飞机下沉的重力会把你困在客舱中。一定要等离开飞机后，上船之前，拉动充气手柄，救生衣会自动充气。

背包

除了已经托运的行李，如果还有被我们携带到客舱里的背包，一定要将它们放到行李架上。道理很简单，一旦需要撤离，如果背带挂在座椅扶手上，我们就太危险了。也不要把背包随便放在地上，撤离时无论对谁都是障碍。

紧急出口

这个出口太重要了！发生危险时，这儿就是可以用来逃生的重要通道。所以，坐在紧急出口的乘客更要警惕。当然，这个座位一般会安排给强壮一点儿的成年男子坐，因为他们可以在紧急时刻帮忙打开出口。这个位置虽然不让同学们坐，但同学们还是要知道它在哪里，对逃生路线要做到了然于胸。

机组人员十分贴心，在飞机飞行的各个过程都会有安全提醒，大家一定要认真听哦。在紧急着陆时，要保持正确的坐姿，身体前倾，头贴膝盖，抱紧双腿，两脚平放。如果遇到紧急情况需要逃生，别忘了摘掉眼镜，拿掉口袋里的尖锐物品，避免受到不必要的伤害。无论怎样，安全才是最重要的！

那些事儿，你知道吗？

千万别把飞机上的安全带当摆设

□佚名

“女士们，先生们，我们的飞机很快就要起飞，请您在座位上坐好，系好安全带，收起小桌板……”作为飞行安全保障的有效手段，飞机上的安全带与汽车安全带、摩托车头盔一样，绝不是一种摆设。一旦遇到空中颠簸和其他意外情况，安全带能起到保护作用。特别是紧急着陆的情况下，它可以保住你的生命。

安全带有用吗？

的确，我们的飞行绝大部分是安全的，但是突发情况总还是有的。2007年10月17日，从昆明飞往香港的××341航班在香港上空遇到强烈气流，飞机在10秒之内从6400米的高空下降到5800米，很多没有系安全带和正在上厕所的旅客被抛向机舱的上方，并撞到天花板上，共有45名旅客受伤。据国际民航组织统计，在79例颠簸事故中，因客机遇到湍流，虽无一人死亡，但有125人受重伤，226人受轻伤，绝大多数“遭殃者”都因无视乘务员提醒，忽视安全带的保护作用而受到伤害。

防不胜防的“晴空颠簸”

在大气层中，气象变化万千。旋动的气流常在一万米上下的空中窜动，而这正是大、中型喷气式客机飞行的高度。每次实施航行以前，机组人员都要了解航线沿途的天气预报情况。但是，天有不测风云。客机在较高的高度飞行时，往往是晴空万里，肉眼不容易见到湍流的到来。正是这种晴空湍流的出现，使飞行员防不胜防。这些气流有一定的速度，加上客机的巡航速度，其相对速度更大。强大的气流会使客机以每秒10~15米的速度上升，也可能会使客机以更大的速度下降，产生猛烈颠簸。客机意外地进入这种湍流区时，总会程度不同地出现问题，轻则发生微度振动或者中等颠簸。严重时，上下旋动的强烈湍流，会使你觉得自己被狠狠往下砸，没系安全带的旅客会被抛到舱顶再摔到座位或地板上，其危险性可想而知。

正因为这样，空乘人员常常会不厌其烦地提醒旅客：“除非您需要离开座位，在整个飞行中，请松松地系着安全带，当遇到意外的强烈颠簸时，您来得及系紧、系好安全带。”这个善意的提醒也许可以使你化险为夷。

灾难导致航空业发生的7个变化

□杨孝文

严重的航空事故发生后，人们都要问一个关键问题：“如何才能阻止此类灾难再次发生？”MH370航班失踪后，马来西亚航空公司就立即修改了驾驶舱规则。为了拥有更加安全的飞行环境，人们针对过去发生的航空事故，对与现有飞行有关的规章、法律以及技术进行了改进。得益于这些改进，2013年成为世界航空史上最安全的年份之一，已知的大大小小的全球航空事故只有29起，265人丧生，而过去10年，平均每年死于空难的人数在720人左右。

1.主动避撞系统

自从飞机诞生，主动避撞就一直是航空和航天工业优先考虑的问题。1956年，美国环球航空公司的一架飞机与联合航空公司的一架飞机在美国大峡谷上空相撞。几年后，美国联邦航空局成立，为美国航空业制定规章制度。然而，问题依然存在。1977年，两架飞机在西班牙洛斯罗迪欧机场（现在更名为特内里费岛机场）的跑道上相撞。与大峡谷上空发生的那起事故一样，这次撞机也突显飞行员之间进行更好的沟通和空中交通管制的必要性。不久，标准空中交通管制用语规范就出台了。1991年，美国联邦航空局要求飞机必须安装空中交通警戒与防撞系统，它通过空中交通管制，监控飞机周围的空域。

2.烟感探测器和自动灭火系统

1983年，加拿大航空797航班在美国肯塔基州上空3.3万英尺（约1万米）的高空飞行时，卫生间突然飘出缕缕黑烟，浓烟很快弥漫到客舱。尽管飞行员进行了紧急迫降，但是机上人员只有半数及时从火灾中逃出来。这次事故发生后，美国联邦航空局强制要求，飞机的洗手间必须安装烟感探测器以及自动灭火设备。1988年以后生产的飞机，内饰使用了更多的阻燃材料。1996年的瓦卢杰航空592号班机空难，更提高了人们对货舱着火的重视程度，商业航空运输运营商，必须为货舱安装烟感探测器和自动灭火系统。

3.座位空间规定

飞机乘客可能会觉得现在的经济舱相当拥挤，其实，客机座

当你手中抓住一件东西不放时，你只能拥有这件东西，如果你肯放手，你就有机会选择别的。人的心若死执自己的观念，不肯放下，那么他的智慧也只能达到某种程度而已。——谚语

位之间的最小空间以及座位到紧急出口之间的距离，都是有严格规定的。现代座椅设计是为了在遇到紧急事故时，可以最有效地疏散机上人员，这种设计出现的部分原因与1985年的一次空难事故后，英国克兰菲尔德研究所所进行的一项研究有关。当年，英国空旅航空公司的一架波音737客机，在曼彻斯特国际机场起飞前突然失火，一个引擎燃起火苗，火势迅速蔓延。不幸的是，由于座位之间空间太小，加上舱门附近出现的瓶颈效应，一些乘客无法及时安全撤离。这起事故发生后，飞机制造商改变了飞机的内部设计，使紧急疏散变得更容易。

4.气象雷达

在一些坠机事故中，恶劣的天气有着不可推卸的责任，其中最著名的是美国达美航空公司的191航班，1985年它在雷雨交加的环境下，飞进达拉斯沃尔斯堡国际机场，结果不幸坠毁。飞机在800英尺（约244米）的高度遇到了风切变，风切变使飞机在几秒钟内就失去了54节（约每小时100千米）的空速，造成飞机快速下降。此次空难促使机载雷达和风切变探测器成为飞机的标准配置。现在，先进的气象雷达不仅可以发现恶劣的天气状况，而且可以预测风切变。如果一位飞行员看到风切变正在逼近，他不能选择立即降落，而要围绕机场飞行，直到风切变消失。

5.老化飞机监控

一架飞机到底能够飞行多少年？美国联邦航空局在1988年开始推出“全国老化飞机研究项目”，主要研究如何监控老飞机的结构完整性问题。之所以会提出这一举措，与阿罗哈航空公司发生的一起事故有关。该航空公司的243号班机在夏威夷上空2.4万英尺（约7300米）高度飞行时，突然发生爆裂性失压，部分机顶外壳被吹飞。这架波音737飞机已经服役19年，调查人员认为，飞机与服役年限有关的磨损导致了这起事故。

6.复查检修

对老飞机进行检修会受到非常严格的控制，这是因为1985年日本航空123航班发生的悲剧，这架波音747在东京附近突然坠入山区，造成520人遇难。调查发现，这次坠机事件是由几年前的一次拙劣的维修造成的，那次维修处理了舱壁的一个裂缝，但是经过数百次飞行后，维修处被腐蚀，导致空气压力舱壁突然爆开。波音公司对此做出的回应是：将更加严密地监测航空公司的维修工作。

7.获取数据

2009年，法国航空447航班在从巴西里约热内卢飞往巴黎的途中坠入大西洋。搜索队花了两年时间，才找到这架A330的黑匣子，对黑匣子里的录音进行检查后，法国航空事故调查局认为，这次事故错在两名经验不太丰富的飞行员，他们过于依赖自动飞行控制系统。这次事故发生后，空中客车和波音公司均改变了操作程序，并把更多的注意力放在了手动操作训练上。欧洲航空安全局还公布了一项有关停止使用老的记录技术的通知，建议驾驶舱里的声音记录仪的最短记录时间要能持续2个小时。最近发生的马来西亚航空公司MH370航班飞行事故，更突显了更好地获得数据的必要性。

九种人格测试助你选出最佳旅途

□李鹏修

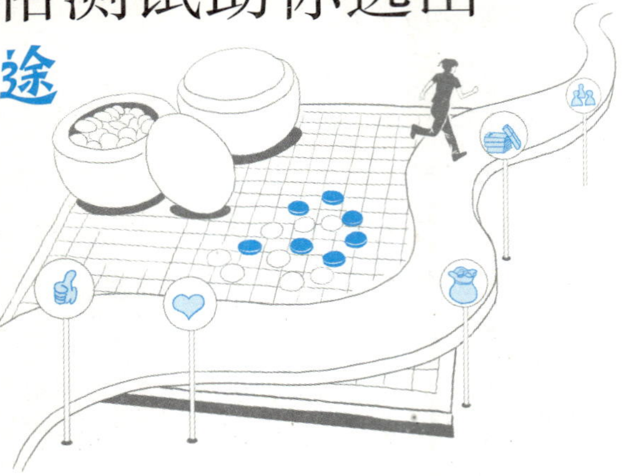

1号　完美主义者

有强烈的道德观，永远要求客观公正，注重细节和效率，组织能力极强，能将繁复的事情有系统地处理，是志高气远的理想主义者。

适合旅途：瑞士游

相信再追求完美的人都一定会爱上瑞士，壮丽的冰河、倒映着雪峰的湖泊、生长着阿尔卑斯山特有的高山植物和雪绒花的山坡，在风景秀丽的山间小径徒步旅行，尽情享受瑞士自然风光里的平和与宁静。除此以外，您还可以在这里买到享誉世界的瑞士名表、瑞士军刀和工艺品。喜爱美食的人还可以亲手制作瑞士有名的奶酪、巧克力和葡萄酒。美景、美食搭配上精美工艺品，这绝对是完美主义者的完美之选。

2号　协助者

以别人的感受为先，能轻易体察人心，并给予协助，有“你快乐，所以我快乐”的心态，经常一腔热诚地帮助别人。

适合旅途：韩国游

韩国女性给人们的印象大多是温婉可人、体贴周到，而这些温柔善良的韩国女性也让韩国充满了亲切友善。众所周知，韩国人经常三三两两或成群结伙地一块儿喝酒唱歌，吃烤肉，大家聚集在一起，烦恼也跟着一扫而光，让您时刻处于和谐的气氛之中，非常适合协助者坚持的“你快乐，所以我快乐”的观点。对于喜欢韩国偶像剧的朋友们，您还可以到《冬季恋歌》拍摄地——韩国江原道，《大长今》的外景地——济州岛，自己当一回主角。

3号　实现者

“成功”是你的生存目的，你会不断安排工作给自己，效率惊人，因此在未完成一件事前很少会被周遭的事物影响。追求与众不同，务求成为别人眼中的superstar（巨星）。

适合旅途：香港游

香港绝对是一个快节奏、高效率的城市。在香港，你总可以看见很多光鲜亮丽、穿着得体、步履匆匆的上班族，他们精致的外表加上雷厉风行的办事作风，不想成为别人眼中的superstar都难。对于渴望成功像渴望呼吸一样强烈的你，旅行当然也要高效率，想在短时间玩出高水平，那么，我建议你选择香港，这里，三步一个小吃店，五步一个购物店，十步一个时装城，刚好符合你的闪电作风。

4号　浪漫主义者

爱不断追求独特性，容易在打扮上或才华上表现出来。拥有过人的创造力，对美感有独到的追求。情绪敏感，对不幸的人充满同情心，会抛开自己的麻烦去支持别人。

适合旅途：荷兰游

对于追求浪漫的你当然更不应该放过如此浪漫的胜地。除了郁金香和风车，荷兰还有很长的海岸线和很多趣味迥异的村镇、城市和自然风光，喜动的你可以在海滩上进行各类水上运动，也可以驾驶帆船或独木舟穿梭于美丽的风景区惬意畅游。喜静的朋友不妨选择在荷兰游览博物馆，荷兰的博物馆密度居世界第一，其中的收藏品也是包罗万象，无所不有。

5号 观察者

冷静内敛，常能客观分析环境，心思缜密，酷爱资讯及知识，通过探讨抽象的观念而获得充实感觉，不喜与人打交道，专心做事，不会有太大的感情起伏。

适合旅途：英国游

众所周知，英国人心中念念不忘他们的天气，对于初次见面的朋友，谈天气一定是最安全、最适合的话题。有人解释说，这是因为英国的天气经常难以预测，所以就成为人人都感兴趣、爱推测的话题，所以英国人不相信任何气象专家，他们只相信自己的观察。对于爱观察的你，到了英国，肯定能找到很多志同道合的朋友。当然，英国也汇集了众多热门旅游城市，比如伦敦、爱丁堡等。

6号 疑问者

经常觉得世界是危险的，为人谨慎，对新事物容易恐惧不安。希望在团体中得到安全感，并忠于可信赖的权威。

适合旅途：新加坡游

如果你时常充满疑问，感到恐惧不安，那么不妨多和花花草草打交道吧，在大自然的抚慰中缓和一下紧张的情绪。不妨去素有“花园城市”之称的新加坡吧，新加坡是一个热带岛国，它的气温变化不大，降雨量充足，植物繁茂，体现了热带岛屿的特征，特别是城市内外的盎然绿意、原始野趣更会给您带来异样的惊喜。

7号 冒险者

热情活跃，爱与人开玩笑，头脑灵活，想象力强，能突发奇想，提出令人意想不到的点子。喜欢多姿多彩的生活、新鲜的事物。

适合旅途：巴西游

巴西是一个多姿多彩的国家，它以节日众多闻名于世。在这块神奇的土地上，好玩的东西很多。除了足球、桑巴舞、各种各样的节目适合热情活泼的你，你还可以去看看巴西三大名城——巴西利亚、圣保罗、里约热内卢，尽情释放你的想象力。对于追求感官享受的你来说，亚马孙森林、伊瓜苏瀑布、亚马孙海潮更是一定要去游览一番。

8号 权威者

富有领导才能，喜欢带领、帮助及保护别人，决策效率高，凡事先人一步，面对困难时会将其视作一种挑战。

适合旅途：美国游

初到美国的人，第一印象大概就是美国人个个都匆匆忙忙，城市里的人似乎总是赶着到什么地方去，但是当你需要帮助时，他们会立即停下来给你指点或答复你的问题。美国有很多重要的旅游城市，如华盛顿、纽约、旧金山、西雅图等，又因得天独厚的自然条件成为世界第一个创立国家公园的国家，如黄石国家公园、大峡谷国家公园、约塞米蒂国家公园等，而位于太平洋上的夏威夷群岛则是全球闻名的度假胜地，在那里，你可以尽情挑战各种水上运动。

9号 调解者

希望所有人能和平共处，害怕引起冲突，能平和接受不同意见。生性友善，不好竞争，能站在中间为对立的双方说话。

适合旅途：希腊游

希腊靠海，海有一个很好听的名字，叫爱琴海，爱琴海边的人白天喜欢体育锻炼，晚上听着海浪声很晚才睡觉，这里的人热情好客，他们很少与人发生冲突，是自然主义者。“访古”是到希腊旅游的重要内容：可以到克里特岛和伯罗奔尼撒半岛考察爱琴文化；也可以到阿提卡半岛、雅典，追忆逝去的繁华；而要了解拜占庭文化则最好去马其顿地区和塞萨洛尼基。

黑匣子里的秘密

□陈晟

提到飞机失事，大家听到最多的一个词就是“黑匣子”，那么，黑匣子究竟是什么东西，又是从何而来呢？

黑匣子诞生记

一架飞机坠毁之后，怎么才能分析事故原因呢？

当然，我们可以找到飞机残骸之后，再把所有碎片拼合在一起来寻找线索。但是，随着飞机越来越庞大、结构越来越复杂，仅靠碎片拼合已经很难发现问题所在。更何况有些飞机是坠毁在茫茫大海上，去哪里找残骸呢？

最早回答这个问题的，是法国航空工程师弗朗西斯·于斯诺和保罗·博杜安。1939年，他们发明了一种记录装置，可以把飞机飞行时的速度、高度等几项最重要的信息，用类似拍照的原理记录在88毫米的胶卷上。这样，只要降落后拿出胶卷，就能还原出飞行时的状态。

当然，这种装置的缺陷也很明显：胶卷是一次性使用的，成本太高。况且这种装置只适用于顺利降落的飞机，如果飞机摔了……还是等于零啊。所以也只是用在新型号飞机的试飞上。

二战期间，英国工程师改进了这一装置，以铜箔作“纸”，用钢针为笔，持续地“画”下各种参数的变化曲线。这样哪怕飞机着火、坠毁，也能抢回珍贵的数据。不过，铜箔比较笨重，记录的数据量有限，价钱也不便宜，所以只用在了军用飞机上。

1956年，首个用于民航客机的飞行数据记录装置在澳大利亚诞生。而它的发明者戴维·瓦伦博士，本来是个研究航空燃油的化学家，只是在研究过程中发现了这个问题，就“顺道”设计出了FDR。

瓦伦的装置里，用“磁带”代替了铜箔。这里说的磁带，实际是带有磁性的钢丝，有点儿像后来广泛使用的盒式磁带（将磁性粉末涂在薄薄的塑料带上）。它比胶卷耐火、耐冲击，和铜箔相比则更轻便，最重要的是：这种磁带是可以重复使用的，成本很低，这就让FDR具备了实际应用的基础。

另外，瓦伦还想到了一个问题：FDR只能告诉我们，飞机在出事之前的姿态、高度、速度等参数，但很多飞行事故实际上是人为造成的，也就是飞行员的错误操作引发的，FDR是没法记录下这种人为因素的。

因此，瓦伦又发明了一个装置：驾驶舱语音记录仪。说白了，这个装置就是一个录音机，忠实地记录下驾驶舱里的任何声音，无论是飞行员之间、机组和空中管制员之间的对话，还是仪表发出的各种报警声、引擎的轰鸣声，甚至是爆炸声，都能被它记录下来，作为核实事故原因的重要参考。

将FDR和CVR分别封装起来，就成为两个“黑匣子”，为事故调查提供重要依据。

关于“黑匣子”这个名词的由来，有人说是因为它是个只记录信息而不向外发送信息的“黑盒”，也有人说它从烧焦的飞机残骸中扒出来的就是黑乎乎的样子，不一而足。但有一点可以肯定的是，从被发明那天起，它们的外壳就不是黑色的，而是醒目的鲜红色——便于被搜救人员发现。

黑匣子有多结实

然而，但凡是坠毁事故，飞机基本上都摔得七零八落，有的还会引发熊熊烈火，黑匣子如果也坏了，就算记录了数据又能如何？

为此，瓦伦和同事们想出了一个简单粗暴的办法：把记录仪结实地包裹起来。

具体说来，是用非常坚固的厚钢板，把FDR、CVR都密封在里头，只留下几个数据接口，像是个保险柜，就很难摔破了。而为了应对大火灼烧的可能，钢板内层还衬有很厚的绝热层，可以确保黑匣子即使在大火中烧上七八个小时，其中的记录依然完好。

另外，整个黑匣子的外壳做到了高度密封，除了数据什么都进不去，这样，哪怕是长期浸泡在海水里也不打紧。同时，两个黑匣子分别固定在机头和机尾，这样，哪怕是发生了爆炸，也不容易将它们同时摧毁，至少有一个能幸存下来提供信息。并且，黑匣子是完全自主工作的，飞行员无法干预，杜绝了人为阻碍黑匣子记录数据的可能。

有了多重保护措施，黑匣子在空难中幸存下来的概率大增，成为事故的见证者。

随着技术的进步，黑匣子也在不断改进设计。今天的黑匣子，已经采用闪存储存卡来代替磁带，这样就允许它储存更多的数据（比如，可以录下长达两个小时的驾驶舱内的声音）；用钛合金板来代替钢板，让它的抗冲击能力更加强大。

另外，两个黑匣子上都装有无线电发射信标，一旦脱离飞机上原来的位置，就会按照预定频率主动发出信号，引导搜救人员找到黑匣子。形象地说，今天的黑匣子就是一个结实的大U盘，里头装着飞行的各种参数和驾驶舱里的各种声音，还能在掉落之后大声嚷嚷通报自己的位置。

说了这么多好话，反过来说，黑匣子是不是一定牢不可破，万无一失呢？

很遗憾，答案是否定的。迄今为止，至少在14起民航空难中，黑匣子没有发挥它们应有的作用。

实践证明，即便设计时考虑得再周到，在极端恶劣的条件下，黑匣子依然可能被损坏。当然，上述案例在所有空难中只是极少数，大多数情况下，黑匣子还是可靠的。

那么，有没有更好的解决方案呢？答案是现成的——弹射式黑匣子。

实际上，这一技术已经被美国海军所使用。当飞机遭遇不测时，飞机上的传感器会在瞬间检测到这种变化（如速度、高度急剧下降或剧烈的爆炸等），然后将黑匣子整个弹射出去。随即，一个小小的降落伞将会保护着黑匣子缓慢下坠；如果是落入水中，还会自动打开一个充气阀让它漂浮在水面上。这样，无论是经历高空坠落，还是飞机本身发生大爆炸，都不会危及黑匣子的安全，也能为搜救人员赢得宝贵的缓冲时间。

还有一种思路，似乎更值得一试，那就是不加固黑匣子本身，而是把黑匣子记录的数据实时地传给卫星，再由卫星传回地面控制中心备份保存。这样，哪怕是黑匣子损坏或找不到，数据依然是安全的。

在征服自然的道路上，人类从未停下脚步；而每一场灾难，都会换来无价的经验或教训。这次MH370航班事故，无论最终结果如何，也都让各国航空业者重新审视黑匣子的可靠性问题。

火警

□龙应台

在这栋二十二层高的大楼住了三年，没有认识大楼里一个人。一层两户，共四十四户人家。如果把每户人家放进一个独门独户篱笆围绕的屋子里去，四十四户是个颇具规模的村子了。人们每天进出村庄，路过彼此的桑麻柴门一定少不了驻足寒暄和关切的。把四十四户人家像四十四个货柜箱一样一层一层堆叠成大楼，每个货柜门都是关闭的，就形成一种老死不相往来的现代。作息时间不同，连在电梯里遇见的机会都不很大。我始终有“云深不知处”的感觉。

我的对门，一开门就会看见。可是三年了，不曾在门前撞见过人。我只认得他的门，门前一尊秦俑，庄严地立在一张刷鞋的地毡上，守着一个放雨伞的大陶罐。椰汁炖肉的香气从厨房门口弥漫出来，在楼梯间回荡，像一种秘密的泄露，泄露这儿其实有生活。

我的楼上，想必住着一个胖子，因为他的脚步很重，从屋子这一头走到那一头，我感觉到他的体重。胖子显然养了一条狗，狗在运动，从房间这一头跑到那一头，带爪的蹄子“唰唰”抓着地板的声音像传真一样清晰；蹄声轻俏，想必是体形较小的狗——“可是，”安德烈说，“会不会是一只体形较大的老鼠呢？”

胖子还养了一个孩子，孩子在屋里拍球，球碰地的声音，有一下没一下的，一会儿它“嘭嘭嘭”滚往角落，小脚“噗噗噗”追过去。有一天，声音全换了，我知道，原来的人家搬走了，新居民进来了。啊，我连搬家卡车都没见到，也没听见大军撤离的声音。

唯一常见的，是一位老太太。老太太身材修长，总是穿着合身的丝质连衣裙，有点儿年轻女孩的感觉。我发现她不会讲广东话，开口竟然是我所熟悉的闽南语。于是进出大门时，我们会以闽南语招呼彼此。八十八岁的她，孤单地在庭前散步，脚步怯怯地，好像怕惊扰了别人。她从这一头的相思树走到那一头的柚子树，然后折回来，走到相思树，又回头走往柚子树。上午九点我匆匆出门，看见她在相思树下，黄昏时从大学回来，看见她在柚子树下。她的眼睛，有点儿忧郁，有点儿寂寞，可是带着淡淡的矜持；黄昏迟迟的阳光照着她灰白的头发。

庭院里，每周四会停着一辆卡车，一停就是整个下午。车后的门打开，一节小小的梯子让你爬进车肚，车肚里头是个小杂货蔬果店，有皮蛋、洋葱、香蕉、蔬菜、泡面……老头穿着短裤汗衫，坐在一张矮凳上看报。蔬菜的种类还不少，鸡蛋也是新鲜的。他本来是薄扶林种地的，卡车里卖的还是他自己的地上长出来的蔬菜。

有一天，火警铃声大作。是测试吧？我们继续读书，可是铃声坚持不停，震耳欲聋。安德烈从书房出来，我们交换了一下眼神，决定按规定逃生。放下手中的书本，抓起手机，我们沿着楼梯往下走。楼梯间脚步声杂沓，到了庭院里，已经有十来个人聚集，往上张望，想看出哪儿冒黑烟。消防车在五分钟内已经到达，消防人员全副武装进入大楼。

第一次，我看见这栋大楼的居民，果然华洋杂处。大家开始七嘴八舌彼此比较："火警发生时，你带了什么东西夺门而出？"有人把正在看的报纸拿在手上，有人抓了钱包，有人说："下次一定要把手提电脑抱着走，里面多少东西啊。"另一个就说："可是，如果不是真的火灾，你抱着电脑下来，多好笑啊。"一个金头发的女人，扬扬手里的塑胶袋，说："这个袋子，我永远放在门边，里头有护照、出生证明、结婚证书、博士证书，还有一百美元。"众人正为她的智慧惊叹不已，消防人员走了出来，说："没事没事，误触警铃啦。"

掌握云密码，让你成为“预言帝”

□乔娟

2012年2月15日22点44分，广东省某校一名住读生夜里辗转反侧睡不着，遂起床，开窗户向外眺望，他看到天边布满星条状的云，样子很恐怖。于是打开电脑，在微博上敲下了10个字："今晚的天空，好像地震天。"4个小时后，也就是2月16日2点34分，大自然对他的发现做出了回应：广东省河源市区西北方向约25公里、新丰江水库西北边缘发生地震，周边很多地区都有震感。

这不禁让人联想到发生在汶川的那场特大地震。就在2008年5月10日，有人在山东省临沂市上空，看到了天空中的异象：一团团、一簇簇鱼鳞般大朵大朵的怪云挤满了天空。目击者估计，怪云面积足有1400多平方公里。历史上，这种奇异现象的记载也有很多。

17世纪时，中国古籍记载："昼中或日落之后，天际晴朗，而有细云如一线，甚长，震兆也。"1935年，我国宁夏隆德县《重修隆德县志》中记载："天晴日暖，碧空清净，忽见黑云如缕，宛如长蛇，横卧天际，久而不散，势必为地震。"

1976年唐山大地震前夜，昌黎县几个看瓜地的人被巨光吓到。阴沉的夜空就像忽然有人打开了它的开关，巨大的亮光照亮了一切，连西瓜叶、瓜蔓都看得清清楚楚。光亮瞬间消失，夜空复又变暗，如墨染一般。同天傍晚，日本的真锅大觉教授发现天空有异常长条云，后来证实，那就是唐山大地震的前兆云。

日本是地震大国，这方面的记载也比比皆是。1948年6月27日，日本奈良市上空出现了一条异常带状云。第三天，日本福井就发生了7.3级大地震。

这些地震前出现的怪云，我们称之为地震云。历次地震中，它们都以不同的面孔，在不同的地区或早或晚地出现，向人类传递着来自大自然的信息预警。

但如果仔细观察，你会发现，地震云和普通云有很大的区别。地震云看起来很怪异，具有非常鲜明的特征。这些模样怪诞的地震云，其长度和颜色也隐藏着诸多密码：比如地震云长度越长预示着离发生地震的时间越近；地震云颜色越深，表示对应的地震深度就越深；地震云持续的时间长，预示对应的震中就越近；如果地震云又粗又厚并且呈现出灰色，那么地震的破坏力将会很大。

研究者发现，不管哪种地震云，它们出现时都与周边云彩格格不入，有明显界限。地震云还很高傲，喜欢朦胧，一般都是在早晨和傍晚时分出现在6000米高空，比气象云高出许多；地震云变幻无常，通常有白色、灰色、橙色和橘红色之分，有时它自身会发出强烈的光芒；地震云不怕风，无论风刮得多么猖狂，它们始终不会变形。

关于地震云的成因有两种说法。一是热量学说。地震前，地震带周围聚集了大量地热，或者地震带周围的岩石受强烈地应力作用，激烈摩擦后产生大量热量。这些热量从地表逸出后，温度骤然增高，产生的气流飘到高空，就形成了地震云。二是电磁说。地震前，岩石在地应力作用下出现“压磁效应”，地磁场跟着变化。岩石在地应力作用下发生变形，引起电阻率变化，使电磁场也跟着产生变化。由于电磁波影响到高空电离层，电离层电浆浓度锐减，这时水汽和尘埃就会有序排列，形成地震云。

虽然现在人类还无法准确预测地震，我们对地震云的研究也还不成熟，但地震云提醒我们：只要做好相关数据的收集和分析，地震云必将为地震预报提供翔实依据和有力参考。因为，云从来不说谎！

地震逃生记

□凌启渝

10年前一次罕见的大地震，在斯里兰卡造成至少3万人遇难。但令当地野生动物学家大为惊奇的是，在海浪直扑的亚拉国家公园居然没有发现一具动物的尸体。动物有第六感吗？它们是了解将要发生什么而撤离的吗？

2011年8月23日，美国东海岸遭受67年来最强的地震，动物的反应也让人格外关注。位于华盛顿特区石溪公园的史密森尼国家动物园第二天发布了一份报告，详细介绍了这次5.9级地震发生时，公园里的哺乳动物、爬行动物、鱼和鸟类是如何反应的。

地震之前约10秒，猩猩凯尔和西部低地大猩猩科乔丢弃了它们的食物，攀登到树状架的顶端。大猩猩曼达拉则在震前约3秒钟发出一道尖锐的响声，搂住它的宝贝基比比，向架顶移动。吼猴们从地震一开始就发出报警的呼叫。红毛猩猩艾瑞丝在地震发生前开始“打嗝发声”，这种声音的含义是不高兴、烦着呢，通常在受到极端刺激时才发出，地震发生后它还在继续。

地震之前，优雅的火烈鸟冲冲撞撞，并聚集在一起。地震过程中它们一直紧挨着。

雌性苏门答腊虎达迈在地震开始时被惊动而高高跃起，地震后它的举止恢复正常。狮子则高傲地站在室外，面对当时嘎嘎作响的建筑，它们全部一动不动地凝视了好几分钟。

动物园最珍贵的居民表现怎么样呢？据饲养员介绍，大熊猫并未对地震有任何反应。是啊，有竹子吃，谁还关心大地有没有摇动？

报告说，许多大型动物看起来未受影响，普氏野马和弯角剑羚几乎没有注意到地震，它们只是从室内缓缓地走到外面。

地震刚开始，所有的坡鹿和毛冠鹿都立刻跑出鹿圈，显得焦虑不安。雌性坡鹿开始发出警报声，那是一种断断续续的高声吠叫，直到饲养员招呼它们，才就近聚集到场地一角。

地震到来时饲养员正在喂海狸和秋沙鸭。鸭子立刻跳入池中，而海狸也停了嘴，用后腿站立着四处环视，然后也入了水。在水中待了1个小时后，部分海狸才上岸继续用餐。

被指为胆小鬼的，要数黑红褐色的长鼻象了，它藏在栖息场所一直不肯出来，连进食也放弃了。

无脊椎动物展览馆的一位志愿者当时正在喂乌贼，可乌贼毫不理会。池水通常很平静，地震导致池水摇晃产生波动，让乌贼在进食时分了心。

在地震期间，所有的蛇，包括铜斑蛇、水蝮蛇等都扭动着身体，而通常它们在白天是不活动的。这真有点儿吓人，要知道这些蛇都是有剧毒的。

摆脱歹徒的绑架

□吴牧天

我亲身经历的一件事，更让我体会到学会自我管理的重要性——在上高中时遭遇绑架，后来机智逃脱。那时我才真正庆幸自己学了一点儿自我管理的方法与技巧，不然真不知道会出现怎样的后果！

那是一个寒冷的冬天，刚进高中不久，我利用放学后的时间，和同学一起去为班级买圣诞节表演所需要的东西。买完后，同学带着东西回学校了。我走出商场，正准备回家，突然有人笑嘻嘻地叫我："同学！同学！"

我以为他要问路，于是就停了下来。他上来就搭讪："看你的校服，是麓山国际的吧？"我点头说是。

接着，他拿出手机，给我看了一张照片，问我认不认识上面的人，然后开始问我关于我们学校、我们年级的许多问题。我看他满脸笑容，也就没什么防备，以为他是想替朋友打听学校的事情。

我们边说边走，他开始带着我往商场边的一条偏僻小巷走。我突然意识到有些不妙，想转身离开，但已经晚了——他一只手紧紧抓住了我的肩膀，同时用什么东西抵住了我的后背，威胁我，要我跟他走，上他们的车。

顿时，我全身冒冷汗，手脚有点儿不听使唤了。我知道自己遇到大麻烦了！更糟糕的是，他说的是"我们"，也就是说他可能还有帮手！假如下一步上了他们的黑车，后果更加不可预料。

就在一瞬间，那句爸爸妈妈平时再三叮嘱我的话——"遇事首先要冷静"，立即在我耳边回响起来。其实，以前我也遇到过慌乱的时刻，每当那时候，我常常是深吸一口气，一再提醒自己："冷静！冷静！"然后想出理想的方法去解决。

于是，我和以往一样深呼吸并提醒自己冷静，之后，大脑开始飞速思考，头脑中闪过几套方案：首先是硬拼，我评估了一下，我旁边的小混混儿起码比我高出半个头，身体也比我壮很多，真动起手来，我未必是他的对手；接着是呼救，我打量周围，发现旁边只有一个老太太和两个小孩，自己得不到什么帮助，关键是，我背后还被他用利器抵着，如果我贸然呼救，说不定自己还有生命危险。

就在这时，我突然看到旁边有一家饭馆。当时正好是晚餐时间，透过窗户我看到有人正在吃饭。那一瞬间，我知道自己该怎么办了！

趁着那家伙放松的一刻，我猛地一弯腰，从他手臂中挣脱出来，以旋风般的速度冲进饭馆，

没等那位满脸诧异、嘴巴张成“O”形的女服务员反应过来，她手中端的两盘菜已经被我撞到了地上。接着，我看到一张桌子上还放着高高的一摞碗碟，于是毫不犹豫地横扫过去，只听“哗啦啦”一片响，碗碟碎了一地！

这时，饭馆里顾客的目光齐刷刷地往我这边扫过来。而巨大的响声几乎把饭店所有的工作人员吸引了过来，我一下子被他们围了起来。我用眼角余光扫了扫窗外，发现刚才那个抓住我的家伙犹豫了一下，狠狠地看了我一眼，然后无奈地匆匆溜走了。

既然给饭馆造成了损失，饭馆的工作人员自然不会轻易放我走，我理所当然地被“押”进了经理室。当经理室的门关上的那一刻，我知道自己彻底安全了。我一屁股坐在椅子上，好一会儿才回过神来，我简单地告诉了经理事情的经过，并请他不必担心，我会打电话让妈妈过来赔偿他所有的损失。随后，我报了警，给妈妈打了电话。虽然没有马上抓到那个坏蛋，但警察叔叔做了详细记录，以便日后能抓到他。警察叔叔还告诉我，就在最近，连续有几起相似的案件，犯罪嫌疑人的作案手法如出一辙：先是通过校服盯住某些著名中学的学生，以各种理由把学生带到他们事先选好的地方，然后或是抢劫，或是让学生的朋友或家人送钱过来，说白了就是绑架加敲诈勒索。我能采取这种机智的方法逃脱，两位警察叔叔极为赞赏。

通过这件事，我除了吸取避免使自己成为受伤害目标的经验外，还得出如下感悟：

1. 问题出现，牢记“冷静是最好的护身符”。

有一句话说得好：“大部分死于非命的人都不是死于意外，而是死于慌张。”这句话用在这里有点儿过了头，但说明的道理都是一样的——一旦你慌张，便给了歹徒可乘之机，他会越来越轻易地“操纵”你，你就会越来越被动。

2. 勇敢很重要，但机智有时更重要。

我们青少年在与不法分子斗争的过程中，往往处于弱势地位，所以不能逞一时之勇，那样反倒容易吃亏。

3. 所谓“素养”，就是平素养成的习惯。

在我对付绑匪的过程中，无论是遇到问题让自己冷静下来，还是在特殊情况下想出解决方法，基本上都来源于我平时有意识地培养自己各种能力的好习惯。

走出柴达木盆地

□雷殿生

我走出可可西里，翻越昆仑山，进入柴达木盆地。这里人烟稀少，自然环境极为恶劣。走了几天，也没有见到一个人影。

已经好几天没吃东西，水也喝光了，我只能在戈壁滩找一些蚂蚁来解渴、充饥。在野外，如果抓到蚂蚁，你只要用舌头舔一舔它的屁股，它就会在瞬间释放出一种叫蚁酸的物质，这种物质能刺激人的腮腺产生口水，从而达到解渴的目的。等抓到几十只蚂蚁，把它们一起放进嘴里吃掉，既解渴又能充饥。

为了解决饮水问题，我按照地图上的标示，先后找到过两个清澈的湖泊。当看到湖水的时候，我喜出望外，一路小跑，蹲在岸边，捧起湖水，并不敢直接饮用。我先闻了闻，没有异味，然后用舌尖轻轻地舔了一下，舌尖瞬间起了一层小白泡，味道有些咸涩，还透着苦味。我知道这里的湖水肯定含有多种对人体有害的矿物质。根据我多年行走总结出来的经验，在野外，水和食品都要做过小实验确定无毒后才能食用。

在万般无奈的情况下，我只好把自己的尿接到水壶里，再放上净水药片，过滤后喝下去。因为长途跋涉，多日断水，尿液很黄，气味刺鼻。但如果不这样做，恐怕我就要渴死在路上了。

为了求生，我先后几次喝下了自己的尿，但没过几天，连尿液都没有了。此时，我嘴唇已经干裂，渗出的血水用舌头舔进嘴里，带着一股腥味。到了后来，我连舌头都不敢伸，嘴唇已经肿起来了。

我知道这样的情况如果再持续几天，我就得渴死。实在没办法，我一狠心，用刀尖划开手指，看着鲜血冒出，赶紧用嘴吮吸，滋润一下干渴而肿胀的喉咙。

我就这样坚持着。每当坐在地上时，总感觉到在大自然面前，人的生命是如此渺小，有时甚至不及一只蚂蚁。但就是在这样的极端条件下，人的生命如此脆弱，却又如此顽强！

第五天，我终于走到了公路上。此刻，我真想大喊几声，但嘴唇已经干裂，连张开都很困难。我感觉自己的身体快没有水分了，就像一具活着的木乃伊。

我把背包放在路边，静静地坐在地上，等待着过往的车辆。当看见车辆从身边经过时，我就使劲地晃动空水壶，示意给点儿水喝。七八辆车从眼前开过，但一辆都没有停下来。我绝望地站在了路中间，神情沮丧。这时，远处又驶过一辆车，见我在拼命地招手，就减缓了速度。当我狂喜地跑近时，司机却乘机一脚油门开跑了。我只得无助地瘫坐在地上。

又是一阵痛苦的等待，我不知道自己还能不能坚持到有车停下来。当又一辆车出现在我的视线里，我没有放弃希望，又站在路中间继续疯狂地挥手。我心想，如果再不停车，即使是撞过来，我也绝不让开。这次，车终于慢慢地停下了，司机摇下车窗玻璃，大声呵斥道："干什么呢？你不要命啦？"

我无力地指了指衣服上写的"徒步走遍中国"的字样，赶紧说："我没有水也没有吃的了，请给我点儿水吧！"

我的嗓子已经沙哑得快要发不出声了，我摇晃着证件给他看。他犹豫了一下，说："我只有一点儿水，但还有很远的路呢，不能给您啊。"

"师傅，哪怕是你把水箱里的水给我一点儿也行啊。"

司机犹豫一下，打开车门走下来。他的车有一个很大的备用水箱，司机打开水箱龙头，我迫不及待地接了好几瓶水喝下去。水箱里的水浑浊且带有一股柴油味，但我已顾不上那么多了，活命要紧啊！

水灌饱了肚子，忽然返上一个嗝，一股浓烈的柴油味儿呛得我咳嗽了几声。我又把水壶和空瓶子都灌满，谢过司机，继续前进。

两天后，饥渴难耐的我再次站在了公路上。这次，我强行拦住了两辆小轿车。不一会儿，从前面的车上下来几个小伙子，气呼呼地朝我走过来，又是那句："你不想活啦！"我连忙说："朋友，我是'徒步走中国'的，帮忙给点儿水吧！"为了打消他们的疑虑，我赶紧拿出证件给他们看。

这时，从后面那辆车上走下来一位中年男子，他仔细看过我的证件，温和地说："上车吧，我带你去西宁，找个宾馆好好洗一下。你太辛苦啦，看你都成什么样子啦！"

"谢谢你。我是徒步的，不坐车。"

"没人看见你乘车啊。何必这么较真呢？我们不会对别人说你是坐车过去的。"

"没事儿，只要你们能给我点儿水和吃的就行。"

他们见我这么坚决，只好作罢。那位中年男子给我拿了一些小食品、一瓶青稞酒和四瓶矿泉水，诚恳地对我说："我们是青海省互助土族自治县的，你走访少数民族地区肯定会到我们县城，我给你留下一张名片，到时候你提前打电话，我好好接待你。"

小轿车开走了。太阳很快就落下了山，我在一处桥洞下支起帐篷，享受着他们给我的青稞酒和小食品，一股幸福和满足感蔓延到我的全身。

回想起几次拦车时给过我水的司机，他们的面孔我永远都不会忘记。其中有一位司机姓蹇，他经常跑这条线，已经看到过我好几次，但当时车上实在没吃的也没喝的，他说几天后返回时一定会给我带一些吃的。不管是真是假，有他这几句温暖的话就足够了。几天以后，当我正在青藏公路上行走时，一辆满载货物的大卡车停了下来。姓蹇的司机果真给我带来一大瓶饮料，还有两个苹果。那一刻，我激动的心情很难用语言来表达。在这茫茫戈壁滩，荒无人烟的地方，能吃上美味的苹果，喝上爽口的饮料，简直就像是在做梦一样！

一次次在绝境中生存下来，青海的这段日子既心酸又难忘。我带着这份对生命的坚持与感动，继续行走在路上。

肯尼亚大草原斗狼记

□大风

遭遇土狼

斯科特是柏林大学生物学教授、著名野生动物保护专家。2013年8月底，他带着妻子莎莱拉，前往非洲肯尼亚马赛马拉大草原，去考察被自己救助后又放归自然的一只非洲豹的生存情况。

由于斯科特对马赛马拉非常熟悉，他决定不请向导，在草原边缘一个名叫塔拉米多的小镇住下后，两个人只带了一杆半自动步枪、两根手杖、一些食物和水，便一头扎进大草原。通过两天的追踪，他们发现那只非洲豹很健康，这让斯科特放下心来。

两天后，两个人正准备离开时，斯科特在一丛灌木下发现了一只小非洲狮，小狮大约刚满月，但附近没有看到成年雌狮，斯科特猜想，这只小狮可能是被遗弃了。斯科特弯腰准备钻进灌木丛，把幼狮抱出来。谁知灌木丛后面躲着一只土狼，土狼腿上有伤，可能已经很久没有吃到食物了，突然看到斯科特想抢走自己盯了好久的猎物，它火了，先是往下缩了缩身子，然后猛地跳起来就要去咬斯科特的脖子。

土狼身长普遍在一米五以上，特别凶残，咬合非常有力，能轻易咬断羚羊和梅花鹿的脖子。它们聪明，而且像所有犬科动物一样，善于配合，报复心强，所以连大象和狮子这样的动物都不敢轻易惹它们。这种土狼的繁殖能力还特别强，是非洲很多国家没有限制猎杀的野生动物之一。

反应敏捷的莎莱拉在土狼跳起来的那一刹那，果断地扣动了扳机，土狼中弹，应声倒在地上。斯科特连忙从灌木丛中退出来，胳膊上被灌木丛里的尖刺拉破了好几处，血流如注。

莎莱拉连忙给斯科特包扎，不料，倒在地上的土狼并没死，它三下两下用前爪在地上刨了个小坑，然后把嘴巴埋在小坑里凄厉地叫了起来。斯科特一惊，他知道非洲土狼丑陋且凶残，它们属群居动物，遇到危险或猎物会用叫声呼唤来同伴一起战斗，所以，他顾不得伤痛，跳起来拉着莎莱拉说：“马上就会有成群的土狼包围过来，快跑！”

果然，两个人没跑几步，远处就传来土狼的呼应声。斯科特拉着妻子拼命地跑，但几分钟后，五六只身上长着花斑的土狼已经出现在两个人的视野内。说时迟，那时快，眼看着有几只土狼离他们只有二三十米了，斯科特举枪就打。虽然有几只土狼中弹倒下，但大部分土狼没有停下的意思，前赴后继而越来越多。更要命的是，他们只带了三梭共六十发子弹，经他一阵狂打，子弹已经所剩不多了，情况万分危急。

周旋迎战

斯科特四下一看，见不远处有一棵大树，他不顾一切地带着莎莱拉边开枪边往树跟前退，退到树下，他对妻子说："快往树上爬，土狼不会爬树！"

两个人爬到树上六七米高一根粗枝处，喘了半天粗气才缓过神来。斯科特仔细一看，又吓了一跳："这是棵'白寡妇'树，赶快把身上的伤口包好！"莎莱拉问丈夫这树为什么叫"白寡妇"，但此时树下已经聚集有近百只土狼，它们瞪着血红的眼睛，张着滴着黏液的大口，喉咙里还发出威胁的低吼，斯科特已经无暇回答了。

虽然土狼不会爬树，但它们天生会协作，竟然一只狼踩着另一只狼的背，采取"叠罗汉"的方法往树上爬。

"亲爱的，别怕，我说过土狼不会爬树，没事。"虽然斯科特也很害怕，但还是一边劝慰妻子一边冷静点射，力争弹无虚发，一枪一只地杀死土狼，他希望赶快把狼群吓走。然而，斯科特连续打死了好几只土狼后，土狼仍没有撤退的意思，想想枪膛里的子弹不多了，他不敢再打了，总得留几发子弹以防万一啊！

天渐渐黑了，两个人只得紧紧抱住树干，不敢有丝毫马虎。趁有空儿，斯科特就给妻子解释这种树为什么叫"白寡妇"：当地部落纷争不断，经常发生战争。后来人们发现这种树上分泌出的一种白色液体特别奇怪，人们摸它、在树下乘凉、玩耍都没事，但伤口不小心碰到它，很快就会要了人的命。

后来当地人再打仗时，就把它抹在箭头上，这样一来，只要对方中箭，他的小命基本上就没了。因打仗的人都是青壮年男人，打死一个人就多一个寡妇，加上这种树的树皮是白色的，分泌出的液体也是白色的，往往孤零零地生长在那里，所以人们称它为"白寡妇树"。

好不容易熬到天亮，斯科特发现树下只剩下两只土狼了，他心中窃喜，以为狼群退了，举枪将两只土狼打死。谁知就在他准备带着妻子下树离开时，眨眼之间就有几十只土狼不知从哪儿跑了出来。原来，土狼群并没有放弃，那两只土狼是它们留下值班的"哨兵"。果然，土狼群在树下待了一会儿，见还是咬不到斯科特夫妇，便再次消失了，只是它们又留下两只土狼。这两只土狼依然尽职尽责，寸步不离地守在树下，饿了竟然残忍地将死土狼吃了。现在，斯科特只剩下最后一发子弹了，他再也不敢轻举妄动了，双方进入相持阶段。但是，躲在树上的人是要吃要喝的，这样下去也不是个事啊！

莎莱拉想了想，忽然说："士兵用'白寡妇'抹在箭头上可以打死人，那么它一定也能打死土狼。"斯科特眼睛一亮："对啊！如果这个办法可行，'白寡妇'树上到处是树枝，再多的土狼我们也不怕了！"当初刚来非洲考察野生动物时，为了保护自己，斯科特就学过很多生存技能，包括制作弓箭。他知道两个人的手杖是碳纤维材料制成的，具有极好的弹性，完全可以用来当弓，于是他用随身携带的野战刀上的微型锯齿将手杖锯成

两半，再用刀将裤带裁下一边做绳。不到一个小时，一把像模像样的弓就做好了。

莎莱拉砍下一根小树枝，发现树的皮下的确会分泌一种乳白色的液体，闻了闻，没有异味。她将树枝的前端削尖，尾部留下一个小枝叉，这样小树枝就成了一支毒箭。斯科特接过箭，瞄准一只“值班”的土狼射了过去。毕竟只是根树枝做的，只见它飘飘忽忽飞到那只土狼身上，挠痒痒似的碰了一下，便落在了地上，看起来根本没管用。

但仅仅十几秒钟之后，土狼便一头栽倒在地。斯科特高兴地说：“果然有效，看来‘白寡妇’就是‘见血封喉’，它一定划破了土狼的皮。亲爱的，有再多的土狼都不怕，我们有救了！”

就这样，几个回合下来，几十只土狼中箭后，它们眼睛里的凶残变成了胆怯，再也不敢到树下来看着他们了。斯科特想试着下到树下，土狼也躲得远远的，再也不敢往他身上扑了，就算还有个别胆大的，但只要斯科特扬扬手中的弓，它们便会夹起尾巴逃跑。

斯科特见状，大着胆子从树上接下妻子，两个人手拉着手就往远处狂奔。

没想到两个人只跑了几十米，斯科特就一头栽倒在地跑不动了，接着他脸色发暗，呼吸急促，对莎莱拉说：“亲爱的，我胳膊上的伤口可能中了‘白寡妇’的剧毒，我不行了，你快跑，记住：我爱你……”

就在这危急时刻，一个过路的野生动物考察队发现了他们。考察队把斯科特抬上车救治，莎莱拉却谢绝了考察队员让她上车的邀请，从丈夫手中拿过弓箭，往“白寡妇”树跑去……

以毒攻毒

然而，考察队不知道斯科特中了什么毒，眼看着斯科特渐渐昏迷了过去。

就在这时，莎莱拉满头大汗地跑了回来。只见她将手中采到的一把草状物放进自己的口中咀嚼，嚼碎后取出敷在斯科特的伤口上，这才把自己刚才跑开的原因告诉大家。

当年莎莱拉读研时，书上讲过有一种名叫红背竹竿草的植物是箭毒树的克星，只要及时将它敷在伤口上，就会化险为夷。而且世上很多事物都是相生相克的，往往箭毒树的附近，就有红背竹竿草。于是她勇敢地跑回到刚才那棵“白寡妇”树下。

说话间，斯科特已经醒了过来，发出轻微的哼哼声。一行人连忙把车开到20公里外的内罗毕医院救治……

饮食安全

舌尖上的健康秘籍

意林剧场

谁都可以成为明星——《料理总动员》

小老鼠雷米在嗅觉方面有着无与伦比的天赋，不想过与垃圾堆为伍的生活，心怀成为五星级大厨的梦想。一个偶然的机会，他认识了古斯特餐厅的学徒林奎尼，在雷米的帮助下，林奎尼不但成为新的“天才厨师”，获得了美女同事的爱情，还挫败了大厨的阴谋，成为古斯特餐厅的合法继承人。突如其来的成功让林奎尼有些不知所措，想摆脱自己的傀儡身份，把雷米赶出了厨房……

经典台词

不要因为出身低就让别人限制了你发展的机会。

你的成败在于你的心。

我说的是真话，任何人都可以烹饪。但是只有勇者才会成功。

并非任何人都能成为伟大的艺术家，但是伟大的艺术家可能来自任何地方。

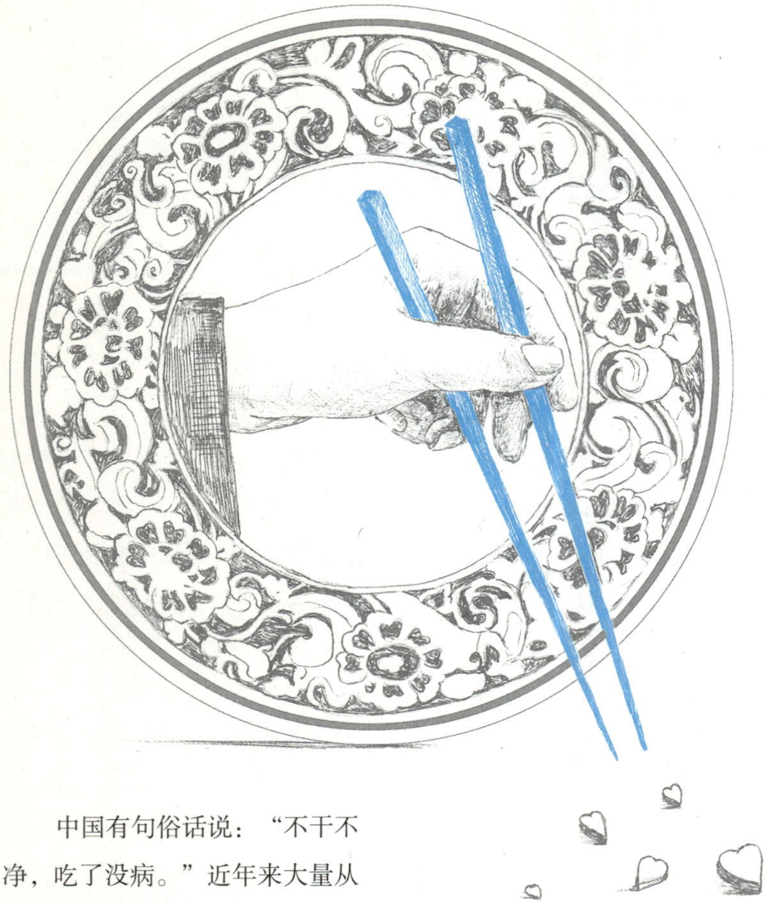

细菌，你最好的朋友

□胡雯雯

中国有句俗话说：“不干不净，吃了没病。”近年来大量从事微生物研究的科学家证实，无菌环境并非对人体更好。那些你肉眼看不见的细菌，往往决定你的健康。

人体里微生物的数目是人体细胞的十倍，细菌们对你健康的影响，可能比你从父母身上遗传的基因所起的作用还大。

细菌家族，三岁定终身

刚出生的婴儿，纯净如白纸的肠道内会迅速繁衍出特有的婴儿菌群。在他断奶和吃固体辅食后，菌群的多样性进一步提升，到了三岁时，菌群已经跟父母体内的很接近了。“你携带的菌群大概在三岁就会固定下来，它们大多来源于父母，以及你生长的环境。这些细菌会牢牢地霸占每一寸地盘，警惕地击退任何入侵者。但这并不代表菌群永远不会改变。”美国科罗拉多大学的副教授奈特解释，“长时间的饮食结构调整，或是抗生素的一次大扫荡，都能让菌群成员和结构产生变化，让新的菌种有机可乘。”

喝凉水都长肉？

奈特曾看过许多研究，知道这些从小占据我们身体的菌群，会影响人体的免疫系统、新陈代谢、对某些药物的吸收、胃痛的频率，甚至是我们的脾气。

还有一些更切身的问题：同样吃一顿地沟油火锅，为什么有的人会拉肚子，有的人啥事没有？年龄、体格和生活环境类似的两个人，为什么一个天天吃汉堡薯条都不胖，另一个喝凉水都长肉？

华盛顿大学的杰弗瑞·戈登在研究中发现，肠道细菌会决定人体从食物中吸收铁、锌、维生素等物质的能力，也跟人体是否容易肥胖有密切关系。

那么，人们是不是应该警惕点儿，免得从肥胖朋友身上感染上这种“肥胖细菌”？研究者对此只是一笑而过：“别担心，这些菌群没有那么容易人传人。”但这种现象确实有点儿费解：为什么人类进化了这么长时间，还要依靠这些小东西来辅助营养的吸收？难道人体系统还学不会它们的功能吗？

在加州大学的生化学家费驰巴赫看来，这正是物种进化的聪明之处：“微生物进化的速度比人类的快多了，它们甚至每20分钟就能培养出新一代物种。因此，细菌对环境变化的适应也非常快，当一种新食物，或者一种有威胁性的东西入侵时，它们能迅速决定接受它或者扼杀它。这样，人类就不用费神去适应这些变化了。”

菌群退化

但是，许多微生物学家都在担心一个问题：在西方发达国家，随着人类某些机能的退化，许多菌群也在退化甚至灭绝。纽约大学的微生物学家多明戈贝罗在美国生活多年后，决定重返亚马孙河一带，“从当地人的样本中，我们发现了非常明显的菌群生物多样性，有一些菌种是我们从没测序过的。另外，当地人体内所含的普雷沃菌水平也比西方人高得多。”她相信，当地人很少患上过敏、哮喘、心血管病和Ⅱ型糖尿病等，可能正和这有关。

另一种比较常见，但在西方人体内近乎绝迹的细菌是幽门螺旋杆菌。它生活在胃里，被认为是消化性胃溃疡、胃癌和淋巴癌的罪魁祸首，在1994年被世卫组织定性为I类致癌原。但就是这么个臭名昭著的病菌，也是人类不可缺失的。

矫枉过正

尽管使用抗生素是布雷瑟提出的解决办法，但他对于这种东西有很深的顾虑。“其实，农民们早在60年前就开始用抗生素做实验了。他们给饲养的动物喂了小剂量抗生素后，发现它们的体重有明显提升，这已经成了一种窍门。”虽然科学家还不能明确解释其中的原理，但布雷瑟认为，是这些药物促使细菌更疯狂地吸收热量。“遗憾的是，我们的孩子也是这样喂大的：肉类、牛奶和地表水里都已经发现了抗生素的痕迹。”

此外，还有超市、便利店随处可见的抗菌产品：洗手液、消毒湿巾、免洗酒精消毒胶……“大家都相信，注意个人卫生是有益健康的。但是，这些产品对我们体内的菌群有好处吗？”

斯坦福大学的学者雷曼曾在2010年发表过一项研究成果：他发现肠道菌群的稳定性被抗生素多次破坏的话，对健康肯定是有影响的。

现代的饮食习惯同样也影响着菌群。匹兹堡大学的肠胃病学家欧齐弗认为：“西方饮食的最大问题是，这些精加工处理的食物，往往到了上消化道就被吸收掉，没有留给下消化道足够的养分。而膳食纤维、难消化淀粉等在大肠内部的缓慢发酵才是维持健康的关键，因为发酵的副产品是肠道细菌最喜欢的食物。”

另一个陷阱

了解完细菌的丰功伟绩后，你也许会有这样的冲动：赶紧上药店或营养科诊室，弄点儿有益菌补充剂服下去。但文中提到的大部分微生物学家，对这种做法是持保留意见的。

首先，他们对自己的发现还不能下百分百的定论，也还没有完全弄清菌群和人体的互动关系。如果像位养生大师一样，鼓吹包治百病的益生菌，是完全不负责任的。

其次，虽然有研究证明，某些益生菌有调节免疫系统、减轻过敏、缓解儿童感冒症状、治疗腹泻等作用，但问题是，你怎么知道你买到的就是它们？益生菌市场太庞大了，就连法规严谨的美国也缺乏这方面的管制条例。

那么，我们总得做点儿什么吧？在这方面，这些微生物学家确实已经采取了行动：他们改变了自己的食谱，也调整了生活方式。比如尽量推后接触抗生素的时间（当然，除非有确切的医疗需要）；减少消毒家居用品的次数；多去室外，多跟动物玩；少吃即热食品和快餐……

尽管微生物学家弄到益生菌产品比较容易，但多数人更喜欢通过自然培养来获取有益菌群。比如，索农伯格在饮食里添加了酸奶、韩国泡菜、德国酸菜等，因为它们含有丰富的植物乳杆菌和双歧杆菌。但是，他不鼓励人们无条件地对细菌敞开怀抱：“多接触细菌确实能减少许多西方式疾病，但也增加了被病毒感染的风险。我认为，在有可能接触病菌和有毒化学物后，还是要认真洗手。而抱抱宠物拍拍狗的话，就没必要那么小心了。同样，多吃新鲜蔬果很重要，但别忘了先把它们洗干净。”

胡萝卜里的爱

□佚名

如何宠爱一个花季少女？送玫瑰，不如送胡萝卜。哈佛大学公共卫生学院的研究小组从1996年起对6600余名青春期女孩进行追踪调查后发现，那些从日常饮食中摄入类胡萝卜素最多——平均每周摄入2~3份富含类胡萝卜素的食物的研究对象患良性乳腺疾病的风险仅为膳食摄入类胡萝卜素最少一组的一半。发表在《儿科学》杂志上的论文指出，这或许要归功于类胡萝卜素的抗氧化效果，能够保护体内细胞免于自由基的损伤。富含类胡萝卜素的食物还包括红薯、哈密瓜和菠菜等。

吃块巧克力，让你成为数学天才？

□赵建伟

巧克力是一种很受大众尤其是青年人喜爱的甜食，它以可可为主要原料，口感细腻甜美，具有一股浓郁的香气，不仅可以直接食用，还可以用来制作蛋糕、冰淇淋等甜点。在浪漫的情人节，它更是表达爱情少不了的主角。可是如果有人告诉你，吃块巧克力可以让你变成数学天才，你相信吗？

事实上，巧克力的确有提高心算能力的功效。而这一特效的产生则完全仰仗存在于可可中的一种物质——黄烷醇。诺森比亚大学大脑表现和营养研究中心主任大卫·肯尼迪教授曾做过一个实验，他组织了30名志愿者，让他们进行倒数计算。在饮用了含500毫克黄烷醇的可可饮料后，这些志愿者的倒数计算速度和准确率明显有了提高。于是，肯尼迪在布赖顿召开的英国心理学协会年会上解释说，巧克力中富含的黄烷醇能增加大脑血流量，“对于那些难做、需要费脑力的事情来说，它可能帮得上忙”。

虽然巧克力具有如此“神效”，但千万别把它当成提高数学成绩的制胜法宝。其实，普通巧克力中的黄烷酮含量不是很高，只在黑巧克力中的含量略高一点儿。所以，期望通过吃巧克力变成数学天才，那几乎是不可能的，而且万一吃得太多，不小心身材走了样，可就太不值得了。

即便如此，你也不用失望，黄烷醇还是对人体有益的。它可以维持人的血管健康，降低血液中血小板的黏附性，更能作为抗氧化剂维持心脏健康。因此，适当吃些巧克力，就算没法让自己成为数学天才，但至少对维系身体各方面的机能运转还是很有好处的。

『负能量食物』存在吗？

□阮光锋

你听说过“负能量食物”吗？据说吃了这种食物，不会给人体增加能量储备，还可以边吃边减肥。在网上搜索一下就会发现，关于“负能量食物”的说法还真多。最近在某科学杂志的网站上有专题介绍“负能量食物”，文章认为“负能量食物”包括苹果、芹菜、羽衣甘蓝、番木瓜和生菜等25种食物，它们大多是能量低、富含膳食纤维的植物性食物。还有很多减肥产品和网站也在打着“负能量”的旗号大肆宣传。

但究竟什么是“负能量食物”呢？这一概念是否具有科学依据呢？

什么是“负能量食物”

“负能量食物”这一概念大约在十几年前就已出现，而现在网络上早已呈“满天飞”之势。根据资料介绍，所谓的负能量食物并不是指所含能量小于零的食物，而是指消化时所需能量大于其本身所提供能量的食物。

基于这个理论，很多商家开发出了可以帮助减肥的所谓负能量食物——吃进去后，不会增加能量储存，反而能增加能量消耗。

这个说法看上去无懈可击，也非常吸引人。真是一举两得，令减肥人士心花怒放。不过，“负能量食物”真的存在吗？

食物消化需要消耗多少能量

食物在消化过程中的确要消耗一部分能量。我们的一举一动，大到跑步、游泳，小到站立、眨眼都是要消耗能量的，吃饭也不例外。在摄食过程中，除了咀嚼、吞咽等动作会消耗热量外，对食物中的营养素进行消化吸收及代谢转化，也需要额外消耗能量。在营养学里，通常把这种因为摄食而引起的额外消耗称为“食物热效应”。

食物中提供能量的三大营养素——蛋白质、碳水化合物和脂肪，都是以大分子形式存在，人体并不能直接吸收利用，必须分解成小分子才能消化吸收。比如，我们吃一个汉堡，要先用牙齿将其咀嚼成较细的形状进入食道，然后进入消化系统，在消化系统里会有各种酶将这些细小的食物颗粒进一步分解成更小的分子，如将淀粉分解成单糖，将甘油三酯分解成甘油一酯和脂肪酸，将蛋白质分解成氨基酸等，然后完成消化吸收等过程。

细心的人会发现，吃完饭后会有发热的感觉，这正是食物热效应的外在表现。食物热效应通常表现为机体散热的增加，一般在人们进食1个小时后产生，大约3个小时后达到最高峰。

既然食物消化的确要损耗能量，那会不会存在食物热效应大于食物所提供的能量的情况呢？如果继续检索，你会发现，几乎没有任何关于“负能量食物”的学术文章，“负能量食物”的说法大多出现在各大网络论坛、商业网站或者博客上。只有一本正式出版的书中提到过“负能量食物”，但该书作者是一个严格的素食主义者，该书的观点也受到很多人的质疑和批评。

根据“负能量食物”的定义，要判定一种食物是不是“负能量食物”，就要看它的食物热效应究竟有多大。其实，不同的食物成分，食物热效应也有一些差异。在三大供能物质中，蛋白质的食物热效应最大，相当于其本身能量的30%，碳水化合物的食物热效应为5%～6%，脂肪的食物热效应最低，为4%～5%。对于一般混合食物来说，食物热效应大约占食物所含能量的10%，也就是说，吃下具有2000千卡能量的食物，大约需要消耗200千卡能量来消化食物，“负能量食物”不可能真的存在，至少，目前没有发现。

食物能量如何计算

虽说食物热效应并不会大于自身所含的能量，但是，关于食物能量的计算方法，营养学家们还是有一些争论。今年的《科学》杂志上就有一篇文章提醒我们，现在的计算食物能量的方法可能并不准确。

评估食物究竟有多少卡路里能量的方法最早由威尔伯·阿特沃特创立于19世纪末。这是一种简易的评价方法，它将1克蛋白质的能量视为4卡路里，1克脂肪视为9卡路里，而1克碳水化合物视为4卡路里，后人又在他的基础上做了修改，补充了1克膳食纤维等于2卡路里。长期以来，我们都是根据这个方法来计算食物能量的。在《科学》杂志上的这篇文章中，哈佛大学的研究人员认为，食物的能量值并不全是简单的数字相加，目前评估食物能量值的方法可能存在错误。因为，有些因素会影响食物对人体实际产生的能量。比如，食物的加工方式会改变食物消化所消耗的能量，导致我们吃进去的食物产生不一样的能量效果。以富含抗性淀粉的谷物颗粒为例（如大麦或大豆），这类食物需要很长的时间消化。但是，如果将同等重量的谷物碾碎成粉末或者加工成早餐谷物或即食麦片，就会变得更容易消化，很容易吃多，所产生的能量效果也不一样，进而可能增加肥胖的风险。

这项研究提醒我们，很多经过加工的食物变得更容易消化吸收，所含能量又高，吃起来也很快，如果不小心多吃了，肥胖的风险会加大。所以白面面包、香酥饼干、蛋糕之类的食物要尽量少吃。有些食物本身能量低，需要更多咀嚼，又不是很容易消化吸收，即使多吃一点儿，长胖的风险也比较小，比如芹菜、苹果之类。

从目前的研究成果来看，并不存在“负能量食物”，那些打着“负能量食物”旗号的减肥产品大多是在炒作概念。想要减肥，还是得从减少总能量摄入、增加能量消耗做起，少吃点儿，多一些运动和锻炼。而那些能量高，特别容易消化，很容易多吃的食物，想减肥就尽量避免。

著名影星奥黛丽·赫本曾经说过：“笑是燃烧能量的最佳途径。”所以，如果有商家自称自己的产品是“负能量食物”，有助减肥，我们不妨也一笑而过吧。

可乐+曼妥思，会撑破胃？

□周华萍

可乐，是常见的一种饮料；曼妥思，是常见的一种口香糖。当这两种常见事物在胃里相遇时，会产生一种神奇的井喷效果。

大家都有过这样的经历，经过摇晃后再打开盖子，可乐会喷出来。这是因为在可乐的生产过程中，工厂会利用高压装置往水里添加二氧化碳，二氧化碳溶于水中，并和水产生反应，生成碳酸。

灌入饮料瓶中时，一部分二氧化碳会从汽水中溢出，但因为瓶子是密封的，气体出不去，于是瓶内压力比较高，汽水内的二氧化碳含量也能一直保持较高的水平。当瓶盖突然打开的时候，瓶内气压迅速降低，二氧化碳的溶解度也随之降低。此时汽水中的碳酸就处于过饱和状态，而过饱和的碳酸会自发分解出二氧化碳。

那么，为什么加入曼妥思，可乐会产生井喷效果呢？因为曼妥思中含有一种叫作阿拉伯胶的化学物质。阿拉伯胶是一种天然的植物树胶，取自两种金合欢属树木的汁液，它是水溶性的，常常被用作饮料的乳化剂，糖果或巧克力的糖衣。阿拉伯胶遇到含碳酸盐成分的可乐后，会使水分子的表面张力更易被突破，从而以惊人的速度释放更多的二氧化碳，由于反应剧烈，产生的气体会让可乐喷出很高。

鉴于这种现象，有人说，如果曼妥思和可乐在胃里相遇，会把胃撑破。的确，可乐如果和曼妥思在嘴巴里相遇，会产生不少气体，让人喷出来。但在可乐进入胃部的过程中，如果气体过多，人会打嗝，这样，大量的二氧化碳会溢出。剩下的那些二氧化碳，即使再遇到曼妥思，也难以产生“可乐喷泉”的效果。当然，也不至于会把人的胃撑破。

 理论是将简单的东西复杂化，理念是将复杂的东西简单化。——谚语

吃 升学考试季节怎么

□佚名

快要升学考试了，考生精神挺紧张，复习又辛苦，吃点儿什么才好呢？吃核桃鱼油健脑？吃鱼肉补蛋白质？还是吃巧克力改善心情？

优质蛋白补够、维生素充足之类的话，早就是老生常谈了。鱼油核桃之类不是三天两天能看出效果的东西，巧克力甜腻难消化，也不会有太大好处。现如今，谁家还缺肉少鱼呢？倒是蔬菜不足的可能性大些。

考生和普通青少年的区别，无非是以下三个方面：首先，精神压力大；其次，脑力活动高度活跃；最后，绝对不能在关键时刻生病，或者感觉到身体不适。从这三个角度考虑，就知道该给他们吃什么了。

因为精神压力大，需要多供应维生素C和维生素B族，因为它们在紧张时消耗量增大；还要增加钙、镁、钾等矿物质，因为它们可以降低神经和肌肉的紧张性，有利于保持稳定的情绪。每天一斤菜、半斤果，可以供应足够的维生素C、钾和镁。一大杯酸奶可以提供每天所需三分之一的钙。

因为脑力活动高度活跃，所以应当考虑给考生的大脑输送更多的血液，而不是让血液集中在胃肠部分忙于消化。自古以来人们就知道，饱食终日的人思维迟钝。因此，考前不宜吃得太过丰盛，尤其应当少吃油腻食物和难消化食物。鱼肉类食物虽然应当吃，但最好能采用清淡的烹调方法，而且每天吃100~150克即可。蛋类里面的卵磷脂对于大脑非常有益，每天最好能吃一个蛋，而且不要弃去蛋黄，因为蛋清里面是没有卵磷脂的。素食的考生吃200克豆腐，可以提供同样多的蛋白质。有了这些，加上主食和酸奶，一天的蛋白质已经足够了。

最要紧的就是不能生病，也不能产生不适。这段时间，不宜引入任何平日不吃的东西，以免身体发生不适。任何有过敏危险的食物都应当避免，海鲜之类应慎用。除了水果之外，尽量少吃生食，避免食物中毒的危险。对于平日胃肠比较虚弱的人来说，食物和饮料不要过冷，西瓜等水果宜常温食用，冷饮要严格控制。

豆类、粗粮和薯类都有益健康，对思维也有好处，但应当控制数量。如果平日不怎么吃豆子和粗粮的话，那么也不宜一下子吃很多，每周有两三次即可。这是因为，平日习惯于精白米、精白面的人，多吃粗粮豆类之后容易发生肠胃胀气、肠鸣的现象。尽管暂时的轻度胀气无害于健康，甚至对身体有益，但毕竟会干扰学习的专心程度，从而可能影响考试时的发挥，还是等到考试之后的暑假再多多地补充吧！

专家建议，每天晚餐只吃八成饱，便于餐后尽快投入复习当中。晚上9点加点儿容易消化的夜宵，比如鸡蛋蔬菜汤面、八宝粥、小米粥、酸奶、水果等。为了保证充足的睡眠，提高思维效率，不建议复习期间喝咖啡和浓茶。

之前的食品或许比现在更不安全

□周峰

在这个全民嘴上担忧食品安全，身体还是很诚实地做着一枚吃货的时代，大家都在抱怨着苏丹红、三聚氰胺和地沟油的问题。在网上，有人找到了抱怨的终极对象。

他们的观点是这样的：如果不是商品经济的到来，从前那个朴实的时代就不会一去不归，拜金主义就不会进入市场，商家就不会利欲熏心往食品里放奇怪的东西。

在商品经济到来之前，确实没有听说过多少食品安全的问题，但是，那些年代的人未必朴实，人们吃到的食物也未必都一尘不染。

那么，食品安全到底哪年强？以前，我们真的可以安心地做一枚吃货吗？

民国奶粉也是蛮拼的

从民国起，买洋奶粉就是我国人民喜闻乐见的一项传统民间运动项目了。比方说抗日战争之前，上海“爱兰汉百利公司”经营的英国原装奶粉卖遍了全国。如今中国妈妈们疯抢的克宁奶粉，在民国的时候也是抢手货。

洋奶粉抢手，并不是因为没有国产奶粉。比如广州本地的生隆昌牌奶粉，因为怕别的牌子抢占市场，经常打折出售。用今天人民币的购买力计算，一斤奶粉还不到20块钱。

除了打折，你能想到的所有营销方式，在民国时期都有人用过了。

民国时，有一名叫加藤歛三郎的日本学生抱怨北京卖的牛奶没有不掺水的：便宜些的牛奶稀到不成样子，放在玻璃瓶里，上下的颜色都不一致。想要喝真正的鲜牛奶，必须得去奶农家里，还要亲自看着挤奶否则一斤半的“牛奶”里面，有半斤是掺进去的水。

当然，在那个“质检基本靠瞅，保质期基本靠嗅”的年代里，只往牛奶里兑水肯定行不通。为了避免掺水后的牛奶像意式咖啡那样有“层次感”，豆浆、米汤都是常见的添加剂。这样一来，无论色泽还是黏稠度，牛奶兑没兑水，起码单凭肉眼是看不出来了。

可千万别因为豆浆、米汤还是正常食物，就觉得以前的奶商比较有道德。碰上过期变味的牛奶，碱面、石灰都可以往奶里面加，因为能去味。相比之下，检查不出三聚氰胺的氮元素含量检测法，比民国那会儿高大上得多了。

牛奶有问题，奶粉自然跟着倒霉。名为生隆昌的奶粉，20世纪20年代，标价一度比面粉还低。而采用荷兰牛乳，“补力非常强大”的天一牌奶粉，1934年被记者披露出是“卫生消，毒乳粉”（讽刺奶粉质量极差）。事出之后，奶粉厂商以“诽谤国货”的罪名状告记者，却被以“国货乳粉有无毒的吗”给反驳了回来。

所以洋奶粉畅销，完全是品质不佳的国货奶粉拼错了地方。相比各种促销打折秀爱国，美国来的克宁奶粉只用一句话就征服了中国市场：“到埠之后亦不拆包”。用今天的话来说，就是“百分百原装进口”。

在国产奶粉更不安全的民国时期，抢购洋奶粉就已经流行了。在食品安全这件事上，真的不能向后看。

不是安全，而是不知道不安全

是不是没有商品经济，食品就安全了呢？

并非如此。比如20世纪50年代，甘肃康县某公社因为食用发霉玉米，导致272人中毒。但发霉食物中更凶险的是增加癌症风险的黄曲霉素。在粮食还要拿票买的日子里，粮站出售的大米多无包装，也没有告知保质期，普通民众更不知道大米保质期仅有3~6个月。在潮湿的南方地区，如果不注意保存，大米很容易生霉。

还有污染。自20世纪40年代起，北京周边就开始使用工业废水灌溉农田了。80年前，怎么让干旱缺水的北方土地继续长粮食是极其重要的事。后来全国开始兴建污水灌溉工程，但我国的污水净化明显没有跟上。虽然国家在1972年给灌溉用污水的水质制定了标准，但到了1978年，全国每日污水处理率仍不足1.56%，也就是说，将近99%的工业污水没有经过处理就被浇进了田里。而在20世纪70年代末，污水灌溉面积已经占到了全国耕地面积的85%，将近五分之一的土地遭到了不同程度的重金属污染。

其结果之一，就是2005年我国多地出现的镉大米事件。据美国农业部研究，水稻对重金属镉的吸收能力最强，而镉的毒性一般在10~20年之后才会通过慢性病的方式逐渐显现出来。也就是说，在将近20年的时间里，占我国人口65%、以大米为主食的人群，在对污水灌溉不了解的情况下食用了毒大米。

此外还有农药问题。20世纪60年代，在西方世界因为《寂静的春天》开始对农药心存警惕时，书中披露的滴滴涕和六六六还在我国广泛使用。直到1983年，这两种农药才在我国被完全禁止，但此前民众对这些农药的危害并不了解。

归根结底，以前的瓜果摘下就能吃，不是因为安全，而是因为很多隐患并不为人所知。在填饱肚子还是问题的年代里，怎么吃更安全显然不是首先需要考虑的事情。

所以，现在我们要求吃得更安全，绝对不是回到过去，只有努力向前，才是正经。

馋不是罪，是有品位

□梁实秋

馋，在英文里找不到一个十分适当的字。罗马暴君尼禄，以至于英国的亨利八世，在大宴群臣的时候，常见其撕下一个个又粗又壮的鸡腿，举起来大嚼，旁若无人，好一副饕餮相！但那不是馋。埃及废王法鲁克，据说每天早餐能一口气吃二十个荷包蛋，也不是馋，只是放肆，只是没有吃相。对某一种食物有所偏好，大量地吃，这是贪得无厌。馋，则着重在食物的质，最需要满足的是品位。

也许我们中国人特别馋一些。馋字从食，本义是狡兔，善于奔走，人为了口腹之欲，不惜多方奔走以膏馋吻，所谓“为了一张嘴，跑断两条腿”。真正的馋人，为了吃，决不懒。我有一位亲戚，属汉军旗，又穷又馋。一日傍晚，大风雪，老头子缩头缩脑偎着小煤炉子取暖。他的儿子下班回家，顺路市得四只鸭梨，以一只奉其父，父得梨，大喜，当即啃了半只，随后就披衣戴帽，拿着一只小碗，冲到门外，在风雪交加中不见了人影。他的儿子只听得大门哐啷一声响，追已无及。约一个小时，老头子托着小碗回来了，原来他是要吃拌梨丝！从前酒席，一上来就是四干、四鲜、四蜜饯，鸭梨是现成的，饭后一盘拌梨丝别有风味（没有鸭梨的时候白菜心也能代替）。这老头子吃剩半个梨，突然想起此味，乃不惜于风雪之中奔走一小时。这就是馋。

人之最馋的时候是在想吃一样东西而又不可得的那段时间。希腊神话中之谭塔勒斯，水深及腭而不得饮，果实当前而不得食，饿火中烧，痛苦万状，他的感觉不是馋，是求生不成求死不得。馋没有这样严重。人之犯馋，是在饱暖之余，眼看着、回想起或是谈论到某一美味，喉头像是有馋虫搔抓作痒，只好干咽

 不要只是看到成功时辉煌灿烂，却无视成功背后的挫折艰辛。一次成功是由无数次的失败堆积出来的。——谚语

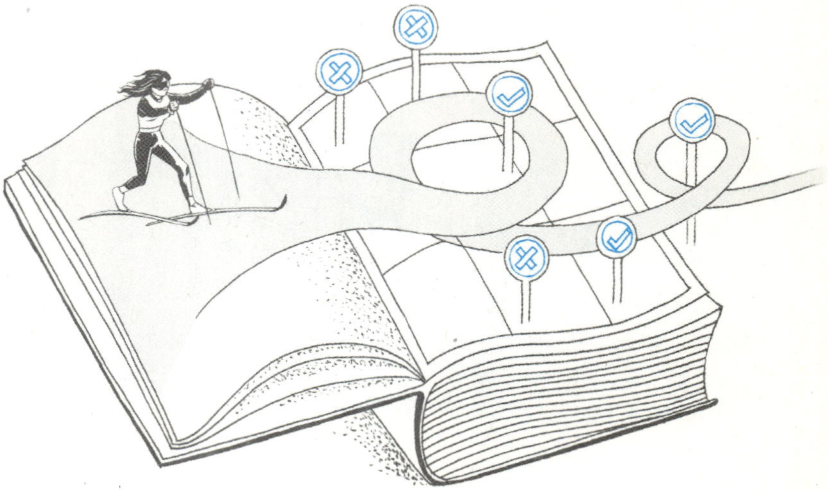

唾沫。一旦得遂所愿，恣情享受，浑身通泰。对于家乡风味总是念念不忘，其实“千里莼羹，未下盐豉”也不见得像传说的那样迷人。我曾痴想北平羊头肉的风味，想了七八年；胜利还乡之后，一个冬夜，听得深巷卖羊头肉小贩的吆喝声，立即从被窝里爬出来，把小贩唤进门洞，我坐在懒椅上看着他于暗淡的油灯照明之下，抽出一把雪亮的薄刀，横着刀刃片羊脸子，片得飞薄，然后取出一只蒙着纱布的羊角，撒上一些焦盐。我托着一盘羊头肉，重复钻进被窝，在枕上一片一片的羊头肉放进嘴里，不知不觉地进入了梦乡，十分满足地解了馋瘾。但是，老实讲，滋味虽好，总不及在痴想时所想象的香。我小时候，早晨跟我哥哥步行到大鹁鸽市陶氏学堂上学，校门口有个小吃摊贩，切下一片片的东西放在碟子上，撒上红糖汁、玫瑰木樨，淡紫色，样子实在令人馋涎欲滴。走近看，知道是糯米藕。一问价钱，要四个铜板，而我们早点费每天只有两个铜板。我们当下决定，饿一天，明天就可以一尝异味。所付代价太大，所以也不能常吃。糯米藕一直在我心中留下了不可磨灭的印象。后来成家立业，想吃糯米藕不费吹灰之力，餐馆里有时也有供应，不过浅尝辄止，不复有当年之馋。

北平人馋，可是也没听说谁真个馋死，或是为了馋而倾家荡产。大抵好吃的东西都有个季节，逢时按节地享受一番，会因自然调节而不逾矩。开春吃春饼，随后黄花鱼上市，紧接着大头鱼也来了。恰巧这时候后院花椒树发芽，正好掐下来烹鱼。鱼季过后，青蛤当令。紫藤花开，吃藤萝饼，玫瑰花开，吃玫瑰饼；还有枣泥大花糕。到了夏季，“老鸡头才上河哟”，紧接着是菱角、莲蓬、藕、豌豆糕、驴打滚儿、艾窝窝，一起出现。席上常见水晶肘，坊间唱卖烧羊肉，这时候嫩黄瓜，新蒜头应时而至。秋风一起，先闻到糖炒栗子的气味，然后就是炮烤涮羊肉，还有七尖八团的大螃蟹。“老婆老婆你别馋，过了腊八就是年。”过年前后，食物的丰盛就更不必细说了。一年四季地馋，周而复始地吃。

馋非罪，反而是胃口好、健康的现象，比食而不知其味要好得多。

飞机餐为什么那么难吃

□［美］乔丹·詹姆斯

你上一次吃美味的飞机餐是在什么时候？我猜你会说：“我从不记得哪顿飞机餐好吃，那些食物太糟糕了。”有研究证明，当你身处万米高空，食物吃起来没那么好吃，是有科学道理的。

飞机在还没起飞的时候，机舱内的湿度就降到了原有湿度的12%。起飞后，干燥的空气和气压变化两者加起来，降低了我们味蕾的敏感度。根据2010年德国汉莎航空公司的研究，在高海拔地区，我们对咸味和甜味的敏感度下降了30%。如果你在飞机上吃航空食品，你可能会为厨师手艺的大幅提升感到惊讶。

不过，高海拔对味蕾的影响只是飞机餐难吃的原因之一。另外一个影响因素——“味道”，其实是味觉和嗅觉的组合。

当你把东西放进嘴里时，它散发出的气体会通过鼻咽部往上传导到鼻部的嗅觉受体。海拔升高、压强加大除降低了味蕾的敏感度外，还导致黏膜肿胀，堵住了这条通路（你堵住鼻子喝碗鸡汤都觉得不好喝）。机舱里的高气压也降低了气味分子的活跃度，也就是它们挥发出来再进入你鼻子的能力。有趣的是，2011年科研期刊《食品质量与偏好》上的一项研究，指出了飞机餐难吃的另一个原因：飞机引擎不停作响的轰鸣声。

在这项由英国曼彻斯特大学进行的实验中，48名实验参与者头戴耳机吃甜的或者咸的休闲食品，耳机里要么播放噪声，要么不播放声音。之后，参与者被要求对食品的味道等特性做出评价。

相比在有噪声的环境中，安静时吃食物会更甜、更咸。噪声会分散进食者对食物味道、酥松度等特性的注意力。

那么，有没有办法来解决所有的这些问题，使食物在飞行中吃起来好吃呢？很遗憾，现在还真没有。

有健康的零食吗?

□云无心

从词义上说，“零食”是指在正餐之间吃的小食品。有的人用它来补充能量，更多的人用它来解馋。

不过无论如何，“好吃”总是对零食的首要要求。零食的口感，“酥脆”与“绵软”算是两大方向。

酥脆的口感来源于食物的低含水量。降低含水量最简单粗暴的方式是油炸。淀粉类食材经过干燥，再油炸，就得到了薯片一类的零食。或者经过烘烤，诸如饼干之类。淀粉在油炸或者烘烤的高温下发生焦糖化反应，会释放出特有的香味，更增加了这一类零食的号召力。

但淀粉除了提供热量，没有多少其他的营养成分，本来就不多的维生素等成分还在高温加温中损失惨重。油炸就更是雪上加霜，一般的油炸食品都含有20%以上的油。

“绵软”通常是油和糖的功劳。在含水量较高的情况下，油、糖和淀粉通力合作就产生了蛋糕月饼一类的零食。这些零食看起来一副楚楚动人的样子，可看看营养标签就会发现——它们简直可以用“浑身都是油水”来形容。

高淀粉、高脂肪、高糖、油炸、高盐，“不健康饮食”的关键词几乎都与零食如影随形。所以人们习惯把零食冠以“垃圾食品”的称号，它们也没法喊冤。

但“零食”这个概念并不意味着必然不健康，只是过去人们对零食的追求出现偏差而已。

随着人们对健康的关注，“健康零食”也逐渐进入人们的视野。

一类产品是改进薯片类生产工艺的结果。比如用“空气炸”或者烘烤来代替油炸，避免了大量油的吸附。这对于降低热量、减少脂肪是个很大的进步。但它们毕竟还是热量高而其他微量营养成分少的“低营养密度食品”。而且，淀粉食品经过高温，会产生比较多的丙烯酰胺。它有多大危害不好说，但至少对健康没有任何积极意义。

在原料和制作工艺上都有改进的“能量棒”是新兴的一类零食。这类食品出现不过二三十年，现已成为食品行业中增长较快的品种。

一些能量棒的制作类似于中国的传统零食米花糖，用糖浆把一些颗粒状的原料粘起来。这些颗粒就可以使用各种健康的原料，如各类坚果或者挤压成型的蛋白质。还有一些能量棒采用粉末原料，如用花生酱或者类似的原料，其中可以大量使用蛋白质、膳食纤维，以及巧克力等原料，也可以加入维生素和矿物质等微量营养成分。这样的产品，可以把人们需要的营养成分混在一起，成为“高营养密度”的食品。

其他的健康零食则是“天然食品”，只是出于对健康的关注，重新选择它们而已。比如核桃、花生、杏仁、开心果、腰果、松仁之类的坚果。这些食物通常有较高的热量，但也含有不少蛋白质、纤维和矿物质等，营养密度也较高。其中的脂肪也以不饱和脂肪为主，如果控制住总热量，对健康有一定好处。

还有一类健康零食就是水果了。相对于蔬菜来说，水果的含糖量一般要高一些，但它们的维生素、矿物质、膳食纤维以及抗氧化剂等丰富的营养成分，使得它们依然是膳食指南中明确推荐的食品。而作为零食，水果味道口感不错，既解馋又提供热量，实在是最佳的选择。

喜欢零食本身不是“坏习惯”——追逐不健康的零食才是。与其强迫自己远离零食，不如积极改变自己的饮食喜好，去选择健康的零食。

你是你吃的东西造出来的

□蔡澜

我一直相信，你是你吃的东西造出来的。

东方人较西方人矮小，完全是因为我们吃米，他们吃面。所有用面粉做的食物，都能令人类的个子高大，我虽然不是营养学家，没有什么数据来做论点，但是我能提出推翻不了的实例。

举个最简单的，我们在大陆、香港和台湾的父母，一般身高都在五尺二三寸左右，但我们生的子女，如果从小送去美国念书，他们都会长出近六尺的魁梧身材来，这是为什么？还不证明了和食物有关？

在美国，孩子每天吃面包，加上喝有营养的牛奶和吃一大堆的汉堡包、热狗等垃圾食物，男人个个都长得像篮球健将，女的皆有做时装模特儿的躯体。

当然也有例外的，因人体的基因，有些长得不高就不高，像某些美国人，如活地·亚伦一样瘦小的也有，但属于少数。

罪魁祸首应该是米饭，炊起来是那么难，要先洗米，生火，进锅，煮后还不能即刻就吃，等待蒸气把米粒焗个全熟。肚子饿时等米煮好，等个半天，饥饿的感觉就消失了，不会吃得多了。

另一方面，面就不同。看中东人做，把面粉加水搓成面团，往挂炉的热壁上一贴，一下子发胀，一块薄饼就完成了，马上吃起来，怪不得他们的身体一个个都比东方人高大。

中国的山东人也吃面，所以山东人也比广东人高大，不只高大，而且美。你看林青霞和巩俐，不就是山东女神吗？山东传到高丽，所以韩国美女多过日本人。你去首尔，一个小时之内可以看到三个美女；你到东京，三个小时也看不到一个。他们的明星，像松坂庆子等，韩国人居多。

当今香港约有十万个印尼家务助理，你星期天到她们集中的维多利亚公园看一看，个个个子都很矮小。

为什么？吃米吃的呀，穷啊。

营养不足，身体就矮小啦，这是理所当然的事。吃不饱的人，一代传一代，就矮了。像老挝、柬埔寨等，人都很矮。菲律宾就不同了，菲律宾虽穷，但土地肥沃，吃没有什么问题，所以从前聘用过的菲佣，比你当今用的印尼家务助理还要高大。

另一个更明显的例子就是日本人，战前的日本人，都矮，个个不到五尺。他们除了吃米饭外，不吃肉，只吃鱼，以鱼为生，更变本加厉地矮小。

战后，他们在美国的影响之下，开始吃面包喝牛奶，身体就逐渐高大起来。在小学里，他们有配食制度，注重营养之外，还针对各种身体的缺陷。像他们发现学生们个个都近视，到底为什么？研究结果，在食物中加了奥米伽3，近视就减少了。

反观香港的学生，就没有政府去纠正他们的食物，最后个个都是近视眼，和日本的一比，不是更能证明你是你吃的东西造成的吗？

除了食物，生活习惯也能改变人类的体形，从前的日本女子小腿都很粗大，称之为大根足。大根就是萝卜，足为腿也。那是因为她们都跪在榻榻米上，把身体压着脚，脚就粗了。当今她们已坐椅子，所以到了日本，你会发现她们的腿修长起来。

饥饿的发现

□周云龙

人在饥饿的时候，会有什么感觉？今天好多人，已经久违那种头昏、眼花、胃痉挛的生理疼痛和心理恐惧，除了那些刻意减肥的朋友。饥饿，过去只是个被动的生活选项，而现在，它开始成为某些人群的文化自觉，乃至演变为一种疗法。

冯小刚拍《1942》，要求演员减肥，饿着，大冬天一顿就喝一碗菜粥。张国立一天只吃一个苹果，最后减了21斤。为什么不可以借助化装、造型、灯光等现代技术去“打造”一个饥民形象？一档访谈节目里，主持人就直接问他，何必饿成那样？张国立说，自信心，外表不一样了，你的身体、体力，和那个状态是吻合的。

“饥饿疗法”，如果只是减去身体的重量，瘦成皮包骨头那样的效果，那也太表象了，饥饿往往会改变甚至颠覆一个人对世界的认知。张国立说，他最大的体验，人在饥饿的时候，是没有尊严的。过去不太明白，饿了一顿，你就能变节啊？自己那次“瘦身”的时候，有个群众演员从身边经过，可能刚吃完一个烤玉米，他闻到那个味道，就下意识地想去要。

而张国立更有一个重要发现，电影中的台词，写得太多了。真的饿到那个状态，他才知道，一个饿着的人是不愿意说话的，他没有力气。张国立对编剧刘震云说，台词太多了，我没劲。刘震云彼时也才恍然大悟：“哎哟，这是我的错，我是吃饱了写的！你说你想蹦出哪儿个字，我就马上改！”

那些事儿，你知道吗？

世界卫生组织公布的十大垃圾食品

1. 油炸食品
2. 腌制类食品
3. 加工类肉食品（肉干、肉松、香肠等）
4. 饼干类食品（不含低温烘烤和全麦饼干）
5. 汽水、可乐类食品
6. 方便类食品（方便面和膨化食品等）
7. 罐头类食品（含鱼肉类和水果类）
8. 蜜饯类食品（果脯）
9. 冷冻甜品类食品（冰淇淋、棒冰和各种雪糕等）
10. 烧烤类食品

那些造就天才的疾病

□夏志

前阵子有条新闻，美国有个名叫贾森·帕吉特的中年男子出了本书，说自己12年前遇袭，脑后挨了一闷棍，醒来后变成了数学达人。

有人说，上帝给你关上了一扇门，就会为你打开一扇窗。同理，他让你成为一名天才，或许会拿走你的一些什么，比如健康，或是让你拥有许多怪癖。拿帕吉特来说，他称自己在被袭后变成内向宅男，不爱见人，还用毯子盖住窗户，有洁癖，洗手时经常搓到双手发红。

同样能造就天才的还有艾斯伯格综合征、自闭症、威廉斯氏综合征、马凡氏综合征等，上帝拿来与之交换的条件各不相同。

说起艾斯伯格综合征，这是一种精神上孤僻的状态，被定义为“没有智能障碍的自闭症”，由奥地利精神病专家汉斯·艾斯伯格于1944年首次发现。据悉，爱因斯坦、牛顿、凡·高、莫扎特都是这一病症的疑似患者。

艾斯伯格综合征患者专注于特定的事物，同时存在社交和沟通上的障碍，但智力与常人一样或高于平均水平。他们无法理解常人言语字面意思以外的表达形式，比如表情、目光等，且自我情绪控制能力较差。艾斯伯格综合征的致病原因可能有许多，如遗传基因、生物化学污染、滤过性病毒、妊娠期和分娩时出现的一些问题等，患病概率为0.7%。

提起自闭症，又是另一个概念了。它与艾斯伯格综合征有点儿相似，但并不等同。有人说，自闭症患者是活在自己的世界里，而艾斯伯格综合征患者则是努力让自己的小世界能够与外面的大世界融合。

自闭症是一种因神经系统失调影响到大脑功能而导致的终身发展障碍，症状在3岁前出现，患者有社交和沟通障碍，喜欢做重复单调的动作。其发病原因为遗传基因、脑部疾病或创伤及其他生理原因。有些自闭症患者具有某方面的天赋，比如音乐、数学。电影《雨人》中的“白痴天才”雷蒙就是自闭症患者。

一项发表在《美国医学会杂志》上的研究称，遗传因素与环境因素共同作用，导致了自闭症的形成。大体说来，其成因中，遗传因素仅占一半，而各种环境因素，如新生儿时期的并发症、个人社会经济地位、父母的健康状况以及生活方式等，则同样起到了很大的作用，也占到了一半。

还有一个威廉斯氏综合征。它盛产音乐天才，是一种先天性疾病，由基因排列失常造成。这种患者的发病率约为两万分之一，虽说是由于出生时体内的7号染色体少了20个基因所致，但较少源自遗传。威廉斯氏综合征患者多半有学习障碍，却是“社交达人”，独处反而会不安。他们似乎天生就有音乐细胞。

最后一个我所能想到的天才病症，就数马凡氏综合征了。它是一种常染色体显性遗传疾病，马凡氏综合征的患者有手指和脚趾较长，手臂平伸时长过身高等特征，估计中国每10万人中有17人会患此病。患者最大的生命威胁来自血管病变，如治疗不及时，寿命将止于30岁左右。从病症上来看，双手过膝的刘备、小手指特长的著名意大利小提琴家帕格尼尼、美国女排著名主攻手海曼、美国游泳健将菲尔普斯都疑似患有此病。

天才的诞生总伴随着遗憾，而且这些病症目前是较难治愈的。尽管如此，也有不少人对其灿烂人生心生羡慕。其实普通人也能拥有闪耀的人生，如果你对某个事物很感兴趣，不妨疯狂地投入尝试，忘我地努力付出，定会有所收获。

人类的“大脑开关”

□倩倩

屏状核，是一个特殊的大脑区域，通过刺激该组织有助于恢复昏迷患者的知觉，科学家称之为“大脑开关”。

美国科学家穆罕默德·考贝西教授和同事在研究癫痫患者时，意外发现对大脑一个特殊区域进行电脉冲刺激，能够使患者重复进入“睡眠状态”。可一旦停止对大脑刺激，患者就会脱离“睡眠状态”，而且，患者无法回忆起刚才所发生的一切。

意识是一种人们感知周围环境的存在状态，通常进入睡眠时会缺失。至于意识是如何工作的，至今仍是一个谜团。目前，科学家的最新研究发现了大脑意识“开关”，这或许会打开医学研究领域的困顿，让人们更加了解人类大脑。

在临床测试中，研究人员使用低频深度脑刺激去尝试帮助降低患者癫痫病发作，研究小组负责人考贝西发现低频深度刺激在不损害患者记忆能力的前提下，能够减少92%的癫痫发作。他说：“这是一项创新临床试验，旨在确定新颖的方法来减少颞叶癫痫症发作。”据悉，颞叶癫痫症是一种很难治的医学疾病，患者面临着移除颞叶，记忆力减退的危险。考贝西说：“未来几年，我们希望这项研究结果能对患者群体带来更好的治疗选择。”

一位54岁的患者，其大脑屏状核（大脑中心下方，一个较薄的神经组织）在受到高频刺激时，研究人员发现患者会失去知觉并处于昏迷状态。这意味着她无法响应外界给出的任何指令，其两眼发直和呼吸减慢。可一旦对屏状核的高频刺激停止，这位患者就会恢复知觉，而且对于刚才发生的一切全然不知。

在接下来的两天，研究人员每次对患者的屏状核进行刺激实验时，就会出现相同的情况。考贝西将这种效果比作汽车点火装置，其原理就类似于打开汽车点火装置，就会启动汽车其他部件，关掉则反之。接下来，科学家将对其他患者进行试验，希望确定屏状核对人类意识知觉到底有什么真实作用。

美国高校餐厅变身“养生堂”

□麦可思

“新生15磅”是美国高校中十分流行的一个说法，指新生进入大学后由于不良的饮食习惯和缺少锻炼，体重会在短时间内迅速增加15磅（约合7公斤）。在因生活习惯不好而导致患病人数日益增多的今天，也许，大学帮助学生养成的良好饮食习惯，可以让他们受益终生。因此，不少美国高校的餐厅也“痛改前非”，努力打造绿色、健康的新形象。

素食者乐园

虽然健康饮食不代表不吃肉，但一个能为素食者提供更多选择的餐厅绝对会让人联想到绿色、健康。不用说，能够入选“健康前十名”的高校一定都有一群忠实的素食“粉丝团”。排名第一的鲍登学院就以其美味的素食主菜远近闻名，如清蒸西葫芦。此外，学生还可以在“煎食小站”自选各色素食美味。而位列第二的奥斯汀州立大学餐厅内的“水合小站”，则拥有新鲜水果、时令蔬菜、异域香草等口味多样的健康饮品供师生选择。

有机不是梦

当越来越多的有机食品摆上超市的货架时，大学的餐厅也向有机食品张开双臂。2006年，加州大学伯克利分校拥有了全美大学中第一个获得认证的“有机食堂”。自那以后，美国高校便刮起了强劲的“有机风”。鲍登学院拥有自己的有机菜园，为学生提供新鲜的有机蔬菜；圣奥拉夫学院从学生管理的有机农场STOGROW购买食品，这样既能保证食材质量，又能让学生们的农场拥有最稳定的客户。

营养学达人

让学生吃得好不过是大学餐厅追求的第一层境界，真正“修炼”到位的餐厅，讲究的是让学生懂得吃什么和怎样吃。欧柏林学院的餐厅专门将菜品中使用的各种健康配料向学生公示；贝茨学院和华盛顿大学请来专门的营养咨询师，负责制定每周的菜谱，为学生解答关于健康饮食的各种问题。同时，贝茨学院会在点餐处的每道主菜旁都附上食材明细，以帮助那些关心养生的学生根据自己的饮食计划进行选择。

安全标志大讲堂

千里之行，不仅要慎于足下，还需要眼观六路，耳听八方。出门在外，我们不得不随时留意身边的安全标志。让我们来看看在日常生活中，我们经常能看到，又必须遵守的一些安全提示标志吧！

在公共场所

禁止攀登

当心感染

紧急出口

当心爆炸

当心电离辐射

禁止烟火

当心坠落

当心触电

必须戴安全帽

禁止饮用

当心中毒

禁止入内

注意安全

禁止吸烟

附　录

走/骑在路上

请走人行道

施工

当心车辆

禁止行人通行

请看红绿灯

当心火车

乘坐公共交通工具

禁止打手机

当心夹手

当心站台缝隙

禁止伸出窗外

禁止倚靠

紧急破窗锤

坐轿车

隧道

路面不平

过水路面

注意落石

易滑

禁止停放车辆

去旅游的路上

服务区提示

禁止游泳

旅游区提示

禁止拍照

紧急呼救设施

当心落水

索引 Index

写给危机意识淡薄、不懂自我保护的中学生的安全秘籍

Index

网络安全之那些需要面对的问题

网络安全之那些故事中的道理

行为安全之那些需要面对的问题

行为安全之那些故事中的道理

生存安全之那些需要面对的问题

Index

“上学那些事儿系列图书”

读者大调查

同时启动“我来修订‘上学那些事儿’”活动，详情如下：

姓名______性别____出生日期________E－mail____________________QQ________

微信____________电话__________________通讯地址____________________________

您的教育程度__________您的职业______

1.您认为本书封面怎么样？

□很好 □较好 □一般 □不太好 □很差

如果您对本书封面或者插图还有其他的意见和想法，请留下您最宝贵的意见

____

2.您最喜欢本书中哪些栏目？____

原因是____

3.您希望改进的栏目是__________原因是____________________________________

4.请写出本书中您最喜欢的几篇文章，原因是__________________________________

5.请写出本书中您最不喜欢的文章，原因是____________________________________

6.您认为需要增加的内容是____

7.您对本书的开本、页码和定价有什么建议吗？________________________________

8.您对本书的综合评价是（可多选）

□好看 □实用 □一般 □枯燥 □没什么用 □完全看不下去

原因是____

教育无小事儿！为了进一步提升图书质量，更好地为孩子的未来服务，我们决定开展“我来修订‘上学那些事儿’”活动。不管您是学生还是家长，不管您是一线教师还是专家学者，只要您有想法，就请提出您最宝贵的意见。具体要求如下：

1.经验文章。根据您的教育、教学经验，您的学习经历，您对孩子的管理经验，等等，写出某一方面的文章。字数不限，但内容要真实，富有启发性。

2.典型故事。您在教育教学、学校生活等教育方面见过或经历的正、反两方面的鲜活案例，以故事的形式写出。内容要真实、有趣，富有启发性。

3.名人逸事。教育名家、明星等公众人物的成功或失败教育案例。

4.对比教育

（1）教育发达地区的教育案例、启示。

（2）教育发达国家的教育方法与我国教育方法对比。但内容不要空洞，切入点要小。

5.可读性强，有指导性，有故事性，忌纯说教类文章。

6.文章宜针对青少年成长中的细节问题展开，忌空洞宽泛。比如家庭教育方面《会做家务的孩子更有好前程》，安全教育方面《别让孩子伤在听话上》。

7.每篇文章在3000字以内，符合要求的文摘、原创稿均可推荐。

8.所有采用稿件请注明作者、推荐者详细信息，一经采用即付稿酬。

凡是参与修订者就有机会获得如下权利：

1. 参加学校获得一定数量免费赠书。

2. 对内容质量提升有显著作用的学校可在该书以软文形式进行宣传。

3.对内容修订起到显著作用的教师可获副主编署名。

4.优先在该书系发表文章，并获取相应稿费及参编证书。

5. 优先参与意林集团文化活动。

公元 787 年，唐封疆大吏马总集诸子精华，编著成《意林》一书 6 卷，流传至今

意林：始于公元 787 年，距今 1200 余年

意林®

一则故事　改变一生